国家社科基金
后期资助项目
GUOJIA SHEKE JIJIN HOUQI ZIZHU XIANGMU

民事诉讼社会化研究

The Research on Socialized Civil Procedure

王福华 著

ZHEJIANG UNIVERSITY PRESS
浙江大学出版社
·杭州·

图书在版编目（CIP）数据

民事诉讼社会化研究 / 王福华著. —杭州：浙江
大学出版社，2023.8
ISBN 978-7-308-23988-2

Ⅰ.①民… Ⅱ.①王… Ⅲ.①民事诉讼－司法制度－
研究－中国 Ⅳ.①D925.104

中国国家版本馆 CIP 数据核字（2023）第 120133 号

民事诉讼社会化研究

王福华　著

责任编辑	曲　静	
责任校对	杨　茜	
封面设计	周　灵	
出版发行	浙江大学出版社	
	（杭州市天目山路 148 号　邮政编码 310007）	
	（网址：http://www.zjupress.com）	
排　　版	浙江时代出版服务有限公司	
印　　刷	杭州宏雅印刷有限公司	
开　　本	710mm×1000mm　1/16	
印　　张	14.75	
字　　数	257 千	
版 印 次	2023 年 8 月第 1 版　2023 年 8 月第 1 次印刷	
书　　号	ISBN 978-7-308-23988-2	
定　　价	68.00 元	

国家社科基金后期资助项目
出版说明

后期资助项目是国家社科基金设立的一类重要项目,旨在鼓励广大社科研究者潜心治学,支持基础研究多出优秀成果。它是经过严格评审,从接近完成的科研成果中遴选立项的。为扩大后期资助项目的影响,更好地推动学术发展,促进成果转化,全国哲学社会科学工作办公室按照"统一设计、统一标识、统一版式、形成系列"的总体要求,组织出版国家社科基金后期资助项目成果。

全国哲学社会科学工作办公室

目　录

绪　论

一、新时代背景下的民事诉讼社会化

社会化民事诉讼发端于近代,1891 年由奥地利民事诉讼法学先驱弗朗茨·克莱恩(Franz Klein)在其《面向未来:奥地利民事诉讼制度改革的思考》(*Pro future，Betrachtungen über Probleme der Civilproceßreform in Österreich*)论文集中提出。① 他认为,民事诉讼与政治、经济与社会等系统性因素密切关联,民事诉讼改革必须建立在对政治、经济和社会思潮系统观察的基础之上,使生活与法律有效对接。继而,他以国会议员的身份在奥地利民事诉讼立法中推动了社会化理论落地。1895 年奥地利民事诉讼法典成为社会化民事诉讼的起点与母本,由此宣告了以 1806 年法国民事诉讼法为样板的欧洲传统民事诉讼模式的终结。

在奥地利的诉讼思想影响及立法示范下,民事诉讼社会化浪潮席卷了欧洲大陆,成为 20 世纪前期的立法潮流。社会化民事诉讼典型立法如德国(1909 年及 1924 年)、匈牙利(1911 年)、挪威(1915 年)、丹麦(1916 年)、南斯拉夫(1929 年)、波兰(1933 年)、瑞典(1942 年)及瑞士(1947 年)。这一趋势甚至还波及东亚,日本 1926 年民事诉讼法以及中国清末沈家本主导制定的《大清民事诉讼律(草案)》也受到这一思潮影响。②

时及现代,在社会民主主义与自由主义思潮进一步结合的大背景下,社会化民事诉讼制度的发展势头依然强劲。20 世纪 60 年代之后,意大利学者卡佩莱蒂从接近正义(access justice)的角度重新阐释了社会化民事诉讼概念,国家担负保障司法实效性及社会价值的责任被突出强调,以促进司法的可接近性、诉讼武器平等与差异性补偿,消除人们诉诸司法的障碍。③人

---

① 1890—1891 年,弗朗茨·克莱恩(Franz Klein)在《法学论文》(*Juristische Blatter*)上发表系列文章,系统阐述了民事诉讼社会化观点。
② 《大清民事诉讼律(草案)》是中国第一部独立的民事诉讼法典草案。它以德国民事诉讼法为蓝本,参照日本、奥地利和匈牙利的民事诉讼法,考虑中国封建社会的民俗,由清末修订法律大臣沈家本于 1910 年编制而成。共四编,二十二章,八百条。
③ [意]莫诺·卡佩莱蒂:《比较法视野中的司法程序》,徐昕等译,清华大学出版社 2005 年版,第 364 页。

们意识到,社会化目标仅凭增加律师服务和法律援助无法实现,而须将民事诉讼制度做公共服务之定位才能解决问题。亦即,在制度运作之准则上应以公共服务角色,提供应该服务之内容(即民事诉讼之目的),乃私的保护,附带地也要使保护基准明确化,并且服务之质地,必须强制、迅速、廉价、合法、公正。

新时代中国则突出强调了"坚持全面依法治国,建设社会主义法治国家,切实保障社会公平正义和人民权利的显著优势"。对应司法领域,民事诉讼法是保障公平正义实现的主要手段,是保障人民群众基本诉讼权、维护人民利益的工具。司法过程必须让每一个当事人都能获得民事司法的保障,感受到公平和正义,成为国家司法保障的"受益者"。因此,无论是在基本的司法利用权角度,还是在保护诉权角度,民事诉讼法须具有更多的社会化特点,而不是沦为审判者操控的程序规范,单方面方便法院利用。一方面,要从保护权利的利用者(人民)的立场出发,保障他们的人性尊严、司法保护请求权及公正程序请求权;另一方面,从社会整体的角度,民事诉讼制度必须体现更大的公共性,让司法公共服务惠及全社会。

二、研究意义

本书的总体思路,是将社会化民事诉讼作为主导性的司法意识形态,以指导民事司法。(1)在司法意识形态支配下,完善诉讼权保障机制,优化诉讼原则与程序制度,为人民群众提供优质、高效的民事司法保障;(2)转变新时代民事司法保障方式,在为人民群众提供司法保障的过程中,兼顾司法的公共服务职能,增加司法公共服务的供给,使司法惠及人民群众;(3)通过司法制度与诉讼机制改革,使民事司法保障的专业化和集约化相结合,兼顾司法保障的精度与广度,切实回应人民群众的司法需要。

(一)阐释新时代司法意识形态

新时代社会主义法律体系构筑的中心任务之一,就是加快建设公正、高效、权威的社会主义司法制度,努力让人民群众在每一个司法案件中都感受到公平、正义,这是对中国司法意识形态的高度提炼,是社会化民事诉讼指导思想的体现,也是决定民事司法制度改革与运营方向的指南。具体而言,以新时代司法意识形态引导司法观念、凝聚司法认同、推动司法文化传承,建构具有思想吸引力和政治凝聚力的民事司法保障体系,使民事司法更易于为人民接近,为人民理解、认知、支持。

1. 在以人民为中心的司法意识形态指导下,司法工作的出发点和落脚点都置于为人民谋福利、为民族谋复兴的核心位置。为此,当事人的"程序主体权"与"程序选择权"必须强化,司法机关(法院)也要更加尊重当事人的诉讼主体地位,充分保障当事人依法行使诉讼权利。在发生民事纠纷时,当事人可选择调解、仲裁、诉讼等方式解决其纠纷,在诉讼程序进行中选择诉讼权利的行使方式。我们看到随着新时代法治体系的进一步健全,民事纠纷当事人对于程序正义的诉求空前高涨,各方都希望事实主张和辩论意见能够被听取,自己的发言机会不被限制或剥夺。这势必加大立法者和审判者在程序保障方面的立法与司法责任,他们一方面要依据客观的司法教义和程序标准行事,另一方面也必须关注当事人对于程序正义的感知和体验,诉讼活动必须贴近社会和世俗生活,与人民群众的期待相吻合。

2. 以人民为中心的民事司法保障。社会化民事诉讼强调发挥民事司法的保障功能,使人民群众能够得到连续、平等的纠纷解决服务,使社会秩序、经济秩序得以维护,使人民群众得到幸福与安全,满足人民对公平、正义的新期待。围绕这一目标,受法律意识形态支配的诉讼目的论、诉讼模式论、司法组织、证据制度及判决效力等理论与制度都应得到妥帖的发展,通过纠纷解决释放更大的司法福利资源,实现私权保护与法律秩序间的平衡,并使民事诉讼制度成为贴近社会生活、合作型的纠纷解决机制。

(二)指导民事诉讼制度改革

司法是法治社会的基础结构之一。一方面,民事司法制度被证明系保证人民群众权利实现的重要基础法律设施。每个民事主体享有或主张享有的各种权利,都需借助民事司法获得实现。另一方面,民事司法与程序制度是一批由概念、原则所组成的规则,是一套由价值和理想所构成的意识形态,而后者则对司法制度有着决定性作用。因此,司法意识形态是中国特色司法制度构建与运作的灵魂,也是推动司法理论创新的基础。

以人民为中心的发展思想及社会化民事诉讼理论,构成了我国民事司法制度运作与改革的意识形态基础。理解这一思想必须立足于如下背景:在社会贫富差距日趋扩大的背景下,西方国家已开始反思自由主义意识形态的危害,着力改造民事司法制度,使之贴近社会。对于新时代的中国,司法改革也要体现社会意愿,注意保护社会弱势群体的社会经济权利,以及多数人消费利益、环境权利受害造成的"扩散性"或"集合性"利益的损害,为他们提供司法救济。

(三)构建中国自主性的民事诉讼制度

西方司法同样受其司法意识形态支配,这就是从自由主义到社会干预的哲学思想。19 世纪盛行的自由放任主义造就了"消极的、超然的司法"（a passive and detached judge）。早在 19 世纪末，奥地利民事诉讼法学先驱弗兰茨・克莱恩（Franz Klein）就重释了国家民事司法程序与意识形态之间的关系，在立法论层面提出社会化民事诉讼思想。由他主导制定的 1895 年奥地利民事诉讼法典，成为社会化民事司法的起点与母本，并宣告了以 1806 年法国民事诉讼法为样板的欧洲传统民事诉讼模式的终结。受社会化民事诉讼思潮的浸润，以及以国家干预经济为核心的凯恩斯宏观经济学的影响，20 世纪中后期法官职权主义日益增强。以此为基点的改革映射出如下政治态度：在民事诉讼领域，促进国家对个人和社会的各色问题日益强化的干预。

在我国，以 1982 年首部民事诉讼法（试行）的制定实施为起点，制度的正规化虽已历时 40 多年，但自主性的制度构建任务并未完成。长期以来，在我国法律体系的设计与运作中，司法"用"的层面受到重视，司法制度与诉讼制度中大量引入了西方的规则（例如当事人主义诉讼模式、证据规则等），忽略对司法制度与诉讼规则"体"的层面思考。摆脱实用主义，转向基础理论的构建势在必行，这一任务唯有在遵循政治意识形态的前提下方可获得根本上的完成。当下，紧迫的任务是摆脱自由主义权利法体系对司法制度建设的危害，构建自主性的司法制度与诉讼体系，在司法研究上摆脱与西方国家存在的"代际差"和"文化差"，摆脱西式诉讼制度的形式主义影响，构建有中国特色的现代化、自主性的民事诉讼制度。

三、研究对象的选取与限定

任何领域的社会化，都涵盖社会学、心理学、人类学与政治学等多重领域。民事诉讼的社会化作为一个复合型概念也存在多种理解，其角度大致有以下四个。

（一）克莱恩定义的诉讼社会化

克莱恩从法律社会学角度对诉讼社会化做了阐释，其指称的社会是与个人主义相对立的集体的代名词，而诉讼制度是能影响整个社会的现象。[1]其运作并非全为私人，还包含着如何更加有效地加以运作国家所关心的内容，从社会本位及公法角度重视程序安排与程序过程。为此，民事诉讼制度

---

[1] X. E. Kramer & C. H. van Rhee, *Civil Litigation in a Globalising World*, Asser Press, 2012, p. 45.

必须服务并保护人民利益,法院(法官)则必须担负起保护社会福祉的责任。

(二)纠纷解决意义上的诉讼社会化

纠纷解决意义上的社会化首先将民事诉讼定位为正式的司法产品,调解与仲裁等则被定义为社会分担司法职能的方式,在此基础上实现纠纷解决功能由法院向社会的转移。[①]纠纷解决职能部分移转或归还给社会,由第三部门承担,法院则监督与支持其运作。这一意义上的诉讼社会化并非天然地具有正当性,因为人们对调解、仲裁等诉讼外解决纠纷形式及功能存在相当大的分歧,关于此的程序正义评价,完全取决于程序能否与这个群体或个人的特殊价值相吻合。[②]一些人认为这一意义的社会化分流了案件,有利于实现社会和谐;另一些人则认为这些途径提供的不过是"二流正义"。分歧表明,纠纷解决意义上的诉讼社会化同样任重道远。

(三)社会政策意义上的诉讼社会化

该观点认为,群体诉讼与公益诉讼等诉讼制度承担着执行社会政策的角色,当事人利用这些诉讼程序不仅以解决纠纷为诉求,客观上还在于通过诉讼矫正被告行为,落实环境保护、食品安全等公共政策。[③] 以公益诉讼为例,只有强化其社会化特点或观念,才能有效地保护社会共同体利益,巩固社会共同体的团结。因此,公益诉讼的合法性、伦理性的基础在于注重社会共同体利益与社会政策之间的联系,提供更为平等的诉讼资源,充分发挥公益诉讼在利益分配、利益增进、利益整合、利益落实等方面的作用,保护公民基本权利和弱势群体权益,为促进人的"自由而全面发展"服务。

(四)专门司法意义上的诉讼社会化

专门司法意义上的诉讼社会化,专注于普通法院和普通诉讼程序相对应的社会法院或社会审判。通过社会法院将某些公法上的争议进行"社会审判",对养老、医疗、意外伤害等保险纠纷以及有关工作促进、社会赔偿、残疾确定等纠纷进行专业的审理与判决,执行社会政策。专业审判在程序上有着特别的救济手段和救济方法,具有相当的针对性,在家事审判、家事调解、家事咨询案件的审理上已经彰显了民事诉讼社会化的功效。将其推而

[①] 范愉:《诉前调解与法院的社会责任——从司法社会化到司法能动主义》,载《法律适用》2007 年第 11 期。

[②] 〔美〕艾伦·林德、汤姆·泰勒:《程序正义的社会心理学》,冯健鹏译,法律出版社 2017 年版,第 213 页。

[③] Ferdous Rahman, *Public Interest Litigation in Legal World*, *An Analysis and Evaluation*, LAP LAMBERT Academic Publishing,2012.

广之,社会、经济权利的救济也完全可以实现专业化,通过专业的审判保护劳动权、休息权、居住权、受教育权,让司法机关有机会对社会、经济权利案件做出裁决,及时回应社会对基本权保护的需要。

上述审判权社会化、社会政策执行意义上的诉讼社会化以及社会审判意义上的民事诉讼社会化,在理论上通常被还原为多元化纠纷解决制度、群体诉讼与公益诉讼制度、专业审判制度与非讼程序,对此中外已有专门系统的研究,在此不再赘述。本书选定克莱恩的一般意义上的诉讼社会化,即法律社会学意义上的诉讼社会化为研究对象,在如下几方面做理论阐述。

一是,将民事诉讼制度作为国家维持社会秩序的公共事务(public affairs)和社会福利制度对待。民事诉讼绝非为个人出于自身利益及实现权利需要而制定,而是服务于全社会的法律基础设施,纠纷解决和履行法律福利责任同样是民事诉讼的目标。[①]民事诉讼过程及结果关系公民的生活、生存与发展,诉讼过程必须兼顾保护社会福祉,为此法官必须积极干预诉讼过程,约束当事人的行为,促进诉讼合作,增进社会团结。

二是,强调民事诉讼制度的公共性及社会性,将此作为理解、设计和运营民事诉讼制度的出发点。由于民事司法是一种公共服务,其规范天然就具有强制性——个体的意志不能改变其规范或者规避其适用,[②]当事人进行主义因此要被合理限制,职权主义则应被强化。在纠纷解决过程中,所有参与人必须与法院及对方当事人合作,由法院代表国家对当事人的诉讼活动进行管理或约束,调整过度的角色分化,合理分配诉讼资源,缓和当事人与社会利益之间的紧张关系。

三是,社会化民事诉讼背后的法律意识形态。特定的意识形态为民事诉讼提供正当性资源。克莱恩从意识形态及政治价值观的高度,揭示了社会思想变革与诉讼制度之间的对应关系。近代当事人主义诉讼模式的构建,适应了资本主义鼓励竞争、放松管制与个人至上的自由主义观念,直接言词、证据心证和集中审理制度格外受重视。而到了垄断资本主义阶段,社会观念及公共生活中的自由放任原则被放弃,人们更多地看重社会福利的要求,进而认为国家当然有权力也有义务为个人的自由设定界限,[③]法官对

[①] Alan Uzelac, *Goals of Civil Justice and Civil Procedure in the Contemporary World*, Springer International Publishing, 2014, p. 53.

[②] [法]洛伊克·卡迪耶:《法国民事司法法》,杨艺宁译,中国政法大学出版社 2010 年版,第 18 页。

[③] [英]阿德里安·A. S. 朱克曼主编:《危机中的民事司法:民事诉讼程序的比较视角》,傅郁林等译,中国政法大学出版社 2005 年版,第 216—217 页。

民事诉讼的干预也随之增强。中国特色民事诉讼制度的现代化,也须建立在特定法律意识形态基础之上。

任何法律技术本身皆不是目的,没有法律技术在意识形态上是中立的。①中国新时代背景下的法律意识形态也将决定着民事诉讼立法的走向。典型例证就是以人民为中心的发展思想,它为中国式的社会化民事诉讼制度提供了强有力的意识形态支撑,强调了诉讼制度的人民性和公共服务属性,要求人们以整体性的观点来观察和运营民事诉讼制度。在这方面,克莱恩的社会化思想与社会主义国家干预诉讼及促进诉讼合作的实践具有共性——这并非一种巧合,而是两类理论打破传统理念与意识形态,走向更具实用性、包容性方向以及各自改革能力不断增强的结果。

四、研究方法、手段和技术路线

(一)历史研究方法

制度的构建与运作,迫切需要将长期以来形成的司法意识形态贯穿其中,社会化民事诉讼制度是中国司法实践长期总结的结果,代表着改革的方向。本书运用历史资料,按照中外历史发展的顺序对相关的传统政治制度及司法制度进行纵向研究,对与民事保障相关的政治制度、政治思想、法律制度、法律文化等展开梳理分析。通过历史研究,解释民事诉讼过程中人民与国家的关系。循着"革命根据地—新中国成立初期—改革开放—新时代"这一脉络,提炼梳理中国政治型民事诉讼的发端、自治型民事诉讼的正规化以及当代民事诉讼的保障功能,总结人民司法、司法为民的思想源流,展望中国民事诉讼社会化的前景,为完善民事诉讼制度提出方向性建议。

(二)比较研究方法

民事司法制度研究的重要参照,是域外司法制度。事实上,中国的民事司法也是在不断提炼本国特色与借鉴域外经验的基础上发展的。在本书研究中,主要在功能导向、目的导向、问题导向等几个方面展开比较分析,探索社会化民事诉讼制度的发展规律、目标及实现的路径,而不是单纯着眼于一个或数个外国法秩序,也并非单纯认识域外法制的样貌。在功能的视角上,本书将提出司法制度的权利保护、程序保障功能,以及解释研究中发现的相似与差异问题,例如社会化民事诉讼与诉讼原则、公共服务、替代性纠纷解

---

① [意]莫诺·卡佩莱蒂等:《当事人基本程序保障权与未来的民事诉讼》,徐昕译,法律出版社2005年版,第138页。

决以及技术应用对社会化民事诉讼的促进作用等,最终做出批判性评价,做出价值判断,对哪一种解决方法是"最好的"做出选择。

(三)法经济学研究方法

20 世纪,法经济分析学派的代表性人物波斯纳提出了经济效益主义程序理论,经济学研究方法由此成为司法与诉讼制度的研究方法。按照该研究方法,所有法律活动和全部法律制度都应考量经济效益因素,即能够增加公共福利或提高经济效益。在宏观与微观两个层面,法经济学对本书的研究都具有工具意义。首先,在宏观层面,社会化民事诉讼制度必然要以满足人们接近正义的需要为目标,遵循利益最大化原则,以降低错误成本与司法成本。其次,在微观层面,诸如民事司法中的小额诉讼程序、诉讼外纠纷解决制度等,其设置目的大多是简化诉讼程序、化解诉讼延迟和降低司法成本,这也是程序价值实现的重要指标。

第一章 民事诉讼社会化的源流与演进

党的二十大报告提出要完善以宪法为核心的中国特色社会主义法律体系,加快建设公正、高效、权威的社会主义司法制度,努力让人民群众在每一个司法案件中都感受到公平、正义。这一思想对于新时代中国民事诉讼制度建设而言,具有巨大的理论指导价值与方法论意义,为民事诉讼制度的社会化提供了思想动力。对当事人个体而言,民事诉讼制度应当充分满足他们新时代纠纷解决的需求,维护其程序主体地位,保护其程序主体权;从社会整体的角度,民事诉讼制度的公共性更应得到重视,民事司法公共服务应惠及全社会,体现司法为民宗旨。

第一节 社会化民事诉讼的思想起源

一、弗朗茨·克莱恩:社会化民事诉讼理论的提出

19 世纪上半叶,潘德克顿法学家倡导民法应独立于社会和政治的影响,而仅由立法提供科学的基础知识。[①]实体法对抽象性、封闭性规范的诉求,延伸影响到了程序法,在给诉讼标的、证明责任、既判力等具体制度打上纯粹的技术烙印的同时,较少有外在的社会考虑。诉讼程序注重私权保护,但对社会公共利益的重视程度却不是很高。直到 19 世纪末奥地利社会化民事诉讼理论的出现以及社会化民事诉讼的立法实践,这一情况才有所改变。

(一)弗朗茨·克莱恩的社会化民事诉讼理论的背景

弗朗茨·克莱恩(1854—1926)是奥地利法学家,毕生致力于奥地利法律制度现代化。他在 19 世纪末奥利地的民事诉讼法立法过程中倡导了社会化民事诉讼的理念——通过公平的司法救济实现公平、正义,保护弱势群

---

① 朱晓喆:《耶林的思想转型与现代民法社会化思潮的兴起》,载《浙江学刊》2008 年第 5 期。

体,实现社会团结。①作为一个思想保守的温和主义者,他提出的社会化民事诉讼理论弥补了法学规范研究的短板,提供了一个超越纯技术的视角,更加关注社会整体的诉讼利益,强调民事诉讼制度的公共性,自觉地以自 19世纪后半叶起的社会生活的复杂性,以及法律生活态样变化为背景,尤其关注民事纠纷解决与全体社会成员的切身利益和日常生活之间的联系。在克莱恩看来,民事诉讼是一种社会文化现象,既是纠纷解决的领域,也是呈现社会冲突的领域,纠纷就是社会躯体受到了创伤,如果不及时愈合,就会成为危及社会躯体的"社会之恶"(evil in society)。相反,纠纷越少,社会便越和谐。因此,即便通过民事诉讼解决纠纷,也要避免司法资源不合理流失的危险——如果诉讼成本超出当事人的利益,便会导致时间与金钱的浪费,降低社会资源分配的效率,并在当事人之间制造了愤怒与仇恨。②

　　社会化民事诉讼理论发端于奥地利并非偶然。1781—1898 年,奥地利的民事诉讼一直适用着由瑞士人约瑟夫·海因斯·冯·弗洛伊德沃(1735—1811)起草的《法院诉讼通则》(Allgemeine Gerichtsordnung),该诉讼法典奉行书面审理、秘密审理、最大限度调解及当事人控制程序进行等原则。但随着 1873 年小额诉讼程序(Bagatellverfahren)在奥地利实施,言词原则、即时证明与自由心证制度得以引入,奥地利民事诉讼法的构造由此改变。作为制度推手,弗朗茨·克莱恩 1890—1891 年开始在《法学论文》("Juristische Blatter")上发表系列文章,系统阐述民事诉讼社会化思想。后来,这些文章被汇编于著名的《面向未来:奥地利民事诉讼制度改革的思考》(Pro future, Betrachtungen über Probleme der Civilproceßreform in Österreich)一书中。在该书中克莱恩以其宽阔的理论视野将社会正义、经济效率和诉讼程序有机联系起来,描绘出诉讼程序对社会经济文化的敏感性特点,分析了几者之间的复杂关系及结构。以此为基础的社会化民事诉讼思想产生了巨大的影响力,就像其书名所表达的那样——"创造了未来"。民事诉讼社会化思想通过诠释民事诉讼法的现代理念,凝聚了那一时代不同政治集团的共识,其影响力之广之深甚至延续至今。正如当今欧洲学者所推崇——至今仍可应用于单一市场和欧盟的基本自由之中——其中的很

---

① Marino Marinelli, Ena-Marlis Bajons & Peter Böhm, *Die Aktualität der Prozess-und Sozialreform Franz Kleins*, Verlag Österreich, 2015, p. 13.

② Remme Verkerk, *Fact-Finding in Civil Litigation: A Comparative Perspective*, Intersentia, 2010, p. 259.

多国家曾经是哈布斯堡帝国的成员。①

　　随着克莱恩社会化民事诉讼理论影响的扩大,他于 1891 年 2 月 17 日被任命为奥地利的司法部部长,同时被委以奥地利民事诉讼制度改革的重任。他克服重重困难主导了民事诉讼法典的修改,至 1893 年除司法组织及强制执行法之外,民事诉讼法的主体立法框架得以确定,这些立法成果彰显出当事人主义模式与职权主义模式相混合的特色。1898 年,《奥地利民事诉讼法》开始实施,奥地利就此在民事诉讼制度现代化的竞争中拔得头筹。

(二)社会化民事诉讼理论要义

　　克莱恩的社会化民事诉讼思想,以优化诉讼制度尤其是通过诉讼程序改革来提升诉讼效率为中心,强调根据诉讼中的"实质性事实"做出判决,而非根据当事人主张的"形式性事实"做出判决;程序应尽快进行,法官应在诉讼中发挥职权作用;等等。这些观点所反映的社会化民事诉讼理念,显然是对 1806 年《法国民事诉讼法》所倡导的自由主义诉讼观的批判和回应,反对将民事诉讼视为公民之间的对抗和争斗,而是将具有社会交往关系的个人置于更为广泛的诉讼框架中,塑造了新型的诉讼目的——解决具体纠纷并不是民事诉讼制度的唯一目的,实现公共利益(Wohlfahrts-funktion)才是民事诉讼的目的。也许克莱恩的这一观点受到了其导师安东·门格(1814—1906)的影响,但其实奥地利民法之父弗朗兹·冯·泽勒(1751—1828)早在 1811 年奥地利《民法》的制定中便强调了这一点,他从法律经济学的角度指出诉讼程序不应妨碍民事交易的进行,任何人不得通过诉讼谋取利益。

　　克莱恩最初的社会化改革非常重视法庭改革,将这种改革奉为"法律杰作"(Meisterwerk juristischer Technik),突出民事诉讼制度的现代性,以提高诉讼效率。具体举措包括:(1)限制当事人的程序抗辩(初步辩护);(2)法官具有较大的案件管理权,可依职权推进诉讼和进行职权调查;(3)将诉讼过程分为书面准备阶段和口头陈述阶段,并为此提供听证的机会;(4)严格的失权原则,逾期后不得再实施诉讼行为,不得再采取特定的程序步骤;(5)法院应依职权通知当事人已经获得对方当事人的诉讼资料和证据材料;等等。②

---

① Marino Marinelli, Ena-Marlis Bajons & Peter Böhm, *Die Aktualität der Prozess-und Sozialreform Franz Kleins*, Verlag Österreich, 2015, p.44.

② C. H. van Rhee, *Judicial Case Management and Efficiency in Civil Litigation*, Intersentia Antwerp, 2008, p. 12.

我们没有证据证明弗朗茨·克莱恩从卢梭的思想中获得了灵感,但两者的出发点非常近似——社会是个体的集合,社会由个人创造;司法的作用在于保持社会秩序,让人们得到幸福与安全。民事诉讼制度在权利实现和秩序维持上具有更主要的责任,它要提供一种连续、平等的、以解纷为目的的司法公共服务。所谓连续,指民事司法应当无时不在、无处不在,自觉充当国家与社会之间的媒介,让所有人接近,使法治拥抱整个社会。所谓平等,则意味着法官要保证不同的当事人能够获得相同的司法救济,实现司法服务的均等化。相应,法院及法官的角色不仅仅是纠纷解决者,还应当成为"社会工程师"(sozialingenieur)和"社会医生"(sozialarzt)。在社会与法律之间存在紧张关系时,法官要发挥其职权作用,在诉讼职权被合理限制的同时,在法庭诉讼中扮演积极角色。

(三)社会化民事诉讼理论的当代价值

社会化民事诉讼制度在社会民主主义与自由主义思潮进一步结合的大背景下势头依然强劲。20 世纪 60 年代之后意大利学者卡佩莱蒂从接近正义(access justice)的角度重新阐释了社会化民事诉讼概念,国家担负保障司法实效性及社会价值的责任被突出强调,以促进司法的可接近性、诉讼武器平等与差异性补偿,消除人们诉诸司法的障碍。①人们意识到,这一目标仅凭增加律师服务和法律援助无法实现,必须将民事诉讼制度做公共服务之定位才能解决问题。亦即,在制度运作之准则上,应以公共服务角色,提供应该服务之内容(即民事诉讼之目的),乃私的保护,附带地也要使保护基准明确化,并且服务之质地,必须强制、迅速、廉价、合法、公正。

社会化民事诉讼在全球范围的勃兴,自有其大背景。现代法律本身就具有相当的公共性,与私法相比民事诉讼制度的公共性更加明显。因为,所谓诉讼公共秩序常常是一种保护私益的公共秩序,只有在更需要保护普遍利益时,"司法法"规范才成为警察法,不得被当事人的意志排除适用。②与此同时,实体法的社会化与福利国家的兴起也是加强民事诉讼社会保护的助推因素,前者包含了所有权社会化、限制契约自由以及无过失责任等一系列社会化条款,民事诉讼中的诉讼诚实信用原则、禁止诉讼权利滥用原则都演绎自民事实体法。

---

① [意]莫诺·卡佩莱蒂:《比较法视野中的司法程序》,徐昕等译,清华大学出版社 2005 年版,第 364 页。
② [法]洛伊克·卡迪耶:《法国民事司法法》,杨艺宁译,中国政法大学出版社 2010 年版,第 18 页。

　　民事实体法与程序法的交错领域通常对诉讼社会化的诉求最高,非讼程序最典型地体现出这一点。这一程序是国家实施监护职能,提供法律福利,执行社会政策的领域,国家对私人生活关系的监护程度也更高,于是自然就产生非讼事项增长之趋势。① 国家通过将土地或商业登记、监护权、收养、不动产等案件纳入非讼渠道,可调节各方当事人长期性的法律关系。② 实际上也就是将"法律上的福利"(Rechtsfürsorgematerien)事项付诸非讼程序,由此形成诉讼程序与非讼程序的分野及分工。由于后者关系公共福利,更能够代表社会并为社会的共同利益服务,具有较强的公益性或公共性,因此在程序的设计上必须有利于做出简易、迅速、经济的裁判,并排除辩论主义及处分权主义的适用,让法官职权探知事实及职权推进。

　　福利国家观念对民事诉讼社会化也产生了推动作用。现代民事司法作为确认实体权利的手段,业已成为向人民提供的公共服务——一种纯粹的公共物品甚至是政府慈善项目。通过为纠纷当事人和全社会提供基本的、有保障的、有效的纠纷解决服务,实现保护私权及维护法律秩序的目的。基于这样的功能定位,绝对消极的法院显然无力承担司法公共服务职责,在传统自由主义诉讼观支配下,除非万不得已,国家不会插手私人生活关系,即便需要介入也往往诉诸行政权,司法权根本无法积极地介入市民生活。但在现代治理框架下,国家已从"夜警国家"理念摆脱出来,为了实现特定的政策目的要更直接和积极地干涉经济活动,成为为了从实质上保证国民的生活而广泛地提供种种服务的"福利国家"或"社会国家"。③"法官乃述法之机器"这一观点退居幕后,取而代之的是要求国家的积极活动并使之正当化的福利国家理念的抬头。④

　　当然,对社会化民事诉讼的思潮也存在着一些担忧,法官职权加大的同时,法律专断的情况也随之增加,对法官违反法定程序的制裁也弱化了,这招致了法律实务人员的批评——社会化民事诉讼理论在实际执行中已被证明是一把无用的武器。⑤ 然而,这些隐忧与批评并不足以损害社会化民事诉

①　[日]新堂幸司:《新民事诉讼法》,林剑锋译,法律出版社 2008 年版,第 17 页。

②　Alan Uzelac, *Goals of Civil Justice and Civil Procedure in the Contemporary World*, Springer International Publishing, 2014, p.40.

③　[日]棚濑孝雄:《纠纷的解决与审判制度》,王亚新等译,中国政法大学出版社 2004 年版,第 251 页。

④　[日]谷口安平:《程序的正义与诉讼》,王亚新等译,中国政法大学出版社 2002 年版,第 68 页。

⑤　Marino Marinelli, Ena-Marlis Bajons & Peter Böhm, *Die Aktualität der Prozess-und Sozialreform Franz Kleins*, Verlag Österreich, 2015, p.50.

讼的理论大厦的稳定性,一方面,法官职权的加大所取得的积极成果,要远大于当事人过度对抗和滥用诉讼权利的负面效应;另一方面,法官权力的增强过程仍要接受法官伦理以及当事人诉权的制约,要受到律师及当事人的监督。

二、民事司法的公共服务功能

社会化民事诉讼的重要表征之一,就是将民事诉讼中的司法裁判、司法管理与司法服务视为提供司法公共物品、公共管理和公共服务的过程。诉讼制度需要司法公共服务的支撑,以促进公民接近司法,获得公正及迅速审理以及保障程序终局性,保障弱势群体的诉讼权利,实现社会正义。

(一)司法公共服务最大化

从社会整体角度,民事诉讼制度目的在于消弭"纠纷之恶"或者消除纠纷对于社会的负面效应。对此,不同社会制度的国家——自由主义国家与传统社会主义国家有着共识,都将司法的低成本和非正式视为司法的社会观念最主要的成就之一。①全球福利时代更是生成了这样的共识:民事诉讼与其他公共福利产品一样,属于"社会救助环节"(Glied soeialer Hilfe),②法院的角色则相应地转变为"不可或缺的国家福利机构"。民事诉讼制度要惠及全体公民,让全社会更具实质性地接近正义——有效的起诉权和应诉权(effective right of action and defense),有效接近法院之权利(effective access to court),同时也保障当事人诉讼权利实质性平等这样一种权利文化,而非向穷困当事人提供诉讼费用的施舍那样简单。这是一种最大化地提供民事司法服务及解决民事纠纷的社会理念。

那么,如何实现司法公共服务的最大化呢? 以成本—收益为中心的经济学给出的答案是立法在进行诉讼资源分配时,须考虑消除人们接近司法的障碍,避免诉讼拖延,防止当事人滥诉行为对法院效能的削弱。为此,民事诉讼法应按照分化、比例原则配置程序,使解决争议的程序与案件价值、重要性和复杂性成合理比例。此外,还应包括所有曾经忽视的法律援助的问题、诉讼迟延的问题、诉讼成本和小额请求的问题等等,③以及使民事诉

---

① [意]莫诺·卡佩莱蒂:《比较法视野中的司法程序》,徐昕等译,清华大学出版社 2005 年版,第 334 页。

② [德]奥特马·尧厄尼希:《民事诉讼法》(第 27 版),周翠译,法律出版社 1999 年版,第 5 页。

③ [意]莫诺·卡佩莱蒂:《比较法视野中的司法程序》,徐昕等译,清华大学出版社 2005 年版,第 65 页。

讼制度具备更强的程序安定功能、保证判决的确定性等等,避免诉讼资源的浪费与公共福利的减损。

(二)司法公共物品与社会化诉讼

与其他公共服务存在均等化要求一样,民事司法应为人民提供基本的、大致均等的公共物品和公共服务。纠纷应得到相应的救济,正义必须能够为当事人所接近,法律援助和司法救助则是上述国家责任的延伸。如果当事人之间在财力、人力及诉讼机会上存在势差,司法者就必须采取措施消弭这种不平等。因为,只要对抗式诉讼模式仅为那些经济上居于优势地位的当事人提供特权与特殊地位,仅凭实体法领域的改革是难以实现社会正义的。一个例子就是意大利的劳动法,该法曾以进步发达著称,但处理劳动纠纷的诉讼期间长得令人难以忍受,将弱势当事人置于不利的地位。[①]其他诸多实践也一再表明,传统自由主义意识形态支配下的当事人主义诉讼模式具有相当的局限性,表面上当事人是"诉讼的主人",被动的法官则是"在当事人拉动绳索时才会行动的牵线木偶",任凭当事人的笨拙和缺乏经验或其对方当事人过分的精明和摆布。[②]这种诉讼模式表面上有利于私权保护,但却难以适应时代需要,可能无法实现真正的社会正义。

卡多佐法官也肯定了法官在福利制度中扮演的角色,认为"法律的终极原因是社会福利,未达到其目标的规则不可能永久地证明其存在的合理。法官必须服从社会生活中对秩序的基本需要"[③]。对应在程序运作中,就是法律既要保障当事人在诉讼中的主动性,体现其个人志向,又要体现诉讼程序作为公共物品的特性;既要以保护私权为目的,也要注重维护法律秩序。随之产生的目的观,则强调通过裁判来维护国家法律秩序。当然,法律秩序维持与当事人私权保护两者之间并非一种对立与冲突关系。对于法律秩序维护而言,如果民事诉讼不解决私人间的纠纷,秩序的维持便失去意义。但在另一个角度,法律秩序的维护也绝非空洞的宣示,它助益于私权保护,影响整个社会的守法水平,并维护法律秩序,正如硬币之两面,不可偏废。

(三)通过专业审判的社会化诉讼

专业审判机构通常被视为提供司法公共服务的载体,在审判组织上体

---

① Mauro Cappelletti, Social and Political Aspects of Civil Procedure, Reforms and Trends in Western and Eastern Europe, *Michigan Law Review*, Vol. 69,1971,p. 881.

② [法]雅克·盖斯旦、吉勒·古博:《法国民法总论》,陈鹏等译,法律出版社 2000 年版,第 532—533 页。

③ [美]本杰明·卡多佐《司法过程的性质》,苏力译,商务印书馆 1998 年版,第 29 页。

现社会化色彩。专业法院的设置以提供专门的司法公共服务为职责,正是基于这样的定位,西方国家普遍将法院作为市政服务系统(法院甚至占据市政厅的大部分空间)。可以观察到的是,家事法院、劳动法院、非讼法院、税务法院、小额法院的设立在世界范围已呈蔚然成风之势,我国也不能例外,近些年相当多的地方法院创新设置了老年法庭、少年法庭、金融法庭就体现了这一趋势。

上述专门机构的设立固然有对审判专业化的追求,但现代官僚化体制在技术分工及组织方面的优势,仅是专业审判机构设置的必要条件,而非充分条件。因此,专业审判机关设立的正当化根据应当是社会化需求,应当是国家为照顾国民的生存,履行对人民的照管责任及公共服务职责,满足人民群众的纠纷解决需要。

三、新时代民事司法职能转变

新中国成立至今,民事司法角色经历了由专政工具向社会治理和公共服务并重的转变。最终结果是,政治司法逐渐为社会化司法取代,纠纷解决成为基础性国家治理能力因素,这种转变显然源于意识形态变革的推动。

(一)传统司法的功能定位

新中国成立伊始,国家治理的重点放在打破旧国家机器,以及建立和巩固国家政权上。民事诉讼制度的首要功能,在于实现巩固和发展对统治阶级有利和方便的社会关系和社会秩序,确立起对统治阶级有利和方便的社会关系和社会秩序。[①]"文革"结束之前,在无产阶级专政意识形态统帅之下,国家聚集了超强的社会控制能量,国家生活是整个社会的基本生活方式,这造成了民事案件总量与类型双重稀少的状况,权利确认和保护的社会需求被限于离婚、继承案件等有限领域,相应地,民事司法的公共服务职能式微,民事诉讼构造也相对简单。

受无产阶级意识形态支配,诉讼模式只能是超职权主义的——当事人的诉讼请求仅具有建议性,法院裁决不受当事人诉讼请求范围限制;法院对当事人一切处分行为实行干预;收集、调查证据法院一手包揽;法院主宰庭审进行。[②]这种干预被视为国家保护无产阶级利益的手段,也是特定意识形态下的民事司法社会化的具体形式。

---

① 中国人民大学法律系:《国家和法的理论讲义》,中国人民大学内部发行 1956 年版,第 36 页。
② 王韶华:《试析民事诉讼中超职权主义现象》,载《中外法学》1991 年第 2 期。

(二)通过诉讼社会化实现司法现代化

1982 年我国首部民事诉讼法依然保持了国家干预诉讼的职权主义特征,诉讼标的之确定、诉讼进行乃至执行程序的启动都由法院主导。但随着和平与发展成为时代主题,物质文明与精神文明建设被提上国家议程,法治的社会性基础开始进入立法视野。特别是随着社会主义商品经济、市场经济的发展及中国融入全球化的进程的加快,民事纠纷开始被视为正常的社会现象,社会对于民事司法的公共服务需求日渐强烈。在这一阶段,当事人主义诉讼模式所体现出来的竞争精神,适应了中国经济由农业社会向工商社会转变过程中尊重个人主观能动性与创造性,及对司法职业化及诉讼对抗化的需求。市场经济与消费社会要求裁判者消极中立,改变法院大包大揽职权干预的传统,以保护当事人诉讼权利与民事权利,尊重平等、自由与竞争的精神,由此构成了 20 世纪 90 年代中国民事审判方式改革的社会基础。这场审判方式改革通过大量吸收当事人主义诉讼规则,推动了民事诉讼朝着社会公共服务方向"右转"。

不容回避的是,"右转"是在法律制度与传统之间的矛盾中展开的,虽然市场经济、消费社会及全球化背景下的纠纷解决需要当事人主义诉讼模式,但保持社会稳定与政治稳定却无疑是中国司法的最优先选项,最适宜的诉讼模式当属职权主义,而非当事人主义模式。而且,由于中国当代经济与社会的双重转型过程是浓缩的、急剧的,也是依赖强大政府推动完成的,在以党和政府为中心工作服务的总体要求下,民事司法面临的如何平衡纠纷解决与社会管理、当事人自我责任与强化法院职权之间关系的难题一直持续地存在,成为无法回避的问题。

第二节　社会化民事诉讼意识形态

克莱恩社会化民事诉讼理论出现之后,那些社会主义革命取得成功的欧洲国家更是强调要将法院、审判和诉讼构筑为一种上层建筑,以实现巩固社会主义基础以及尽量满足个人及整个社会主义社会需要的任务。[①]其实,无论是社会主义国家抑或资本主义国家,民事司法及诉讼制度都在从主流意识形态那里汲取正当性,构筑起一种合理的、有普遍意义的程序规范。

---

① ［苏联］克列曼:《苏维埃民事诉讼》,西南政法学院诉讼法教研室译,法律出版社 1957 年版,第 2 页。

一、自由主义诉讼观的破产

现代民事诉讼程序源自中世纪晚期欧洲教会与世俗审判规则,经过博洛尼亚大学学者们的总结与提炼,形成近代民事诉讼制度的初始文本。当初,法官通常没有干预和指挥诉讼的权力,当事人及其律师的诉讼行为几乎不受控制,诉讼权利滥用及诉讼拖延是常见的现象。[①]资产阶级革命后的民事诉讼制度受到自由主义意识形态支配,诉讼自由主义更加盛行,个人自由被视为社会进步和创造的保证,尊重个人自由就要让个人在市场中自由选择,诉权与诉讼权利同样应自由行使,国家不应干预,由此造就了当事人主义诉讼模式——当事人是程序的主人,以什么样的事实作为请求的根据,又以什么样的证据来证明所主张的事实存在或不存在,均由自己决定,他们有权确定争议的对象,有权决定提交法官据以裁判的信息。[②]

(一)当事人主义诉讼模式的弊端

当事人主义诉讼模式中的平等仅是形式上的平等。这意味着,如果诉讼资料的提出和审判对象确定的权利专属于当事人,那么这种所谓普遍化的消极权利就必然意味着停留在形式平等的层面。但诉讼过程不排除如下情况:一些当事人对诉讼行为的性质、效力知之甚少,实施的诉讼行为自相矛盾,无从取舍其效力。案件事实虽然真确,理由充分,但自己不知道如何主张,法官又限于处分权主义爱莫能助——恰如儿童不慎落水,一个会游泳且能救助的过路人不能见死不救,坐视不管不仅违背社会道德,还与公平正义理念相悖。

为了回应上述社会诉求,1895年奥地利民事诉讼法(1898年实施)尝试解决诉讼实质平等问题。该法规定:"法官证据调查可不受当事人诉讼请求和抗辩主张的约束,也为了发现真实的目的而不受当事人请求的限制认定相关证据。"诉讼指挥权的扩充主要集中于程序管理职权方面,强调不要降低法官在程序管理方面的作用,他们可制定日程表、送达文书和庭审排期、命令当事人出庭参加庭审、命令当事人提出书证或其他证据、向公共机构收集文书、勘验场所、传唤证人,以及任命鉴定人、促进早期和解等。实体上的管理权则包括:通过询问当事人保证案件的真实,依职权听取当事人陈述、

---

① Mauro Cappelletti, Social and Political Aspects of Civil Procedure, Reforms and Trends in Western and Eastern Europe, *Michigan Law Review*, Vol. 69, 1971, p. 850.

② J. A. Jolowicz, Adversarial and Inquisitorial Models of Civil Procedure, *International and Comparative Law Quarterly*, Vol. 52, 2003, p. 281,289.

证人证言和专家证言,并要求提交书证和出示物证。随后,强化法官职权的立法获得德国同行的共鸣,德国法官程序控制的内容、范围、方式、条件都大为扩展,尤其是通过加强法官依职权讯问当事人的权力扩大了法官的职权(《德国民事诉讼法》第四百四十八条)。法国紧随其后,在经历了 30 年之久的改革(尤其是 1935 年、1958 年的改革)之后最终设立了"审前准备程序法官",强化法官在推动诉讼进行方面的作用,以"保证良好司法"。①

(二)对当事人主义诉讼模式的修正

1929—1930 年世界经济危机之后,凯恩斯主义取代了古典自由主义,政治领域中社会法治国理念开始盛行,国家的哲学不再是消极被动,法律和政府的作用也发生了积极变化。在这一大背景下,不受司法机构控制的诉讼程序也被认为无法自动实现正义,民事司法开始更加注重实质平等和社会共享,更加强调法院或法官的干预,"解除对法官权力的束缚,从而使其像其他国家机关一样为法律、公共利益和社会和平服务"②。这一时期,尽管新自由主义仍在坚持用个人自由高于一切来支配个人行动的理念,主张"福利个人化",认可穷人与富人"诉讼势差",反对更多的法律援助计划,但这种保守的"右翼"思潮已无力撼动国家对司法的干预,社会化民事诉讼已成为浩浩荡荡且不可逆转的潮流。

在社会主义国家,以苏联为代表的社会主义国家的民事诉讼立法,曾将法院干预民事诉讼提升到一个新高度,法院代表国家干预诉讼普遍成为一项诉讼原则。1923 年苏俄民事诉讼法典在为无产阶级服务的意识形态的指导下,将社会化民事诉讼推向超职权主义的极端,该法典第五条规定了法院应像刑事诉讼那样积极地介入民事证据调查,维护当事人的利益。③ 1936年后的苏联民事诉讼法赋予法院无限制的权力,可命令当事人提交证据,听取质证,并不受当事人诉讼请求、权利自认(如认可债务)或抗辩的限制,法院甚至可以在正式的审理程序之外进行事实调查。④稍加对比就可以得出结论,社会法治国与传统社会主义在对社会化民事诉讼的认知起点上虽然不同,但在追求实质平等和保护居于社会分层结构最底层的社会弱者方面

---

① [法]雅克·盖斯旦、吉勒·古博:《法国民法总论》,陈鹏等译,法律出版社 2000 年版,第 534—535 页。

② [德]奥特马·尧厄尼希:《民事诉讼法》(第 27 版),周翠译,法律出版社 1999 年版,第 5 页。

③ Chenoweth, Don W. *Soviet Civil Procedure：History and Analysis*, American Philosophical Society, 1977, p. 22.

④ Vladimir Gsovski & Kazimierz Grzybowski, *Government Law and Courts in the Soviet Union and Europe*, Frederick A. Praeger, 1960, p. 886.

的逻辑却是相通的。

可以说,实质平等权保障的观念对中国当代民事诉讼制度改革具有现实的意义。克莱恩在其社会化民事诉讼理论中为社会弱势群体或弱势民族辩解,认为这一群体的贫穷落后总是有因可循,借以说服那些反对济贫法的中产阶级,使他们认同社会化民事诉讼学说。与之相仿,当代中国特色社会主义市场经济体制下,由市场造成的矛盾与社会法治国面临的问题在本质上类似,作为解决问题的对策,社会化民事诉讼作为一个标识性、融通性的制度,完全可以成为我们司法改革的出发点。这是由问题的共同性决定的,对于中外司法而言,任何阶级、阶层或集团的实体利益和程序利益都必须得到保护,尤其是社会弱势群体应当得到法院的社会支持。如果诉讼不顾及这种社会性,形成社会排斥,就会危及社会稳定。

(三)评价与总结

从比较法的角度,社会化民事诉讼虽并非源于社会主义制度,而是肇始于西方社会法治国,但在客观上它有助于实现诉讼公平乃至社会公平正义,也有利于服务人民大众的利益,这一共享型的诉讼类型完全可以为我所用。例如,诉讼标的之判断(识别)标准就应当顾虑当事人主张的法评价的困难性,要便于当事人正确提出诉讼请求,而不是明知当事人提出了错误的诉讼请求而直接裁判驳回。相反,如果不考虑社会正义因素,特别是如果完全受市场原教旨主义支配,国家不予干预,就会加剧社会贫富分化及司法资源分配上的非均衡性。例如,越是没有委托律师或精通法律的当事人进行诉讼,当事人对诉讼行为的性质、效力便越可能知之甚少,常常实施自相矛盾的诉讼行为,自己无从取舍其效力,从而在诉讼中居于不利地位。越是在上述情况下,法官就越是有必要帮助当事人明确诉讼关系,就法律上及事实上的事项提出质问,敦促他们提出证据和正确的诉讼请求,缩小或者消弭诉讼势差,避免当事人因欠缺法律知识而蒙受不利。

二、法律意识形态的嬗变

(一)新中国司法意识形态的形成

民事诉讼制度被嵌入国家的经济与政治体系之中,要反映社会政治、经济要求,服从政治抉择,新中国民事诉讼制度的发展史典型地表明了这一点。

新中国成立后,随着旧中国民事诉讼法制度的废除以及对苏联民事诉讼制度的借鉴,民事诉讼法被宣布是有党性的科学和上层建筑,国家不再允许资产阶级利用民事诉讼法损害穷人利益。[①]无疑,这绝对是一种特殊的社会性诉求。只是在此后相当长的时期里,社会主义国家民事诉讼法学的重点并没有放在建构和体现这种诉求的诉讼规则上,而是将更多的注意力放在批判资产阶级法学的虚伪性方面,重复政治话语,制度内涵不足,制度的社会化构建缺乏必要诉讼技术的支撑。

自 20 世纪 50 年代末开始,中国着手总结归纳根据地时期的法制经验,以人民内部矛盾理论为指导,把民事纠纷归入利益一致基础上的非对抗性的矛盾,强调运用民主方法解决。在以马锡五为代表的审判方式中,深入群众这一官方调查活动得到倡导,程序内与程序外的法律手段都可以作为发现案件真实的方式,法官也保持着一种积极的调和者或裁决者的角色,以贴近社会,这种特殊的社会化民事诉讼最终发展为超职权主义诉讼类型。

(二)当代司法意识形态的形成

1978 年,中国共产党十一届三中全会作出中心工作由以阶级斗争为纲转移到以社会主义现代化建设上来的战略决策,中国主流意识形态开始向社会主义物质文明与精神文明建设转变,法律意识形态、司法观与诉讼观随之调整。民事诉讼开始由革命性和改造性的制度转向以纠纷解决为中心的正式审判制度,立法和司法开始更多地关注中国纠纷解决的经验与现实。这是民事诉讼制度开始走向正常化的起点。

改革开放以来,经济与社会在相对集中的时期里急剧转型,迫切提出了强化法官职权的社会要求,这种诉求在司法的内外部都有所呈现。在内部机制上,中国长期封建社会传统原本就是散沙型与原子化的社会结构。改革开放后随着国家权力从基层组织收缩,社会开始分层,社会弱者作为群体出现,他们大多缺乏自我保护能力,只能以部分自由为代价换取政府或强势集团的保护。[②]如果法院及法官不能依赖,他们就可能转向自力救济或寻求黑势力帮助。在外部环境方面,中国律师职业的发展在地域上不够均衡,边远地区及农村地区法律服务水平较低,作为"社会支持"的法律援助制度和司法救助制度在保障弱势群体方面的作用也较为有限,贫困当事人低下的议价能力无法得到有效弥补,往往限于财力、智力和人力因素而在诉讼中陷

---

① Chenoweth, Don W. *Soviet Civil Procedure*: *History and Analysis*, American Philosophical Society, 1977, p.9.

② 陈鹏:《自由主义与转型社会之规划公正》,载《城市规划》2005 年第 8 期。

入实质性的弱势地位。加之随着经济社会转型及"单位文化"的瓦解,当事人的经济社会状况及自身禀赋差异无法得到必要的社会支持,民事案件中贫困当事人获得法律援助的可能性较低,至少低于刑事诉讼。这样一来,如何"考虑社会中最少受惠者利益"(罗尔斯语)就成为摆在民事司法中的突出问题。

(三)总结与评价

20世纪90年代法院系统内部展开的民事经济审判方式改革,向着当事人主义诉讼模式大大前进了一步,当事人负责证明其案件事实,而法院在该领域的能动性明显降低,[1]司法职业化、审判程序正式化也基本实现。然而,在一定程度上当事人主义诉讼模式中的因素也加剧了人民群众对"官方"正义的疏远感。诉讼模式转换仅仅停留在法律职业和诉讼程序层面,而没有最终化为诉讼当事人的自觉,社会及当事人对职权主义的路径依赖并未改变,当事人主义模式与社会需要和国家治理需要之间的差距也尚待弥合。

三、介于政治与市场之间的民事诉讼

(一)民事诉讼制度的主导因素:政治、市场与社会

民事诉讼制度在形式上表现为由谁主导诉讼进行,诉讼资料由谁提出,然而在根本上却是诉讼原则及法律程序最基本的背景——国家、市场与社会等因素综合作用的结果。20世纪90年代,我国计划经济体制的终结宣告了植根于此的超职权主义模式社会基础的部分丧失。从市场经济角度,引入当事人主义模式无疑会提升正当程序的水平以及纠纷解决效率,法院大包大揽程序启动、诉讼资料提交与程序进行的职权主义似乎理应退场。但不争的事实却是,来自国家与社会的诉求对当事人主义诉讼模式形成了"阻却效应",职权主义的社会需求依然强劲。达玛什卡给出的解释是:社会从一种生产方式转变到另一种生产方式的时候,司法程序并不会完全改头换面。[2]

显然,我国需要社会主义市场经济体制,但却未必需要市场化的诉讼制度。在马克思主义与自由主义两种意识形态激烈冲突和对立,以及国家需

---

① 傅郁林、兰姆寇·凡瑞主编:《中欧民事审判管理比较研究》,法律出版社2015年版,第6页。

② [美]米尔伊安·R.达玛什卡:《司法和国家权力的多种面孔》,郑戈译,中国政法大学出版社2015年版,第11页。

要从政治角度来考虑民事司法工作的背景下,骤然放弃职权主义全盘转向当事人主义根本行不通。至少,民事诉讼模式的转换是一个长期过程,需要与政治体制和经济体制的改革同步。

(二)模式选择:以职权主义为主,兼采当事人主义

中国的政治与市场受不同意识形态支配,仅强调市场经济诉求而忽略政治社会诉求,势必造成民事诉讼制度内部的矛盾和分裂:市场经济青睐当事人主义诉讼模式,而社会管理却必须固守职权主义。前者以竞赛或格斗为原型,鼓励诉辩双方在中立的法官面前展开竞争,与市场竞争法则如出一辙,属偏右的、"自发秩序"诉讼类型;后者则是偏"左"的、需要职权干预的"人为秩序"诉讼类型。按照阶段划分,20 世纪 90 年代的审判方式改革可归入前者,进入新世纪之后中国的司法改革则倾向于后者。"市场向'右',社会趋'左'"造成民事诉讼模式选择困境。作为平衡政治、市场与社会关系的折中,介于当事人主义与职权主义模式之间"第三道路"的社会化民事诉讼,应有助于缓解或减少诉讼模式的分歧与对立,"以职权主义模式为主,兼采当事人主义模式"应该成为中国民事诉讼制度的发展方向。

1. 以职权主义为主

以职权主义为主,指在诉讼资料的收集及程序进行方面保留或加强法院职权,让法官变得更加"积极"。这种"积极法官"实际上包含了两层互不冲突的内容:一是法官发现事实的职权必须得到强化,这是正确认定事实和公正裁判的前提;二是法官应拥有案件管理的权力,这是提升效率及节约诉讼成本的前提。①基于上述定位,法官的职权配置可以设计为:审理对象方面,诉讼标的确定法院并非不可以干预;撤诉不能损害国家、集体或他人的合法权益,不得规避法律,否则法院有权干预;保全程序中,法院也可以根据当事人的申请或自己依职权主动采取保全措施;执行程序中,法院依职权主动执行的原则(移交执行)应当得到肯定。在微观制度层面,法院对诉讼中可能涉及他人或公共利益的诉讼事项进行职权处置,包括管辖权、当事人资格、既判力、诉讼中止,等等。

2. 兼采当事人主义

所谓兼采当事人主义,是指在案件实体角度上审判对象的确定及诉讼

---

① Christian Koller, *Civil Justice in Austrian-German Tradition*, *The Franz Klein Heritage and Beyond*, Alan Uzelac (ed), *Goals of Civil Justice and Civil Procedure in the Contemporary World*, Springer, 2014, p.46.

资料的提出方面,法官职权仍应受到当事人行为的限制。这些限制应包括:一是诉讼标的限制,法院不能单纯以特定事实作为判断依据。原告请求被告无权占有房屋应负返还义务,法院就不可阐明原告可追加相当于租金的不当得利或侵权行为之请求;在原告仅请求本金时,法院亦不能阐明利息请求权。二是当事人已提出的事实或证据的限制。即便是法院职权最为主动积极的社会主义国家民事诉讼,允许法官将当事人未提出的事实引入诉讼之中,但也不会让他们在根本上取代当事人积极地探求事实真相,法官也不应动用公共资源代替当事人的自我责任。三是必须保障当事人的诉讼决定权。除当事人之间恶意串通的情形外,法官在诉讼的提起、确定诉讼标的或其解决方面,不应以法院的意愿替代当事人的意志。[①]必须承认,现代民事诉讼辩论主义或当事人主义并没有失去其全部价值,其约束性的功能完全为社会化民事诉讼制度所保留。

(三)总结与评价

采用以职权主义为主、以当事人主义为辅的制度框架,并非意味着法官职权不受限制。百年之前,不少学者忧心克莱恩强化法官职权的观点有造成"诉讼法独裁"之虞,[②]即便在今天这样的担心也不无理由。"社会法治国"在增进公民实质自由与社会公平的同时,可能让国家至上主义卷土重来,"强制性家长作风"将公民带入"受奴役的牢笼",法官的帮助很容易变味为法官的管束。[③]此外,诉讼过程中的"柔性专制"会使当事人惯于听命于国家与法律的安排,而丧失诉讼自主性和自由意志,让他们更加依赖国家与法院。为此,法官在诉讼中表明自己的法律观点是有必要的,相关的证据也必须经过当事人质证,当事人的诉讼权利必须得到充分保障。这些具体的诉讼制度是制约法官权利膨胀的有效手段,也是我们在制度构建中应考虑的辅助措施。

第三节　社会化真实观与证据收集

克莱恩认为,民事诉讼法在维系整个法秩序中具有重要作用,而正确认

[①] [意]莫诺·卡佩莱蒂:《比较法视野中的司法程序》,徐昕等译,清华大学出版社 2005 年版,第 344 页。

[②] Remme Verkerk, *Fact-Finding in Civil Litigation: A Comparative Perspective*, Intersentia, 2010, p.277.

[③] [德]奥特马·尧厄尼希:《民事诉讼法》(第 27 版),周翠译,法律出版社 1999 年版,第 6 页。

定事实是实现这一目标的前提。既然司法的目的在于发现案件事实真相，追求诉讼效率并不应以牺牲公正为代价，脱离了发现真实这一目标，民事诉讼制度无异于"空转的磨盘"而毫无意义。换言之，程序正义固然重要，但发现实体真实却带有根本性。正因如此，在克莱恩看来，严格区分实体真实与程序真实的观点过于幼稚。一方面，民事诉讼当事人行使诉讼权利及法院的案件事实调查活动必定或多或少地将案件事实聚集到一起，并将其作为判决的事实基础；另一方面，指望在相对时间里通过相对少的诉讼活动就建立起实体真实，也不过是幻想。① 而且在客观上，实体真实与程序真实标准是难以区分的，按照法律程序认定的事实不仅是实体真实，同样是程序真实。因此，案件的真实不应在实体真实与程序真实之间进行取舍，而应当更强调内在性和实体公正，在诉讼效率基础上追求实体事实。为此，诉讼过程就应为寻找实质真实而充分地提供机会，体现更多的职权性特点，这便是所谓社会化的真实观。

一、社会化真实观

既然社会及当事人都普遍期待法院正确裁判，或者为纠纷解决找到最妥当方案，那么很容易判断的是，相对于当事人主义或职权主义风格，社会化民事诉讼在昭示真相方面更具有优势。法社会心理学研究表明，法官对程序的控制越强，当事人就感觉自己与法院的沟通越充分，事实越能够得到完整和真实的认定。而美国庞德法官早就将过度的诉讼对抗归结为社会不满意司法，转而主张法官独立地寻求真相与正义；② 德国法官积极取证的做法，也被认为有助于根据事实作出判决。③ 因此，事实发现首先应赋予法官命令当事人提出证据的权力，而不是消极等待当事人提出。

首先，法官职权探知与职权调查仍要受到当事人提出诉讼资料的限制，这样比单纯的辩论主义更有利于实体真实的发现，并防止诉讼欺诈现象的发生。其次，法官有权讯问（询问）证人、当事人及其诉讼代理人。特别是讯问当事人，既有利于贯彻直接言词原则，又有利于弄清诉讼关系和提高诉讼效率。再次，对当事人及其律师不服从程序管理的行为（例如，不遵守主要

---

① Christian Koller，*Civil Justice in Austrian-German Tradition*，*The Franz Klein Heritage and Beyond*，Alan Uzelac（ed）*Goals of Civil Justice and Civil Procedure in the Contemporary World*，Springer，2014，p. 46.

② Roscoe Pound，*The Causes of Popular Dissatisfaction with the Administration of Justice*，Crime & Delinquency 10（4），1964，p. 355—371.

③ Klaus F. Röhl & Stefan Machura，*Procedural justice*，Dartmouth Press，1997，p. 221.

诉讼期间或拒绝履行法院作出的裁定或命令),法官有权力采取制裁措施判令义务人负担特定诉讼费用或对其课以罚金,或者判令义务人承担损害赔偿责任。最后,法官与当事人及当事人之间形成诉讼上的合作关系,法官在质证时应与合作的各方当事人自由讨论事实问题,就事实状况和争议状况与当事人进行讨论,提高诉讼效率并改善过于紧张的诉讼关系,增强纠纷解决的实效性。

(一)追求客观真实

社会化民事诉讼不同于当事人主义或职权主义模式,在事实发现方面也存在重要差别。其中最重要的一点,就是社会化民事诉讼为了促进实体法实施而采取了较高的证明标准,以使裁判的正确性标准与社会心理相契合。在这方面我们曾经走过极端,新中国成立后相当长的一个时期,传统学理将哲学上的认识论与诉讼真实发现相等同,形成客观真实或实体真实的证明标准。法院以实际发生的真实情况作为裁判依据,不受法律和当事人约束,法院认定的案件事实必须与实际发生的事实相一致,任何较低的证明标准都被打上资产阶级的标签。这种超高标准的证明要求显然与司法的竞争性、判断性以及诉讼效率价值相悖,也忽略了程序保障的基本要求,还可能导致案件反复审理、丧失程序安定性等一系列负面效应。而且,这种高标准的证明标准的不公平性及非效率性,并未带来任何增加正确判决或促进真实发现的正面效果。

上述状况在 2002 年《最高人民法院关于民事诉讼证据的若干规定》实施之后才得以改变,民事诉讼证明标准转向了诉讼真实或法律真实,也就是法院在裁判中对事实的认定符合民事诉讼中的证明标准,从所依据的证据来看已达到了可以视为真实的程度就视为事实已经发现。但在理论上,这种较低的证明标准在国家与社会层面又面临着缺乏普遍认同的问题,其正当性也有待证明。

2014 年党的十八届四中全会通过的《中共中央关于全面推进依法治国若干重大问题的决定》,提出实现实体公正、程序公正和法律适用统一,强调了实体真实与诉讼真实相结合的重要性,也表明案件真实与意识形态的关系。通过诉讼认定的案件真实应与作为政治理想追求的实体(客观)真实予以区别,真理标准不能取代诉讼证明标准。将政治意识形态与证明标准挂钩,曾是苏联民事诉讼理论中的金科玉律,也是客观真实观的依据所在。但事实证明,客观真实的理想与诉讼证明制度的能力之间往往存在落差。而且,如果案件审理直接受意识形态支配,过多考虑社会经济形势与政治因素,必然会导致杂糅的程序构造。①在这一点上,社会化民事诉讼强调在诉讼程序之中重建案件的法律要件事实,而不是脱离诉讼程序,在其之外发现所有的事实。换言之,案件事实的发现必须借助于诉讼程序,并在充分保障当事人诉讼权利的条件下实现。

(二)证明标准的选择

无论是当事人主义抑或职权主义,都受到诉讼资料的限制,而无法达到客观真实的程度。一方面,通过无法官干预的"正义竞技"得出的事实,未必与真实的社会活动和法律关系相符,而且受时空条件限制,事实的证明往往无法达到绝对真实程度,案件只能接近实体真实,却无法恢复到客观状态。而且也可能客观上造成重视实体真实,轻视非程序真实(法律真实)的倾向。②另一方面,过分强调"程序真实",降低案件事实的证明程度,可能使法官怠于查明事实真相,导致案件审理质量下降,损害司法权威,还会为诉讼欺诈提供机会。

证明标准与法律传统联系密切。相比较而言,英美法系国家的证明标准更强调外在性和程序公正,大陆法系国家的证明标准更强调内在性和实体公正,两者并无优劣之分,实证研究也表明了这一点。虽然英美对抗制诉讼中当事人更易于提出相关事实,法院更易于公正地认定事实,但事实上也更易于在质证及认证环节上产生偏见。③大陆法系国家更倾向于追求实体正当化,但在案件实体真实的发现上却面临着重重困难。可以说,两大法系各自的优势与缺陷一样多。这也表明,以追求程序正义为目标的证明标准未必适合中国司法实践,以追求实体正义的职权主义传统也未必像学者想象的那样糟糕。

社会化民事诉讼更倾向于取消实体真实与程序真实的划分,确立与社会化真实观相适应的证明标准。这至少需要以下两个具体制度辅助。(1)当事人的真实义务。尽管当事人的真实义务被一些学者贬低为"纯粹的道德义务",但其仍不乏法律价值。民事诉讼中,事实的认定应体现社会道德性、社会信仰及价值观,这是司法获得权威的必要条件。传统社会主义国家曾追求过这样的理想——司法机关要依照法律和生活中的实际情况把法律规范适用于具体的生活、事实、行为和法律关系,使审判符合社会主义共同

---

① 高志刚:《民事诉讼模式正当性反思——一个实践哲学的视角》,载《法学论坛》2011 年第 1 期。

② Margaret Y. K. Woo and Mary E. Gallagher, *Chinese justice: Civil dispute resolution in contemporary China*, Cambridge University Press, 2011, p.13.

③ Klaus F. Röhl & Stefan Machura, *Procedural justice*, Dartmouth Press, 1997, p.130.

生活准则。问题是,这样的理念需要具体的诉讼规则加以落实,需要通过确定真实义务满足诉讼的社会诉求,由当事人承担完全陈述主要事实的责任,不给他们以昧着自己的良心有意地做虚伪陈述的机会,不允许他们提供背离事实的证据。如果当事人明知相对方提出的主张与事实相符或认为与事实相符的情况下,仍然进行争执,便应受到制裁。(2)证明责任适用的避免机制。即便实体真实无法发现,不得已要根据证明责任裁判,证明责任规范也要考虑当事人的实质平等,在依据法定标准分配证明责任不实际、不公平时,可以采取减轻、倒置证明责任等方式进行调整。

我国司法解释已经认可了法官可以根据证据距离、举证的难易程度、经验法则的适用,本着公平、正义的理念分配证明责任。一些地方法院也试行了旨在帮助当事人从对方那里获得证据的调查令制度,以体现事实发现中的社会正义性。此外,基于一定的要件,还应课以不负担证明责任的一方当事人承担事案解明义务,并在其违反该义务时给予一定的制裁。在这方面,德国民事诉讼中的事案解明义务(Aufklrungspflicht)值得我们借鉴,亦即,按照传统的法律要件分类说承担证明责任的当事人,因证据为对方当事人控制而其不能解明事案时,法官可对其给予制裁。尽管这一制度尚未成为通说,但它在发现实体真实方面的功能是值得我们重视的。

二、证据收集方面的重新分工

当事人与法院在证据收集方面的不同分工,各自对应着一种程序模式,证据的收集要么交给法院完成,要么交给当事人完成。前者被称为调查原则、纠问原则或者职权探知原则,后者被称为辩论原则或提出原则。

(一)当事人主义诉讼模式下的证据收集分工

在当事人主义诉讼模式下,当事人在民事诉讼争诉事件上所涉及的私法地位的实现被认为与国家没有直接的利害关系,因此,民事诉讼中的事实主张全凭当事人,没有必要委之法院。当然这里也有一些例外,例如,拒绝让当事人控制事实发现,并不意味着不让他们参与证据收集与认证;由当事人承担证据收集责任,法官只考虑当事人主张的事实而非依职权进行调查,除非该事实属于法律规定的免证事实;法律规定由法院依职权调查的情形。即便是非讼案件中的特定权利义务讼争对立事项,仍应适用有关主张、举证责任(协力义务)等诉讼法理,进行攻击防御。其裁判基础资料,往往也借助于当事人提出,这便是"当事人控制纠纷,法官引导诉讼"原则。

经验表明,由当事人及其律师承担证据收集任务存在着诸多弊端。一是,当事人及其律师控制下的证据收集可能受到当事人自我利益的妨碍,将证据收集变为折磨对手的策略,律师也有可能为了增收将这种活动异化为"自导自演"的戏剧。二是,当事人与法院的证据收集责任的界限划分是困难的,确定哪一个事件属于对纠纷的控制(当事人的事情),哪一个事件属于引导诉讼(法官的事情),并不容易。一些案件中不但当事人无力承担证据收集的责任,律师同样也无力承担,他们往往都依赖法官告知将如何裁判案件,以及哪些事实起决定作用。只能说证据的收集是法官、当事人以及律师的共同责任。三是,我国《民事诉讼法》第六十七条第二款规定了"补充性职权调查"原则,法院有权自行调查收集证据,似乎在法律上认可了法院可以对当事人未主张的证据进行调查,以弥补当事人证据收集能力缺陷。但问题是,该条款中的"法院依职权调查证据"主要指法院对证据的收集,而非法庭上的证据调查。而且,民事诉讼法并未明确规定法院依职权调查证据的前提条件,例如必须在当事人主张责任范围内实施,等等。

(二)我国民事诉讼中证据收集的分工问题

法院与当事人在证据收集方面的分工不只是一个诉讼技术问题,还受制于国家与社会之间的关系定位。由于当代中国民事司法总是伴随着政策执行及保护国家与社会利益的要求,而且,国家推行社会改造计划的胃口越大,由私人当事人所勾勒出的诉讼的初始轮廓就变得越微不足道和仅仅具有暂时性。[①]在这样的背景下,法院与当事人在证据收集上应当有合理的分工。首先,根据自我归责原则,当事人应当提供证明自己的诉讼请求成立所必要的事实。其次,法官也应当依职权命令采取法律允许的各种证据调查措施。传统社会主义国家较为重视后者在实现社会正义方面的作用,苏联曾强调法院要给予当事人"积极的协助,以便达到保护他们的权利和合法利益的目的,并且使他们不致由于不熟悉法律、认字不多和类似的原因而受损害"[②]。

我国民事诉讼立法在一定范围内也扩大了法院进行证据调查的职权,不仅《民事诉讼法》第六十七条第二款规定了法院一般性职权调查证据的权力,以及第六十八条赋予法官判定证据失权权力的规定,最高人民法院还通过司法解释中依职权询问当事人(第一百一十条)、依职权责令当事人提交

---

① ［美］米尔伊安·R.达玛什卡:《司法和国家权力的多种面孔》,郑戈译,中国政法大学出版社2015年版,第206页。

② ［苏联］克列曼:《苏维埃民事诉讼》,西南政法学院诉讼法教研室译,法律出版社1957年版,第68页。

书证(第一百一十二条)、依职权通知证人出庭作证(第一百一十七条)、依职权委托鉴定(第一百二十一条)及询问专家辅助人(一百二十三条)等条款确认了法院职权调查的规定,以及认定构成拟制(默示)自认、驳回当事人的各种异议权等规定。

世界范围的法官职权扩大趋势具有这样的共性,既非放任式地由当事人决定程序之标的、事实证据提出及进程(当事人主义),亦非得完全由法院职权介入(职权主义),而是强调当事人与法院以及当事人彼此间之协力、沟通、对话,以期能公平、适时、适正地解决民事纷争。不难看出,我国民事诉讼制度改革已经自觉或不自觉地融入这一潮流中,以《证据规定》为标志,司法实践认可了释明权或阐明义务的必要性,将其作为协助弱势当事人、加快诉讼进程的工具加以运用。同时,民事诉讼法典还有意识地加重了当事人的诉讼义务,典型者如对证据失权的制裁(《民事诉讼法》第六十八条)。一旦当事人逾期提出证据,法院可有条件地限制其提出,这对抑制当事人程序滥用和诉讼拖延行为具有积极的意义。

在进一步的改革中,我们需要重视法院与当事人诉讼合作关系的构建,让诉讼分工更加合理。对此宜从两方面展开,一是在证据资料的提供方面,宜以事实问题与法律问题作为划界依据,形成以下分工——当事人承担构建"事实大厦"的责任,法官承担依职权审查法律问题的责任。在确定特定诉讼标的以及提供诉讼资料上,则宜以当事人为主导,保留当事人主义或辩论主义的合理因素。二是在诉讼进行方面,当事人对诉讼促进负有主要责任,未来修法宜增加被告答辩义务的规定,如果不答辩即产生失权效果,以保障原告方的程序权利。

社会化民事诉讼促进了当事人与法院的合作,可以增加证据获得的机会和途径,这是一种司法红利,但其应建立在明确的诉讼分工基础上,来避免负面效应。一旦原告提起诉讼,便意味着诉讼脱离了当事人的控制,成为法院垄断的领域。为此,设立角色约束规则是必要的,这些规则应包括:第一,在当事人的角度,应抑制他们及其律师在证据收集过程中的利益膨胀,强调其真实义务、合作义务与诉讼促进义务。第二,在法官的角度,他们依职权取证的范围应予限定,将依职权取证作为法院的例外性权力,亦即限定于当事人缺乏证明主张事实的能力,或者如果不帮助处于弱势地位的当事人就有悖于公平正义等情形。第三,在一方当事人持有某项证据而不提交的情况下,法官可以听取一方或者各方当事人的意见,或应另一方当事人的请求要求持有证据的当事人出示此项证据,必要时可以采取强制措施,我国司法解释已经确认了类似规则。最后,辩论主义原则的制约,法官不得超出当事人的诉讼请求裁判,质证规则的制约以及当事人通过自认等规则,对诉讼司法要素进行掌控。

总之,我国社会化民事诉讼制度体现了以人民为中心的发展思想,其中既包含着理想性的诉讼价值诉求,又反映着现实性的诉讼要求,这些诉求与中国当代司法的群众路线高度契合。无论是传统民事诉讼的"两便原则"(方便当事人诉讼、方便法院审理),还是当下"努力让人民群众在每一个司法案件中都感受到公平正义"法律意识形态,都蕴含着丰富的社会化思想。可以肯定,这些民事司法领域中的社会本位与司法公共服务的理念,将是中国构建原创性与时代性民事诉讼制度的基点,也是超越西方传统社会化民事诉讼制度的关键所在。

第二章 民事诉讼社会化的中国路径

新中国成立以来的民事诉讼制度,始终贯彻群众路线,"司法为民"始终是民事诉讼立法的中心思想,这是中国民事诉讼制度发展的主旋律。在过去的 70 多年里,民事诉讼制度渐次呈现出三种类型,分别对应三个阶段。第一个阶段,是新中国成立初期,秉承了革命根据地时期人民司法传统,借鉴社会主义国家立法,最终形成了以司法政策、文件为表现形式的政治型程序法,并以"人民内部矛盾理论"为制度的核心。第二个阶段,是改革开放恢复法治建设至世纪之交这一时段,民事诉讼法在这一阶段获得纠纷解决的正统地位,作为重要的部门法进入自治发展阶段。这一阶段以 1982 年与 1991 年两部民事诉讼法典为主轴,并以审判方式改革的实践为辅助,是我国民事诉讼制度走向正规化、专业化的重要时期。第三个阶段,是进入新世纪之后,随着中国特色社会主义法律体系特别是民事实体法体系化的构建,民事诉讼制度向着保护私法权利的功能发展,为私法争议提供司法救济及维持私法秩序成为民事诉讼制度的主要功能,保障型民事程序法开始登场。随着上述三种类型民事诉讼制度的更替演进,新时代民事诉讼社会化具备了相应的社会、经济基础。

第一节 政治型民事诉讼制度

新中国成立伊始,民事诉讼制度在创建中彰显出强烈的新国家意识,国家组织原理、司法人员选拔方式及程序规则都实现了革命性变化,这为政治型民事诉讼制度的构建奠定了基础。由于政治与社会紧密结合,政治型民事诉讼乃彼时民事诉讼制度社会化的具体形式。

一、政治型民事诉讼立法的形成及功能

在除旧的角度,1949 年 2 月 22 日中共中央发布《关于废除国民党六法全书确定解放区司法原则的指示》,彻底废除旧法制,终结了清末以来的以参照大陆法系为特点的民事诉讼法律体系。从布新的角度,1950 年 11 月 3 日,政务院《关于加强人民司法工作的指示》确定了新中国民事诉讼制度的

基调,强调司法机关在工作中应贯彻群众路线,推行便利人民、联系人民和依靠人民的诉讼程序与各项审判制度。类似规范还包括《人民法院暂行组织条例》和《诉讼程序通则》(1951年),等等。经过法制改革,新中国民事诉讼程序摆脱了旧法体系,民事诉讼体系得以重构,司法组织与诉讼程序都得到了更新。1954年新中国制定的首部宪法为民事诉讼制度确定了体系框架,该部宪法规定的人民陪审、公开和两审终审制都落实于诉讼制度中。随着1955年全国范围内高、中级和基层人民法院的设立,民事诉讼的组织基础基本奠定下来。在程序制度方面,1956年最高人民法院制定《各级人民法院民事案件审判程序总结》,1957年制定《民事案件审判程序》,诉讼程序也开始有章可循。

1957年6月19日毛泽东同志发表《关于正确处理人民内部矛盾的问题》,系统提出解决人民内部矛盾的方法,即"凡属思想性质的问题,凡属人民内部争论的问题,只能用民主的方法去解决,只能用讨论的方法、批评的方法、说服教育的方法去解决,而不能用强制的压服的方法去解决"。在这一思想指导下,民事纠纷被解释为人民内部的非对抗性矛盾,当然要用民主的、说服教育的、"团结—批评—团结"的方法解决。以此为指导思想,最高人民法院于1963年制定《关于民事审判工作若干问题的意见》《关于贯彻执行民事政策几个问题的意见》,随后又提出"依靠群众、调查研究、调解为主、就地解决"的审判政策,标志着新中国政治型民事诉讼制度的形成。

(一)政治型民事诉讼制度的首要任务在于实现政治目标

政治型民事诉讼制度的首要任务,就是为新中国政治、经济及社会方面的政策服务,为公有制为核心的经济基础服务,为阶级斗争的需要及保护人民利益服务。这样的政治目标体现在司法组织、诉讼程序等各方面。法庭是吸引全体贫民参加国家管理的机关,①诉讼制度以根除反动司法机关压迫人民的、繁琐的、迟缓的、形式主义的诉讼程序,实行便利人民群众的、简易的、迅速的、实事求是的诉讼程序为目标,是在目的上区别于资产阶级和封建主义的诉讼制度,体现了新司法制度的优越性。与政治目标相适应的审理方法,是阶级分析方法。审判人员要站在人民的一边,以党的政策及群众意见(民意)作为审判依据。当事人在具体案件中的诉讼请求或权利主张往往被更大的政治问题所吸收,纠纷的发生、争执焦点、可能的解决方案都可以被赋予政治意义。例如,在20世纪50年代初期贯彻婚姻法与清理积

---

① 《列宁选集》(第3卷),人民出版社1995年版,第518页。

案运动中,离婚诉讼中通常将旧社会妇女受压迫、男女不平等以及新中国保护妇女的必要性等作为调解或判决的标准。①虐待妻子的行为也被定性为"封建"思想所致;婆媳之间的争执则被归因于"旧思想"作祟;而"为国家建设服务"则可以成为统一双方当事人思想,促使关系和好的"中间利益"。总之,民事诉讼制度是政治的一部分。

(二)政治型民事诉讼以贯彻群众路线为审理方式

政治型民事诉讼制度强调紧紧依靠着广大人民群众,审判人员要经常和人民群众建立广泛的、密切的联系,随时、随地注意倾听群众的呼声和关心群众的疾苦,事事、处处注意和群众商量与教育群众,发扬群众的积极性和创造性。②为此,立案与审理程序应得到简化,职员办事作风也必须改变。通过审判工作密切联系群众,将司法与群众运动相结合,③"深入基层,走访群众,调查研究,就地办案"以及"在群众参加下不拘形式地处理案件"等办案方法得以形成。这样,通过贯彻群众路线,民事诉讼制度与社会价值及人们改造社会的思想和情感紧密地联系在了一起,诉讼制度充分发挥了支持新社会秩序的功能,诉讼中体现的国家与社会关系,使政治合法性在国家与社会公众的沟通交涉中潜移默化地形成。④同时,以群众路线为载体的司法大众化也彻底改变了中国民事诉讼制度的面貌,审判公开制度得到高度重视,在公民监督司法、防止司法官僚化倾向方面产生了积极作用,并在当代发扬光大。

(三)政治型民事诉讼制度在功能上重在宣示司法民主

在民事诉讼中落实司法民主的主要途径是普及陪审制。新中国成立后,各地人民法院立即着手选出若干固定陪审员轮流到法院执行陪审职务,甚至上诉案件的审理也由审判员或与陪审员组成合议庭审判。⑤ 1954 年《中华人民共和国宪法》提升了人民陪审员制度的地位,国家通过吸引人民参加司法工作,将司法制度与群众的感情与生活方式紧密结合起来,推动了人民群众通过司法参与政治的热情,他们参加法院工作,无异于自己经过一

---

① Stanley B. Lubman, *Bird in a Cage*, *Legal Reform in China After Mao*, Stanford University Press Stanford, 1999, p. 52.
② 张如心:《论共产党的群众路线》,载《哲学研究》1957 年第 3 期。
③ 彭真:《关于政法工作的情况和目前任务》,载《新华月报》1951 年第 6 期。
④ 赵晓耕、沈玮玮:《人民如何司法:董必武人民司法观在新中国初期的实践》,载《甘肃社会科学》2012 年第 2 期。
⑤ 滕一龙主编:《上海审判志》,上海社会科学院出版社 2003 年版,第 138 页。

番国家管理的大学习，①使诉讼制度发挥了改造社会及争取人民政治支持的功能。在思想教育方面，诉讼中个人的意识得以改造，资产阶级道德残余得以清除，新文化和新习俗及社会主义机构得以巩固。同时，陪审制还与社会干预紧密结合，1950 年 12 月中央人民政府政务院法制委员会起草的《中华人民共和国诉讼程序通则（草案）》规定："人民法院审理对于社会有重大影响、重大教育意义或者其他有必要的案件，应通知有关的人民团体或其他方面指派代表出席陪审，参与审理。"总之，这一时期旨在实现司法民主的人民陪审员制度，几经改革，现已发展成为中国特色社会主义司法制度的重要组成部分，对于促进司法民主、保障司法公正、提升司法公信力等起到重要作用。

（四）党的路线、方针与政策是重要的裁判依据

在裁判依据方面，新中国成立后相当长时期里审判案件的实体依据主要是党的路线、方针与政策，因此"政策的法源性"具有重要意义。②新中国成立初期的民事司法，以中国人民政治协商会议通过的《共同纲领》及人民政府或中国人民解放军颁布的纲领、法律、法令、条例、命令、决议为裁判规范。随后，司法依据被固定为政策、法律、司法解释、地方党政文件、地方法院文件以及民事习惯。在司法适用中，审判人员要在法律提供的原则性规范或指导性框架内，针对不同的案情，在实体与程序上做出合情合理的处理。然而在另一方面，由于该阶段除婚姻法之外的民事实体法迟迟没有制定，客观上削弱了民事诉讼制度向实体法寻求支持的动力，民事诉讼制度必须独立发展，这也是造成民事程序法与实体法间隙的根源。

两个部门法的间隙表明，一方面，在不存在实体法或实体法规范很不清楚的时期，民事诉讼制度的发展必须克服实体法缺乏的困难。例如，法院审查案件应否受理的时候，立案审查的依据是原告有无"诉讼请求权"，而非"实体请求权"，③这显然是实体法缺位情况下的无奈之举。另一方面，由于民事诉讼制度无法获得实体法的支持，因此其发展并不像大陆法系国家那样从实体法那里"断奶"而获得独立，而必须探索自我独立发展的道路。这样的思维体现在诉讼程序的各个方面，诉讼标的、当事人适格、证明对象与证明责任分配、既判力等制度被一一放弃，其中既有程序简化的原因，也有

---

①　[苏联]K. 郭尔塞宁：《世界上最民主的人民法院》，鄂嵩俊译，载《中苏文化》1949 年第 7 期。

②　[日]高见泽磨：《现代中国的纠纷与法》，何勤华等译，法律出版社 2003 年版，第 107 页。

③　1956 年 10 月 17 日发布的《最高人民法院各级人民法院民事案件审判程序总结》第二条第（一）项。

失去实体法支持的因素。最终,诉讼主体及管辖、起诉、辩论、调解或判决、上诉制度等程序制度就成为简明且纯粹的程序规则,以至于当代实体法与程序法之间的割裂,都是诉讼制度长期独立发展所致。

二、政治型诉讼制度的历史意义

肇始于新中国成立初期的政治型民事诉讼制度,构成了当代中国民事诉讼制度的基础。1982 年首部民事诉讼法(试行)无论在框架还是在具体程序制度上,都与之一脉相承。此后历次重大修法基本上沿袭了 1982 年法典的架构、原则及制度,例如两便原则、调解原则及国家与社会干预原则,以及审理方式、审级制度等,都得以保留和发展,这是我国民事诉讼制度保持连续性的关键因素。

(一)倡导为中心工作服务的理念

新中国成立后,民事司法制度要在以社会主义经济基础为目标上,服从党的领导、贯彻群众路线、结合生产劳动、为党和国家的中心工作服务,①从而将纠纷解决置于"涉法型中心工作"的视野对待。以农业合作化运动为例,1955 年 5 月最高人民法院、司法部先后发出《关于加强司法工作保障农业合作化运动的指示》及《关于司法工作对保障农业合作化与农业生产顺利发展的指示》,要求司法机关积极行动起来努力为这伟大运动服务。农村地区人民法院"必须以保障农业合作化与农业生产高潮的顺利发展作为首要的任务"②。围绕着中心工作,调解和审判工作方法得以创新,例如"干部分片包干"(一包);"就地调查、就地审判、就地调解"(三就);以及"审判与摸底整社结合、审判与劳动结合、审判与指导调处结合、审判与群众辩论结合(群众辩论)、审判与《五爱公约》(即热爱毛主席、共产党,热爱社会主义祖国,热爱总路线,热爱'大跃进',热爱人民公社)结合"。③民事案件类型划分标准也因中心工作而不断调整,政治运动中时常会创造或改变刑事案件类型,"民法既解决人民内部矛盾,也解决敌我矛盾"④。各时代民事诉讼制度在运作中仍以"坚持服务大局"为目标,在当代就是"服务保障经济持续健康发

---

① 董必武:《董必武法学文集》,法律出版社 2001 年版,第 423 页。
② 赵胜:《1955 年—1956 年人民司法对农业合作化运动的保障》,载《江淮论坛》2018 年第 2 期。
③ 李麒:《社会变革时期的财产纠纷与诉讼实践——Y 市法院 1950—1965 年民事档案实证研究》,商务印书馆 2018 年版,第 24 页。
④ 张企泰:《民法既解决人民内部矛盾,也解决敌我矛盾》,载《法学》1958 年第 6 期。

展和社会大局稳定",①这无疑是政治型民事诉讼制度的延续。

(二)审理方式上走群众路线

政治型程序法的突出特点就是诉讼调解制度的政治化,其作为解决争议、维持社会和经济秩序的手段,发端于革命根据地时期,成型于 20 世纪 50 年代初。早在 1952—1953 年的司法改革运动中,诉讼调解就已得到充分重视,审判人员既可以进行庭上调解,又可以进行庭外调解。随后,在人民内部矛盾思想的指导下,判决与调解的关系被重新安排,调解成为落实解决"人民内部的非对抗性矛盾"的主要方法,在适用上优先于审判。此外,诉讼调解除发挥纠纷解决功能,还被作为贯彻党的政策、动员人民支持社会主义建设以及实现社会管理的工具使用。与这些功能相适应,审判人员的职权调查被广泛运用,职权主义因素增加,案件审理方式也变得非正式。以《各级人民法院民事案件审判程序总结》为例,人民法院的调查责任加重了,要查明事实,分清是非,不能"孤立办案"和"坐堂办案"。办案时要在与原、被告单独谈话后,亲自"调查"案件的事实,通常到双方当事人的居住和工作地点,与双方"领导"谈话,通过与当事人的情感交流(通常是摆事实、讲道理,晓之以理、动之以情),提出解决方案,说服当事人接受。这些超越裁判的审理方式至今仍在发挥作用,使诉讼制度能够在社会治理、社会控制、信访、普法等方面发挥作用,在解决纠纷的同时,促进当事人的团结,维护社会稳定。

(三)诉讼程序的极简化

新中国成立后,作为社会治理工具的民事诉讼制度也呈现出"半正式极简主义治理"(semiformal minimalist governance)的特点,②长期发展中以简约化为特色。这种简约化既是否定旧中国民事诉讼法的剥削阶级属性及其形式化的需要,也是便于当事人诉讼及便于法院审理案件的需要。这样民事诉讼制度在形式与内容之间需进行平衡:要有一定的程序,但又必须简便易行;应搞一些必要的手续,但又不能机械繁琐;切忌故弄玄虚,要实在具体,便于老百姓执行。③程序简化的结果还在于规则更加通俗易懂。例如,一事不再理、既判力、诉之利益、诉讼主体、诉讼法律关系、诉讼行为、处分权主义、辩论主义等旧法中晦涩的概念,都被新概念取代了。例如以生效裁判

---

①　周强:《最高人民法院工作报告》,载《人民日报》2019 年 3 月 20 日,第 2 版。
②　Philip C. C. Huang, *Chinese Civil Justice*, *Past and Present*, Rowman & Littlefield Publishers,2012, p.254.
③　杨永华、方克勤:《陕甘宁边区法制史稿(诉讼狱政篇)》,法律出版社 1987 年版,第 55—56 页。

代替判决的既判力,以审判监督程序指代再审程序,起诉、受理、调查搜集证据、保全措施、试行调解、开庭审理、裁判、上诉、再审与执行等术语都实现了大众化。

当然,限于特定因素,政治型民事诉讼制度也存在着一些不足。例如,程序简化在一定程度上产生了程序虚无的倾向,这种倾向在几十年后依然呈现出强大的惯性作用,时至 20 世纪 80 年代仍有审判人员认为,过去没有民事诉讼法,同样办了案,保证了质量,有了民事诉讼法,反而束缚手脚。①显然,"重实体,轻程序"观念与长期的程序简化理念紧密相关。再如,在规范结构上,由于最高人民法院身兼诉讼规则制定者与诉讼规则操作者的双重角色,诉讼程序在设计上朝着审判"操作规程"或"命令体系"方向发展,民事诉讼规范多以"训示"规定而不是"效力"规定出现,这使得诉讼制度更贴近"审判程序法",对当事人诉讼权利的规定则存在着提升的空间。但在整体上,我国 20 世纪 50—60 年代在民事诉讼制度方面的探索仍是当代立法的宝贵资源。我国民事诉讼制度起步于政治型的诉讼制度,随后各时代民事诉讼制度都以此为基础。正是这一基础,决定了我们不可能简单地拷贝某一域外经验,提示我们在推进诉讼制度的改革时必须充分考虑特定法律文化、根深蒂固的政治文化,以及司法制度中的基本组织原则与规范——这足以使其保持自身特色并抵制根本性变革。②同时,政治型民事诉讼制度也并不排斥民事诉讼制度正规化与体系化的诉求。在改革开放和市场经济体制下,中国的诉讼制度改革继承和发展了政治型民事诉讼制度的核心要素,同时吸收了现代诉讼技术和各国有益经验,将政治意识形态与诉讼技术有机结合起来。

第二节　自治型民事诉讼制度

改革开放之后,法治建设开始恢复,法律制度开始在中国经济与社会领域变革的过程中复兴或创新。③与所有部门法一样,民事诉讼制度的作用被重新评估,这推动了民事诉讼制度由"革命守卫者"向"纠纷解决者"角色的

---

① 江西省宜春地区中级人民法院试点工作组:《民事诉讼法(试行)试点工作初步体会》,载《人民司法》1982 年第 8 期。

② Colin B. Picker & Guy I. Seidman(ed), *The Dynamism of Civil Procedure-Global Trends and Developments*, Springer International Publishing, 2016, p. 6.

③ Stanley B. Lubman, *Bird in a Cage*, *Legal Reform in China After Mao*, Stanford University Press, 1999, p. 102.

转变。相应,民事诉讼制度中的客观性、中立性程序设置大幅增加,自治型民事诉讼制度由此形成,成为与改革开放时代相适应的社会化民事诉讼形态。

一、自治型民事诉讼制度的形成背景及特点

"文革"结束后,邓小平同志即指出,以阶级、阶级矛盾、阶级斗争为基调和核心内容的法学理论,既不符合中国社会的实际,不符合改革开放以后的中国国情,也不符合社会主义初级阶段的基本路线。① 1981 年 6 月《中国共产党第十一届六中全会决议》提出"以经济建设为中心",取代以"阶级斗争为纲""国家和企业、企业和企业、企业和个人等等之间的关系,要用法律的形式来确定;它们之间的矛盾,也有不少要通过法律来解决"。②这样,随着国家对纠纷观念的转变,民事诉讼法被推上纠纷解决的正统地位。 1982 年 3 月 8 日国家颁布的《民事诉讼法(试行)》是中国民事诉讼制度走向正规化与专业化的里程碑,也标志着在我国诉讼制度取代了行政等纠纷解决方法,成为主流的、正统的纠纷解决方式。

(一)以保障当事人的诉讼权利为首要目标

首部民事诉讼法典将保障当事人行使诉讼权利作为诉讼制度的第一任务,并通过明确民事诉讼法的调整范围,划定了司法救济的范围,由此宣示了国家(法院)由诉讼领域中的政治意志代言人,转向正义的宣示人。顺应这种转变,1982 年民事诉讼法典丰富和优化了民事诉讼法体系,奠定了民事诉讼制度现代化的基础,此后陆续开展持续至今的审判方式改革、诉讼模式转换、证据制度改革、程序繁简分流改革都在这一基础上展开。

我国首部民诉法典是自治型民事诉讼制度的发端,其类型意义体现在两方面。一是民事诉讼制度本身获得了正统性地位,通过设置一套专业化的、相对自治的法律制度,实现民事司法过程和结果的自我约束与自我保护。民事诉讼法是解决纠纷的工具与手段,而且是一种具有正当性的纠纷解决方法,作为部门法开始初步展现其独立价值。二是民事诉讼制度的体系化构建。在法治本身成为意识形态的环境下,民事诉讼法典及诸多司法解释为民事实体法或民事政策等一般性规定向具体内容转化提供了程序机制,程序制度的内部联系加强了整体性构建,当事人的诉讼权利得以充实,

---

① 张文显:《迈向科学化现代化的中国法学》,载《法制与社会发展》2018 年第 6 期。

② 邓小平:《解放思想,实事求是,团结一致向前看》。

民事诉讼法由"审判程序法"升级为"诉讼权利法"。

(二)奠定当代中国民事诉讼制度的基本体系

自治型民事诉讼法奠定了当代中国民事诉讼制度的基本体系,其标志为民事诉讼的若干规范组成的具有内在联系的统一体。1982 年及 1991 年两部民事诉讼法典确定了当代中国民事诉讼法的基本框架,随后修改的三部法典(2007 年、2012 年及 2017 年)基本上沿袭了上述框架。两部法典的体系化贡献表现为:以诉讼主体(法院与当事人)、诉讼客体(诉的制度)、证据等概念体系为基础,一审程序、二审程序、审判监督程序和执行程序组合成为程序环状结构。

以 1982 年法典为代表,自治型民事诉讼制度的体系性贡献有如下几方面。(1)民事诉讼基本原则与制度为程序规则确定了标准。1982 年民事诉讼法规定的人民法院独立行使审判权的规定(第四条);以事实为根据,以法律为准绳原则(第五条);当事人有权对争议的问题进行辩论的原则(第十条);以及具体制度中的两审终审、公开、合议与回避制度(第八条)等。(2)在诉讼主体方面,1982 年法典确认了双方当事人(原告与被告)二元对立的"对审原则",同时系统规定了复杂诉讼制度(包括共同诉讼人及第三人),扩大了民事诉讼解决大型纠纷的功能。(3)在诉讼客体方面,1982 年法典中出现了诉讼标的与诉讼请求这样的表述,标志着诉讼标的开始成为诉讼的中心及客体因素,诉的合并、变更与追加(第九十、九十一条)相应地得到法典确认。(4)在诉讼程序的设置上,1982 年法典规定了审判程序体系,包括普通程序与简易程序、二审程序、特别程序、审判监督程序及执行程序,这些程序构成完整的闭环系统,使我国民事诉讼法具有了体系性。

(三)中国特色社会主义制度理论塑造的结果

以立法正规化、专业化与体系化为表征的自治型民事诉讼制度,是中国特色社会主义制度塑造的结果,这种塑造首先源于改革开放及社会主义商品经济的推动。1982 年与 1991 年民事诉讼法两部法典的立法说明均强调"为适应改革开放、发展社会主义商品经济的需要"而制定、修改,以主动适应经济体制改革的需要,提供相对安全的法律环境,维护交易安全,促进信赖保护,保护消费者权益,提供良好的公共服务,培育良好的经商环境以吸引投资。这意味着,纠纷解决需要规则之治,市场经济要求所有个人和企业必须能够自由行动,并为自己的行为负责。法律必须在实体与程序两个方面满足规则之治的要求:民法作为生活规范保证了人们在发生民事纠纷时能够有法可依;民事诉讼法则是审理一切民事案件的程序规定。这样,民事诉讼法必须走出纯粹的政治感情格局,发挥专业化、规范化的纠纷解决功能。

从民事诉讼制度贴近社会生活和服务市场经济的角度,1991 年民事诉讼法的修改是比较成功的。在微观方面,这部法典确立了大量与商品经济相适应的程序制度,事实证明非常契合随后构建的社会主义市场经济体制需要。例如,通过引入代表人诉讼制度,为公民强制企业遵守法律提供了新途径;再如,为迅速快捷处理债权债务纠纷而引入督促程序,为解决票据流通的需要而引入公示催告程序。在宏观方面,将与市场理念相契合的自我归责理念贯彻于民事诉讼立法,推动了诉讼模式的转变——既然诉讼因当事人的私权争议产生,也就有必要由他们自己确定诉讼对象与范围,提出诉讼请求,提出事实主张与证据,法院就此审理并裁判。通过改革,民事诉讼制度的当事人主义色彩增强了,这为职权主义诉讼模式向当事人主义诉讼模式的转变做了立法上的铺垫。

(四)兼顾追求法律目标与政治目标

1982 年制定的《民事诉讼法(试行)》总结了我国民事审判工作的经验,继承了革命根据地的优良传统和新中国成立以来行之有效的制度与程序,同时根据民事审判工作在社会主义现代化建设时期出现的新情况、新问题,做了相应的规定。

1. 诉讼制度的法律功能趋于直接化

改革开放提出了纠纷解决的新需要,随着国家政治、经济形势的发展,民事的、经济的立法越来越多,对民事诉讼法的要求也越来越迫切。[①]一方面,民事诉讼法必须成为纠纷解决的根本性制度安排,以法律权威的角色维护稳定、规范的投资体制,促进可持续的经济增长,维持政治与社会体系,促进正义的再生产。与此同时,同步进行的民事实体法的立法也助推了诉讼制度的正统性——既然承认了法律主体享有合法的实体权利,那么国家就必须设置能够让他们利用的诉讼法,为权利的确认与实现提供司法保护。另一方面,民事诉讼制度仍要满足国家的政治要求,完成司法任务,以及所处时代的价值或意识潮流,以此作为民事诉讼制度产生、获得支持及再生产的根据。最为典型的表现,就是在迄今为止的五部民事诉讼法典中都保留

---

① 《杨尚昆报告人大常委会工作时对诉讼法(草案)做说明》,载《人民日报》1981 年 12 月 8 日,第
　　1 版。

了国家干预原则,例如支持起诉。通过国家干预,保护那些不能通过自己的力量维护自身权益的单位或个人,这对于扶正祛邪,加强社会主义法制,有重要的意义。①尽管诉讼实践中这一原则很少被适用,但在立法中的地位无疑是重要的。

2.诉讼制度政治功能趋于间接化

无疑,自治型民事诉讼制度框架下的政治功能转向了间接化,这通过两个方面表现出来。一是诉讼调解的角色开始向"非政治的纠纷解决方式"转移。继 1982 年民诉法典放弃了将调解作为解决纠纷的"主要方法"之后,1991 年民诉法又以"根据自愿与合法原则进行调解"原则取代了 1982 年法典"着重进行调解"的规定。这一系列变动,标志着诉讼调解职能由争取群众对党和国家的支持、加强社会控制和减少纠纷,转变为纠纷解决程序。②二是,民事司法的公共服务职能增强,而政治司法的色彩弱化。随着经济合同法、涉外经济合同法、专利法、商标法等与吸引外资有关的法律,及规范私法关系的法律(如婚姻法、继承法)的制定,民事审判权开始由分割状态走向统一,行政机关、经济合同仲裁委员会等法院外机关裁决经济纠纷的功能逐渐衰退,法院更多地承担起处理纠纷的责任。③总之,改革开放特别是社会主义市场经济体制的构建,加速了民事诉讼制度功能的纯化,其公共服务职能开始凸显,在功能上集中于服务私权纠纷解决,以维护私法秩序及私权保障为目标。

二、自治型民事诉讼制度的历史意义

随着社会主义市场经济体制的构建,民事诉讼制度已然成为维护社会与市场秩序的必要法律部门。1991 年《民事诉讼法》通过第二条的规定,明确地将权利保护奉为自己的任务——"保护当事人行使诉讼权利""保护当事人合法权益"以及"维护社会秩序、经济秩序,保障社会主义建设事业的顺利进行"。可以说,自 1982 年法典起中国民事诉讼制度便开始由审判操作规程角色,向以私权保护和程序保障为中心的现代诉讼制度转变,自此中国民事诉讼法既是以法院为中心的司法实行法,也是以当事人的基本诉讼权利为中心的程序法。在此背景下形成的自治型民事诉讼法体现了如下

---

① 柴发邦主编:《民事诉讼法》(修订本),法律出版社 1986 年版,第 98 页。
② Klaus J. Hopt & Felix Steffek, *Mediation: Principles and Regulation in Comparative Perspective*, Oxford University Press,2012, p.964.
③ 王亚新:《论民事、经济审判方式的改革》,载《中国社会科学》1994 年第 1 期。

理念。

(一)当事人的诉讼主体地位得到充分肯定

当事人诉讼地位的提升主要体现在辩论权利的充实上。首部民事诉讼法确认了当事人的辩论权,人民法院审理民事案件时,当事人有权进行辩论(第十条)。1991年民事诉讼法进一步落实,包括:当事人对诉讼对象确定、诉讼启动和进行乃至终结的处分权都空前扩大,而法院职权则受到限缩,由"调查办案"转向"坐堂审案";确立了"当事人举证为原则,法院职权调查为例外"的证据调查原则,法院由收集和调查证据,转向"审查核实证据"。2007年修改的民事诉讼法还规定"违反法律规定,剥夺当事人辩论权利的"构成再审事由(第一百七十九条);适用简易程序审理案件、传唤当事人,应当保障当事人陈述意见的权利(第一百五十九条)。

整体上,规定当事人的辩论权利的条款由原本的政治性象征条款,向功能性条款转变,越来越具有实质化的功能,发展至今已经成为发现事实和程序保障的手段。当事人诉讼主体地位提升的另一个表征,就是赋予当事人以各个诉讼阶段的公正审判请求权利。例如,当事人享有管辖异议权、回避申请权、委托诉讼代理人权、接受送达权、申请证据调查权、请求调解权、自行和解权、查阅案件材料权,以及有权申请补正确有错误的法庭笔录,等等。

(二)当事人的程序选择权得到空前扩展

承认当事人的诉讼主体地位,与尊重其意思自由是一个问题的两个方面,这要求在诉讼中实行当事人自我决定、自行负责的原则,并鼓励他们选择对自己最有利的程序去解决纠纷,实现利益最大化。在这方面,1991年民诉法及2012年民诉法的成就尤为明显,前者规定了协议管辖制度,以及可供选择的各种审判程序;后者则增加了公益诉讼程序、第三人撤销之诉、小额诉讼程序、先行调解程序、确认调解协议、实现担保物权程序,以及民事诉讼证据制度(第六十八条)的完善,使程序体系更加科学。

此外,当事人和利害关系人的程序选择权还通过程序异议的方式得到扩展,程序选择的空间更大,具体体现在以下方面:(1)对于不符合起诉条件的裁决的异议;(2)对管辖事项处理的异议;(3)对回避事项决定的异议;(4)对诉讼费用决定的异议;(5)对财产保全和先予执行事项决定的异议;(6)对实施强制措施决定的异议;(7)对鉴定意见的异议;(8)督促程序中对支付令的异议,及申请人对诉讼程序转换的异议;(9)执行当事人、利害关系人提出的执行异议;等等。这些异议权的规定,使当事人和利害关系人能够就实体和程序上的裁决行为提出异议,维护自己的合法权益。①

(三)程序公正与诉讼效率价值并重

前述分析表明,程序公正价值较早得到我国立法上的重视。自治型民事诉讼制度发展以来,诉讼效率价值也进入立法视野。由于社会主义市场经济体制在我国的逐步确立,以及公民主体意识的增强,民事纠纷逐年大幅增加,法院人少案多的矛盾日益凸显并渐趋突出,这是传统政治型程序法未曾面对过的情况。早在1982年我国《民事诉讼法(试行)》就专章规定了简易程序,改变了新中国民事诉讼制度简易程序缺失的状况。随后,1991年颁行的《民事诉讼法》对简易程序部分又作了若干补充,适应了市场经济体制下纠纷解决的效率要求,强调了诉讼程序要更加简易、低廉、迅速。

除了民事诉讼法典,诉讼效率的提升还借助司法解释来落实。一是推行诉讼程序简易化改革,最高人民法院于1993年发布《经济纠纷案件适用简易程序开庭审理的若干规定》,为2003年制定《关于适用简易程序审理民事案件的若干规定》奠定了基础。二是在审判组织专业化角度,一些法院开始试行"速裁庭"或"速裁组",以高效快捷地解决简单民事案件。2012年民事诉讼法及相关司法解释对简易程序、调解制度、审理期间的修改,以及对小额诉讼程序的引入,对准备程序的充实,都反映了民事诉讼制度对诉讼效率价值的追求。同样的逻辑是,2020年初最高人民法院发布《民事诉讼程序繁简分流改革试点实施办法》,目的在于通过设置科学的程序体系为复杂案件与简单案件提供各自的轨道,在整体上提高诉讼效率。

(四)判决与调解呈现此消彼长的关系

判决与诉讼调解在不同时期承担了不同作用,呈现此消彼长的关系。20世纪80年代后期,司法领域反对强迫调解的呼声渐高,诉讼调解被强调要自愿、合法进行。这样,立法既要重视诉讼调解的重要性,也必须对诉讼调解泛化现象加以限制。1991年民事诉讼法最终确定了"根据自愿和合法的原则进行调解"的原则。最高人民法院的司法解释则进一步明确:人民法院审理民事案件,应当根据自愿和合法的原则进行调解。当事人一方或双方坚持不愿调解的,人民法院应当及时判决。这意味着,法官可以说服当事人达成调解协议,但最终民事司法中必须尊重和落实当事人自治原则。至于调解的合法性,则是更重要的要求。根据合法原则,调解修正了传统调解

---

① 张卫平:《论民事诉讼法中的异议制度》,载《清华法学》2007年第1期。

"说合"方法,调解要建立在事实清楚以及对是非有明确区分的基础上,这与对判决的要求几乎不存在差别。

在司法层面,到 20 世纪 90 年代后期,尽管诉讼调解仍是主要结案方式,并在基本诉讼原则层面发挥作用,但诉讼调解已开始让位于判决程序。①随后,自进入新世纪后,民事诉讼制度在维护社会稳定方面开始承受压力,旨在鼓励诉讼调解的审判政策又重回诉讼视野,一系列旨在激活诉讼调解的司法解释得以出台,主要包括:2003 年 12 月最高人民法院发布的《关于适用简易程序审理民事案件的若干规定》;2004 年最高人民法院颁布的《关于人民法院民事调解工作若干问题的规定》;2009 年 7 月最高人民法院制定的《关于建立健全诉讼与非诉讼相衔接的矛盾纠纷解决机制的若干意见》等。

整体上,自治型民事诉讼继承了政治型民事诉讼的积极因素,构建起相对完善的民事诉讼立法体系,成就巨大。但与此同时,自治型诉讼制度又是在面临着外部与内部的双重挑战的背景下发展的。在外部,这一阶段立法面临着如何通过诉讼维护社会稳定的问题,需要从政治型民事诉讼制度中汲取合理历史经验,同时探索服务中心工作的新形式。在内部,自治型民事诉讼制度还面临着如何与实体法协调的问题,随着越来越多经济及社会的政策安排体现于民事实体法之中,民事实体法体系日益完善,作为裁判基准的实体法规范更加明确与固定,实体法借助民事诉讼法使权利个别化和具体化实现的需要也变得普遍与迫切,这在法律体系内部提出了挑战。在这种背景下,民事诉讼制度需要进一步升级换代,以适应时代需要。

第三节　保障型民事诉讼制度

2021 年 1 月 1 日实施的《中华人民共和国民法典》确立了完整的民事权利体系,作为权利保护机制的民事诉讼制度也面临着如何定位的抉择。如果说政治型民事诉讼法以党和政府的中心工作为目标,自治型民事诉讼法关注的是程序体系自身的发展,两个阶段都体现了时代使命,那么当代民事诉讼制度的发展也必须体现新时代精神,回归到民事实体法这一原点,服务于私法的确认与实现,为实现实体正义提供程序保障。换言之,在当代民事

①　统计数字表明,民事一审调解率在 20 世纪 80 年代为 70％左右,至 2000 年已经降至 30％左右。参见刘敏:《当代中国民事诉讼调解率变迁研究》,中国政法大学出版社 2013 年版,第 56—57 页。

诉讼制度的发展中,民事诉讼法的工具性仍应是其本质属性,在制度发展中应居于优先地位。

一、民事法的整体性

进入新世纪后,随着社会主义立法体系的完善,民事实体法与程序法交错的情形开始大量出现,造成了立法及实践对实体法及程序法通盘考虑的需要,这就是两个部门法走向整体性的必要性。一方面,民事行为可能发生程序法的效力,例如,诉讼标的物在诉讼中转移给第三人引发的当事人恒定问题,既是实体法问题,也是程序法问题。①另一方面,诉讼行为也可能发生实体法之效力,例如,起诉行为发生,诉讼时效中断。

(一)民事诉讼法与民法之间的割裂及成因

新中国民事诉讼法的发展有超越实体法的一面,我们从 1982 年民事诉讼法典所表述的术语中就可看出这一点,其中包含了大量独立于实体法的纯公法概念,例如,级别管辖(第十六—十九条)、地域管辖(第二十一—二十八条)、专属管辖(第三十条)和裁定管辖(第三十二—三十四条);再如共同诉讼与第三人诉讼,前者包括必要共同诉讼与普通共同诉讼(第四十七条),后者则分为有独立请求权与无独立请求权的第三人(第四十八条);诉讼代理人则有法定、委托和指定三种方式(第五十一条)。上述条款几乎都是在缺乏实体法规范的情况下,民事诉讼法独自做出的立法规定。

在民事实体法日新月异的当代,特别是在民法典制定的过程中,如何与实体法建立起一种对应关系,是摆在民事诉讼法面前的一个问题。从比较法的角度,在处理两者关系上也存在着不同的观点。一是将民事诉讼法划入公法范畴,认为民事诉讼法属于公共服务的司法,是一种浓缩的公共权力,尤其是司法组织和司法管辖权规范关涉司法和审判功能的组织,其程序规范关涉司法和审判功能的运行。②二是将民事诉讼定性于纯粹的私法,因为民事诉讼虽然是司法活动,但该类活动仅限于私权主体的纠纷解决过程,属于规制个体间关系的私法的组成部分。或者说,民事诉讼法被理解为在法律主体无法达成一致的情况下,对私益关系进行调整的另一种方式。简言之,民法是"实体私法"或一般私法,民诉法则属"程序私法"。

---

① 《民诉法解释》第二百四十九条第一款规定:"在诉讼中,争议的民事权利义务转移的,不影响当事人的诉讼主体资格和诉讼地位。人民法院作出的发生法律效力的判决、裁定对受让人具有拘束力。"

② [法]洛伊克·卡迪耶:《法国民事司法法》,杨艺宁译,中国政法大学出版社 2010 年版,第 10 页。

中国民事诉讼法并不像大陆法传统那样从实体法分离出来，而是走了独立自主的发展道路。这样，程序法与实体法的结合就成为一个问题。如上所述，政治型程序法与自治型程序法都是在较少考虑实体法的背景下独立发展的，而在当下制定民法典的背景下，实体法已是决定程序法的重要变量。因此，新时代有必要在观念上将实体法与程序法视为一个有意义的整体。当然，这绝非意味着将民事诉讼法贬低为实体法的"助法"或"形式法"角色，更不是要将民诉法归入民法，而是在加强民事权利保护的角度，将民事诉讼制度理解为公法与私法综合作用的产物。

在当代中国，实体法律关系与诉讼法律关系的区别仍是显著的，前者随着时间过程而不断发展变化，常常发生各种连锁事实，各民事法律主体及客体也常常纠缠在一起，从而必须从整体上观察。例如因买卖关系所生之标的物移转关系、价金支付关系、瑕疵担保关系、债务不履行关系、保证关系等等都是相互联系的过程。而民事诉讼法则将此种全面性、连锁性的纠纷，截取一部分或一小段作为诉讼对象，并使其发生既判力，自难免发生矛盾与冲突。违背一般人之生活常识，可能损及裁判之公信。这从一个侧面说明了实体法与程序法结合为整体性民事法的必要性。

1.民事诉讼程序的塑造依赖有争议的实体法律关系的类型

具体而言，谁可以在诉讼中提出请求，这通常取决于实体法确定的实体法律关系；权利承继的事实构成要件同时也是诉讼担当的依据。实体法为民事诉讼法提供依据的情况还有：（1）实体法是确定诉讼主体最重要的依据。例如，诉讼管辖应以实体法律关系作为确定案件与法院之间关系的连接点；当事人适格、法定诉讼担当、代位诉讼等都应以实体权利义务主体或法定授权主体为判断标准。（2）民事实体法是确定诉讼客体的标准。当事人有关实体法律关系的主张，或者体现为请求权，或者体现为确认诉权，或者体现为形成诉权。[①]给付之诉、确认之诉与形成之诉的判断标准因此更明确。尤其在《民法典》中，物权、合同、人格权、婚姻家庭及继承、侵权责任及知识产权法律，均将权利性质和种类作为编纂方法，抽象的民事权利被划分为民法上的实体请求权以及公法上的权利保护请求权，实体法与程序法实现了相互的融会贯通，这使得民事实体法与程序法的整体性更加明显。（3）民事实体法成为证明责任分配的主导规范。随着民事实体法的体系化，

---

① 段厚省编：《请求权竞合要论——兼及对民法方法论的探讨》，中国法制出版社 2013 年版，第 13 页。

证明责任的分配规则在民事实体法及其司法解释之中体现得越来越充分。证明责任分配的"规范说",权利形成规范、变更规范、消灭规范与权利妨害规范都蕴藏于民事实体法中,由此改变了将证明责任作为单纯的程序法问题的传统认识。(4)诉讼费用的规定,以及保全错误赔偿、滥诉行为损害赔偿等制度也都准用了实体法标准。

2.民事诉讼法对于实体法具有补充作用

民事诉讼法对于实体法具有补充作用不仅仅表现为实现实体权利的功能,还表现为填补实体法漏洞之功能。在民事实体法尚不能完全覆盖民事诉讼法领域的情况下,民事诉讼法对实体法的补充性功能还是不可或缺的。例如,确认之诉和形成之诉并不是以私法请求权为基础产生的,但这两种诉讼类型必须借助于确认诉权和形成诉权实现,在这个意义上诉讼程序具有弥补确认权与形成权缺位的作用。再如,一些难以从实体法角度处理的问题,可以被转换为程序法问题加以处理,包括:以诉权规范替代实体权利请求权规范;以诉讼标的规范代替实体权利规范;以举证责任规范代替实体法规范;等等。类似的转换,还有《民法典》侵权责任部分中规定的证明责任规范、证明责任避免规范,其中的例外表述(例如因果关系和过错推定)完全可以理解为是对实体内容和证明责任所做的规定,也就是证明责任转换或举证责任倒置。

(二)民事诉讼法与民法走向整体化的必然性

在实体法发展已相对成熟,特别是在民法典即将登场的背景下,民事诉讼法的独立性就不必被过重强调,它不能在自我发展的道路上走得太远。这意味着,民事诉讼法必须要考虑实体法这一前提与法律效果,担任实体法(创设法)的"保障法"或"实现法"是更重要的角色。这样的定位,更有利于贯彻实体法规范,落实民法的效用,使裁判过程更合理化、裁判结果更具可预测性。而且,程序法与实体法的交错历史已经表明:程序法越贴近实体法及强调救济功能,越会受到社会欢迎。在这方面,奥地利民事诉讼法已经树立了榜样,其成就与其承担的保障并执行实体法基础性作用密不可分。[1]因此,在制定民法典的背景下,民事诉讼法必须重新定位——贯彻由民法确定的生活秩序,与民法发生联系,在观念上与民法形成一个整体。

---

[1] Marino Marinelli Ena-Marlis Bajons Peter Böhm (Hrsg), *Die Aktualität der Prozess-und Sozialreform Franz Kleins*, Verlag Österreich, 2015, p. 3.

1. 民事诉讼法独立的相对性

19 世纪以来的法律实践表明,伴随着公法权力及裁判权的扩大,民事诉讼法独立于实体法是必然趋势。然而,民事诉讼法的独立趋势越明显,其自我约束或者限制的必要性也就越强。换言之,民事诉讼法的独立性应保持在以下有限领域。一是价值领域,民事诉讼法具有独立价值。它不仅是实现民法的工具,还有程序公正、诉讼效率等内在价值。在程序公正与诉讼效率发生冲突的情形中,程序法的独立意义就变得尤为重要。基于程序法的独立性,民事诉讼制度的改革必须充分考虑程序自身的正义性诉求,让当事人的人格尊严受到肯认和尊重,其诉讼自由权受到认可,程序参与程度得以提高,从而使得程序所产生的实体结果具有法律上的正当性和合理性。[①]二是在立法体系角度,民事诉讼法不能被实体法吸收,仍应是独立的部门法,有体系上独立的必要性。这种独立性是建立在实体权利无法穷尽列举的现实基础上的,既然实体法无法完全规定从权利发生到权利实现的所有环节,那么就应当制定另一些与实体规范不同的法律规则,以使权利人在其主观权利遭到否认或侵犯时,有保障自己的权利得以尊重和实现的手段,这就是民事诉讼法在体系上独立的意义所在。

2. 民法典保留民事诉讼法的发展空间

在民法典的制定中也必须为民事诉讼法留下发展空间,这种必要性在于:首先,民事实体权利的效力,尤其是其深层次的本质,只有在司法的过程中才能得以体现,因此民事诉讼法的作用理应得到实体法的承认。其次,民法原本就属于抽象的、静止的生活规范,自身带有封闭性,可以不考虑国家(裁判)功能。诉讼过程则完全不同,其中增加了时间和空间因素,要考虑诉讼发生在不同的时间和不同的法院等要素。[②]因此,民事实体法的制定过程也必须考虑诉讼制度的公益性,对当事人的诉讼资格、证明责任分配以及判决效力及执行等一系列程序问题做出妥当安排。再次,民事诉讼法的完善也为民法的发展提供了重要契机,可谓推动民法发展的力量。例如,我国民事诉讼法率先赋予其他组织以当事人资格,这推动了《民法典》将"非法人组织"纳入民事主体范畴,由此解决了非法人组织在诉讼主体资格、诉讼行为与法律行为间的关系及举证责任分配等问题上面临的实体法与诉讼法规范之间的冲突。此外,民事诉讼法对实体法的续造作用也不容忽视。如果实

① 汤维建等:《民事诉讼法全面修改专题研究》,北京大学出版社 2008 年版,第 8 页。
② 赵秀举:《论请求权竞合理论与诉讼标的理论的冲突与协调》,载《交大法学》2018 年第 1 期。

体法缺失或实体法规范不合时宜的话,完全可以期待通过诉讼程序的渐进和累积,创制或发展实体法。在这个意义上,胎儿利益、死者人格利益、物权法上的占有利益、侵权法上的纯粹经济利益等法律规则,都是借助诉讼实践得到发展的。与之类似,漏列权利、新生权利、固有权利、剩余权利、空白权利和习惯权利有望通过诉讼实践总结和归纳,逐渐订入实体法之中。

二、"程序私法":民事诉讼制度新定位

以上分析表明,在法律属性上,民事诉讼法既不是单一的公法,也不是单一的私法,而是两者的混合。说它属于公法,是因民事诉讼法是法院行使审判权的程序规范;说它属于私法,则是因为民事诉讼程序的目的是保护个人的利益。诉讼法律关系典型地体现出这一点,由于这是一种由法官和双方当事人三者构成的社会关系,其中既有公权力行使的垂直关系(法官与当事人),也有以当事人合意(当事人之间)为代表的水平关系,因此程序进行中必然同时包含着公法关系与私法关系。一言以蔽之,如果说民法是"实体私法",那么民事诉讼法就是处于国家法与实体法中间地位的"程序私法",具有私法属性。

(一)民事诉讼法以保护和实现民事权利为目的

在诉讼主体方面,民事诉讼法能在多大程度上为实体权利提供保护,不仅取决于自身的设置,也取决于实体法设置,伴随着实体法体系的完备而完善。首先,民事主体与诉讼主体存在着对应关系,实体法律关系当事人有权对因该法律关系发生的争议起诉或者应诉,法院作出的裁判结果是对诉讼当事人权利义务关系的判断,拘束当事人。其次,在例外情况下,法定诉讼担当制度是解决当事人适格的依据。例如,死者无法保护自己的名誉权,也不具备当事人能力,不是适格当事人,因此实体法通过赋予继承人诉讼实施权,让他们为死者的利益进行诉讼。然而,我国仅承认法定的诉讼担当,也就是诉讼担当的情形必须符合实体法规定,其依据仍然在实体法那里。例如根据《民法典》及相关司法解释规定,婚姻当事人的近亲属和基层组织可以重婚为由向法院起诉申请宣告婚姻无效;婚姻当事人的近亲属可以未到法定婚龄、有禁止结婚的情形为由起诉,请求宣告婚姻无效。再次,在当事人适格的问题上,也有实体法与程序法规范交错的情形,两者构成此消彼长关系。这意味着,如果实体法的规定比较完善,就会减轻民事诉讼法的压力,当事人诉讼行为的规范性也会增强。例如,假若实体法中规定消灭时效制度,那么民事诉讼法也就没有必要再规定申请执行期间,如何取舍完全取

决于立法对策。《民法典》第十六条的规定也能够说明这一点,"涉及遗产继承、接受赠与等胎儿利益保护的,胎儿视为具有民事权利能力",在实体法由个别保护主义向总括保护主义转变,赋予胎儿以当事人资格的情况下,民事诉讼法也就没有必要再从诉讼担当的角度去解释,由胎儿的母亲为其利益进行诉讼也就变得不必要。

(二)实体法为诉讼对象的确定提供依据

在诉讼客体方面,既然法院裁判的目的在于宣示实体法上的法律关系,那么,诉讼对象的确定必然以实体法上的法律关系为依据。我们已经看到,民法典的制定已极大促进了请求权体系的完善,为权利保护提供了便利。这样,在民事权益受到侵害或与他人发生民事争议时,法院能够更容易地判断救济的必要性和实效性。此外,诉的类型将因实体法的体系化而得到发展,这至少在以下两方面有所表现。一是给付之诉的保护范围可能得以扩大,由传统的金钱给付(包括特定物与种类物的给付),扩展到新型的行为给付(作为与不作为或意思表示)。二是确认之诉、形成之诉也要随着实体法体系的完善和公民法律意识的提高而得以发展。通过确认之诉实现对法律关系的公权性确定,在确实有必要通过裁判来有效地限制私人间的生活时,通过诉讼而对权利予以观念上的确定变得可能而必要。尤其是实体法形成权体系的完备,既能够扩展民事诉讼的权利创设机能,也使得实体形成权更易于实现。例如,《民法典》第一千零四十九条关于离婚的规定,第一百四十七条至一百五十一条关于当事人撤销权的规定,第五百三十五条有关债权人代位权的规定,第五百三十八、五百三十九条有关债权人撤销权的规定,以及《公司法》第二十二条第二款规定的股东会决议撤销权,这些形成权的立法设计都体现了整体性特点,其中既有实体权利规范,也有相应的救济程序规范。

总之,过去的 70 多年里,我国民事诉讼制度经历了由政治型到自治型再到保障型的发展历程。回顾这一发展过程,就可以发现我国民事诉讼制度由宏观到微观的演进路径,国家、经济及社会是决定民事诉讼制度发展的决定性因素,诉讼技术则受制于上述体制结构而属于下位性因素。然而,在实体法趋于发达、体系日益成熟的背景下,微观的诉讼技术也变得愈发重要,这为民事诉讼制度回归到保障型角色提供了合法性依据。

第四节　新时代民事诉讼的社会化

诉讼规律表明,当事人主义模式并不代表先进、主流的诉讼类型,职权主义模式也未必是落后与边缘的代名词,两者绝非截然对立关系。倾向于哪一个方向只与法律意识形态、经济模式与文化因素有关,乃社会选择的结果。在当事人主义的基础尚未成熟的情况下,如果贸然由职权主义转向当事人主义,会使本来作为解决纠纷最合理手段的辩论主义沦为一种存在诸多缺陷的不合理制度。[①]

一、诉讼模式论的局限

在类型学意义上,民事诉讼模式属于概念体系,以法院与当事人的诉讼分工划界。其标准是:民事诉讼到底是当事人的事情还是法官的事情,诉讼的主动权是交给当事人还是交给法院,谁在诉讼程序运行中起主导作用,以及主要由谁来确定审理对象。[②]当事人主义模式给出的答案是,诉讼属于当事人的事情,诉讼程序的启动、继续以及法院裁判所依赖的证据材料只能由当事人提出,也有人将此种解读称为"待启动的机制原理";而职权主义诉讼模式则将程序的进行与终了、诉讼资料的收集等诉讼主导权交予法院。

当事人主义诉讼模式因其强烈的对抗色彩和竞技性,对中国理论与实务界形成强烈的吸引。20 世纪 90 年代至新世纪开始的 10 年,是中国民事诉讼模式向当事人主义模式转换呼声最为高涨的时期,但进入新世纪后这一模式转向却戛然而止。转变缘于国家对司法职业化及正式审判制度的疑虑,改革无力改善社会震荡期出现的信访案件激增、越级进京上访等社会不稳定状况——仅有形式上的正义而不提供家长主义式的关怀,民事诉讼就无法消解社会底层的不满,难说实现了正义。2003 年之后开始的能动司法与大调解,强调实现司法的政治效果、社会效果和法律效果的统一,[③]在不同的侧面宣告了诉讼模式论的局限性。这从现实角度说明,民事诉讼模式的选择首先受制于政治、社会、经济因素,其次才是诉讼技术因素。

即便在西方国家,有关诉讼模式的划分也存在着争议。人们普遍认为,民

[①] [日]染野义信:《转变时期的民事裁判制度》,林剑锋译,中国政法大学出版社 2005 年版,第 129 页。

[②] [日]谷口安平:《程序的正义与诉讼》,王亚新等译,中国政法大学出版社 2002 年版,第 133 页。

[③] 苏力:《关于能动司法与大调解》,载《中国法学》2010 年第 1 期。

事诉讼模式仅是一种过于理想化的分类,而在现实中纯之又纯的当事人主义或职权主义诉讼模式是不存在的。①尽管人们通常认为相对于职权主义,以对抗制为特点的当事人主义代表着更多的程序正义。事实上,职权主义模式中当事人仍有着较多的程序参与,尽管他们对诉讼程序缺乏控制权,程序参与不如对抗制中充分,但职权主义诉讼结果表明它可以产生更多的程序正义。②具体到我国,如果说上世纪末引入民事诉讼模式论的意义在于促进了我们对司法特征的认识与把握,那么这种意义在新时代诉讼制度改革中已变得非常有限,相反,贴标签式的模式论认知还可能遮蔽诉讼制度改革中的真正问题。实际上,几乎每个国家都会在辩论原则和处分原则中增加自身变量,以至于模式不再是真正有助于掌握诉讼材料的工具,甚至会阻碍与时俱进的诉讼实施。③我们可以泛泛地说在由谁主导诉讼这一点上……但法官到底有多被动,以及法官们到底有多主动,这些问题的答案都是很不清楚的。④与其说诉讼模式能表明一个国家的诉讼特征,毋宁说它是一个总结诉讼特点的历史性概念,其中的道理正如日本学者江藤价泰所概括的,19 世纪的民事诉讼法为当事人主义型,而 20 世纪的民事诉讼法则为职权主义型。⑤

总之,在新时代的背景下我们宜立足于国情,在保持自身职权主义诉讼模式的传统上合理吸收当事人主义因素,对传统的职权主义因素进行现代性转换——保留甚至强化职权主义因素,而非削弱法院与法官职权。并且在这一过程中,要对当事人之间的实质性不平等,特别是应对导源于财富差异的不平等保持敏感性,防止起因于法律之外的不平等加剧当事人负担更大的直接成本。⑥

二、社会化民事诉讼框架下的诉讼模式选择

社会化民事诉讼能否成为一种独立的诉讼模式,中外学界对此都有争论。率先提出协同主义的贝特曼(Bettermann)认为协同主义仅是对辩论主义的修

---

① Gélinas, Fabien, *Foundations of Civil Justice: toward a Value-based Framework for Reform*, Springer International Publishing, 2015, p. 71.
② Klaus F. Röhl & Stefan Machura, *Procedural justice*, Dartmouth Press, 1997, p. 130.
③ [德]米夏埃尔·施蒂尔纳编:《德国民事诉讼法学文萃》,赵秀举译,中国政法大学出版社 2005 年版,第 367 页。
④ [美]米尔伊安·R·达玛什卡:《司法和国家权力的多种面孔》,郑戈译,中国政法大学出版社 2015 年版,第 4 页。
⑤ 江伟、刘荣军:《民事诉讼中当事人与法院的作用分担——兼论民事诉讼模式》,载《法学家》1999 年第 3 期。
⑥ [美]迈克尔·D.贝勒斯:《法律的原则》,中国大百科全书出版社 1996 年版,第 41 页。

正,这是多数学者的观点。少数派代表瓦塞尔曼则认为,协同主义独立于辩论主义和职权主义,在 1987 年出版的《社会的民事诉讼》一书中他提出,德国民事诉讼法历经 1924 年、1933 年与 1977 年之修正已面貌一新,无法再以当事人之主导权为其表征,亦不能以法官专权独断地监护国家。这表明,应从自由的民事诉讼向社会的民事诉讼转变,从强调自由竞争之民事诉讼转向强调法官指挥、照顾与诉讼上合作之民事诉讼,①从而将当事人主义与职权主义组合成为一种能够平衡当事人利益与社会利益的第三种"模式"。

过去的几十年里,一个显著的事实是法院职权强化已成为全球民事司法改革的主导逻辑,无论在诉讼程序启动还是在程序终结方面,法院职权都显著增强了。在程序启动方面,法官对起诉要件的审查权得以强化。如果诉讼构成重复起诉,即予驳回;诉之合并、诉之变更、撤诉都被归入法院职权调查事项。在诉讼程序终结方面,绝大多数民事诉讼程序都因判决或和解(调解)而告终,当事人主导程序终结的情况也越来越少,诉讼的启动与终结仍完全由当事人控制的命题已成明日黄花。正是基于这种状况,法国学者宣称民事诉讼已非完全"该术语历史意义上"的当事人主义模式,虽然"提起诉讼的主动权"(initiative)与诉讼的进展以及诉讼消灭首先是当事人的事,但有重大的保留,那就是法官的职权。②

随着当事人主义与职权主义模式相互借鉴与接近,两者之间形成了比较对立而非截然对立的格局,这为作为中间地带的社会化民事诉讼(协同主义或合作主义)的发展提供了生长空间。法官及当事人两个主体都意识到自己在事实发现与程序进行中的局限性,而必须走向合作。相应,两个诉讼主体的责任也被加重了——当事人要审慎地进行诉讼,而法官也必须担负起诉讼"实质领导"责任。与当事人组成纠纷解决的"作业共同体"(Arbeitsgemeinschaft),帮助当事人提出正确的诉讼请求与诉讼资料,消除传统诉讼中当事人操控和经营诉讼及事实材料之弊端。

在上述社会化改革思路之下,释明权(阐明义务)成为法院与当事人之间诉讼合作的主要方式,通过阐明法官应积极帮助当事人提出正确的诉讼对象及诉讼资料,由此充实了庭审言词辩论的内容,掌握了诉讼领导(指挥)权,也改变了当事人主义。一个典型例证是,社会化民事诉讼倡导程序效率,以快速解决纠纷,为此有必要以法官的职权限制程序抗辩(例如管辖权

---

① 刘明生:《对"民事诉讼中的辩论主义与合作原则"一文之评析》,载《民事程序法研究》第 2 期。

② 〔法〕让·文森、赛尔日·金沙尔:《法国民事诉讼法要义》(上),罗结珍译,中国法制出版社 2001 年版,第 567—568 页。

异议），促使当事人能够集中提出抗辩。当初，克莱恩就呼吁简化程序抗辩规则，将程序抗辩限制在特定的期间提出。他最初的设计是，仅在案件首次审理时（derten tagsatzung）让当事人提出程序抗辩，并简化程序抗辩的上诉程序等。①这些社会化程序改革，对于我们遏制诉讼权利滥用、防止诉讼拖延，显然具有宝贵的借鉴价值。

与世界潮流几乎相同，当代中国同样存在着纠正当事人主义诉讼模式弊端的必要性，协同主义作为缓和的辩论主义诉讼类型，已经得到理论界和实务界的认可。这意味着，辩论主义仍不失为当事人主义的本质，所谓缓和，只是指协同主义被补充至辩论主义之中，修正了诉讼资料的提出原则，当事人在法官提示之后仍是自由的，他可以提出某个主张或者不提出某个主张或者更加精确地表达某个主张。②对处分原则的修正也具有缓和色彩，民事诉讼的开始与进行仍须仰仗当事人提出请求并确定自己诉讼请求的范围，即便在依据对象的特性而需强化职权主义要素的程序中，处分权也并没有被全面排斥。

作为解决辩论主义与处分权主义弊端的实用主义工具，释明权成为决定诉讼模式走向的一个关键因素。有人认为它是辩论主义的例外，有人认为是对辩论主义的补充，还有观点认为它只是职权探知主义必要的措施，并否认两者的联系，等等。对此，社会化民事诉讼采纳了折中态度——释明权作为发现案件真实的手段，在客观上确实拉近了当事人主义与职权探知主义的距离，使两者更加靠近。应该说，两者之间并不存在相互转换的临界点，因为两者的中间地带属于社会化民事诉讼的领域。这样，法官行使释明权既打破了辩论主义的束缚，又避免落入职权主义窠臼的危险。由于公正地行使释明权的限度难以把握，我们只能强调，法官不得为帮助一方当事人阐述特定事实而与其结为"法律朋友"，这是释明权行使的最低限度。

总之，在中国民事诉讼制度中注入协同主义因素，有助于缓解改善过度的诉讼对抗，落实以人民为中心的诉讼理念，通过法院与当事人的合作，让诉讼过程充满人情味。更重要的是，通过促进诉讼主体的法律交往，以及充分的信息提供，可让司法裁判获得社会的共鸣。

---

① C. H. van Rhee, *Judicial Case Management and Efficiency in Civil Litigation*, Intersentia Antwerp, 2008, p. 14.

② ［德］罗森贝克、施瓦布等:《德国民事诉讼法》（上），李大雪译，中国法制出版社 2007 年版，第526 页。

第三章　民事诉讼诚信原则

诉讼诚实信用原则是社会化民事诉讼的支撑性主导原则,这一地位的取得有着深刻的社会历史原因。过去的一百多年中,民事诉讼的社会性在全球范围挑战了当事人主义诉讼模式,过度对抗的自由主义不再是诉讼的主流价值,而保障当事人在诉讼中的地位平等、权利义务平等、机会平等和风险平等,以及维护诉讼中的国家利益成为民事诉讼的核心所在,诉讼原则和诉讼结构都面临着被重新安排的命运。最极端的情况莫过于德国魏玛共和国的立法变革,他们将公共福利奉为民法的最高原则;其次是诚实信用原则或禁止权利滥用原则;至于传统私法自治的原则则退居第三位。这样,保护私权的民事诉讼目的便被维护法秩序的要求取代,拉丁美洲各国及东亚的日本和韩国的诉讼观都反映出这样的趋势——实体法中私权自治的重要性被弱化了,诚实信用原则被格外强调,诉讼诚信更是得到空前的重视,这是社会化民事诉讼的核心原则。

第一节　民事诉讼诚实信用原则

一、诉讼诚信原则溯源

(一)诉讼诚信原则的起源

回溯历史,早在罗马时期当事人主义诉讼模式就已经成为民事诉讼的主要特征,这与彼时商品经济的发达及公法与私法界限鲜明的状况有关。与之相适应,罗马法的诉讼中已有了较为完整系统的诚信概念,包括诉讼法领域的诚信,也包括适用于物权法领域的诚信;诉讼中的诚信,除了在案件审理中将诚实信用作为裁判的实体规范之外,还通过金钱制裁、对誓言的敬畏以及对"破廉耻"的畏惧,来最大化减少诉讼欺诈和草率的诉讼。①

---

① 对草率诉讼的罚金制裁的内容,参见徐国栋:《优士丁尼法学阶梯评注》,北京大学出版社 2011年版,第 566—569 页。这里所谓的"破廉耻",源于日文,意思是做了不正当的事情还很平静的样子。

时及近代,资产阶级革命胜利后,民主、自由、平等、人权成为民事诉讼法的指导思想,罗马法诉讼理念得以复兴。受个人主义、自由主义思潮的浸润,私法上的自治被奉为最高诉讼理念,当事人主义诉讼模式得以确立,1806 年的法国民事诉讼法典便是这一模式的奠基者,随后的德国、芬兰、意大利等民事诉讼立法则继受了这样的模式。于这样的观念与模式之下,诉讼是当事人的"私事",以私权自治、自由主义诉讼观为核心的当事人主义诉讼模式得到了发扬光大。政府充当的守夜人角色,仅对经济进行宏观调控,对经济活动并不施加直接的干预。对应在民事诉讼领域,则是法院居于中立与消极的位置,从而形成了"自由主义诉讼观"。形象的比喻就是,纠纷的解决更像一个竞技场,诉讼的当事人要按照预先设定的诉讼规则进行完全角斗。当事人好似两个老练的对弈棋手,对彼此棋路都要做周到思考,每走一步前,必先想清楚自己必胜之棋路,而法官不会给任何一方以协助。但随着社会经济发展,自由主义诉讼观也受到挑战,有沦为聪明人和富人"斗技场"的倾向,不利于实现诉讼实质平等。同时,诉讼欺诈、虚假诉讼和草率诉讼也成为突出问题,当事人为达到胜诉的目的不择手段,轻则滥用诉讼权利骚扰对方当事人,给他们造成困惑和诉讼上的不便利,重则将诉讼作为打击对方当事人的手段。实体法与程序法存在着同样的诚实信用的观念需求,克服极端的自由主义正是它们共同的基础。

(二)我国民事诉讼诚实信用原则的确立及背景

在中国民事司法被认为最需要展示其社会生活性一面的时候,诉讼诚信原则被适时地推到了前台。借助于 2013 年实施的民事诉讼法,这一原本只作用于实体法的"帝王条款"正式以法律的形式扩张到诉讼法领域,以该原则为统帅的诉讼诚信规制体系在民事诉讼法中确立起来,这意味着中国已跻身于诉讼诚信原则法典化的行列。沿袭 2013 年民事诉讼法,现行《民事诉讼法》第十三条第一款规定了"民事诉讼应当遵循诚实信用原则";第五十九条第三款增设了第三人撤销之诉;第六十八条增设了证据失权制度;第一百一十五条和一百一十六条增设了对恶意诉讼、恶意逃债行为的制裁措施。

立法说明中并未详细说明上述规定之间的实质关联和逻辑关系,但我们却可以做这样的理解:民事诉讼法在确立了诉讼诚信原则的同时,也规定了体现这一原则精神的一般性条款。后者通过由原则向一般条款的"逃逸",挣脱了原则自身与生俱来的模糊化与抽象化缺陷,在预防惩治恶意诉讼、虚假诉讼等顽症上更能进行直接规制。但与此同时,这种一般性条款也蚕食了诉讼诚信原则的作用空间,使其成为备而不用的摆设。除了遭遇一般性条款在适用上的逆袭,诉讼诚信原则同时面临来自辩论原则和处分原则的结构性压制,这种夹心化的倾向使其在写入立法之初就面临着沦为空洞化原则的生存危机。在这种背景下,如何通过法律解释和法律适用技术为其寻找出路,使其在民事司法中活跃起来,进而在维护诉讼秩序及提升司法权威方面有所作为,就成为迫切需要探讨的问题。

2013 年民事诉讼法修改,增设诉讼诚信原则,目标直指诉讼欺诈、虚假诉讼等极端的诉讼失信现象。但从在整体上维护诉讼秩序和提升司法权威的必要性来看,显然还需要将通常的滥用诉讼权利的行为也涵盖到诉讼诚信原则的射程范围。这样,诉讼诚信原则既可以对恶意诉讼、虚假诉讼进行宣示性制裁,还可以对尚不足以适用强制措施的轻率诉讼、骚扰性诉讼等轻微程度背诺失信的诉讼行为的有效性进行判断和谴责。因此诉讼诚信原则的立法目的,应当是通过法院将这一原则运用于具体诉讼过程,实现对滥用诉讼权利这种一般诉讼现象的预防和惩治,而不仅限于对作为个别现象的恶意诉讼、诉讼欺诈或者虚假诉讼的防治。否则只能将民事诉讼主体的伦理标准拉到底线,甚至颠覆这些标准,加剧民事诉讼的病态化倾向,影响民事司法的权威。

(三)我国诉讼诚信原则的独特性

在中国 30 多年的经济与社会的转型过程中,随着民事权利立法供给的增加及权利意识的萌醒,自由主义诉讼观也开始孕育生长。具体到中国的诉讼环境,诉讼欺诈现象的频发与诉讼违法行为的低成本、高收益也存在着密切联系,当事人弄虚作假、背信弃义并不用付出代价和高成本。在外部环境上,传统上能够有效管束当事人的外部机制已告失灵,社会对不诚信行为的抑制作用大为减弱。而在法院方面,原有的职权主义诉讼模式中存在法官职能过多、干预过多,当事人作用微弱、缺乏自主等弊端。[1]随着 20 世纪 90 年代初以"强化举证责任、强化合议庭职责、强化庭审机制"为抓手的审判方式改革并逐渐得以革除,以自由主义诉讼观为核心的当事人主义模式初见端倪。尽管迄今为止尚未最终形成自由主义诉讼观支配下的当事人主义诉讼模式,但与自由主义诉讼观相伴而生的诉讼权利滥用情况却成为常见的诉讼现象,社会中各种不诚信的现象也开始向诉讼中渗透,法律信仰的缺失使诉讼功利主义极端化。诉讼不但被用来维护合法权益,也被少数人

---

[1] 张志铭:《审判方式改革再思考》,载《法学研究》1995 年第 4 期。

利用成为非法逐利的途径,尽管为数不多,但对司法权威的破坏力极大。例如,体现民事诉讼辩论原则的自认制度经常被当事人用作恶意串通损害国家、社会和第三人利益的合法手段,成为掩盖诉讼谎言的根据;至于承载当事人自治精神的诉讼和解制度,则在"和平谈判"的表征下变成诉讼欺诈的工具。同时,民事审判方式的改革所倡导的法官消极和中立,虽促进了司法的公正,却也造成法官在发现与惩戒不诚信诉讼行为上的消极和无力。

中国与西方国家诉讼诚信原则发端和发育的环境完全不同。后者认为,诉讼诚信原则是在当事人主义诉讼模式充分发展后,为制止当事人恣意和恶意,提高诉讼效率和公正,而强加给当事人的一种义务。我国民事诉讼尚处于职权主义向当事人主义发展的起步阶段,代表当事人主义核心理念的辩论原则与处分原则尚未在民事司法过程中被建立起来,职权主义因素在诉讼各阶段都还大量存在。但是,即便是在向当事人主义过渡的初级阶段,也同样存在当事人恣意和恶意的问题。而且,肇始于 20 世纪 90 年代并持续了 20 年之久的司法改革,职权主义虽有渐次为当事人主义所取代的大趋势,但与当事人主义相适应的诉讼理念与规则并未系统地建立起来,非但程序法定主义理念尚未嵌入诉讼制度之中,民事诉讼法对诉讼行为的规制也相当粗陋,[①]当事人诉讼行为缺乏一个明确且具体的衡量标准。诉讼中即便出现诉讼权利滥用的情形,法院要么因无据可循而束手无策,要么出于息事宁人的维稳思维而放任自流。而保障层面的制度缺失又加剧了这一情势,因为诉讼制度和刑事、民事实体法对不诚信的诉讼行为缺少规制与制裁手段,难以对当事人形成心理威慑。诉讼诚信原则进入民事诉讼法典显然是上述多重现实与制度需求催生的结果。

二、必要的原则,还是非必要的原则?

(一)诉讼诚信原则立法的必要性

很大程度上,民事诉讼诚信原则与民事诉讼的内在要求之间存在着紧张关系,其与程序的安定性与明确性,以及禁止任意诉讼原则、诉讼经济原则、发现真实等诉讼要求之间存在不完全兼容的关系也是不争的事实,两者的不协调甚至冲突关系有如下表现。

第一,诉讼实质上是一种斗争关系,因而诉讼法也可以称为"斗争法"。

---

① 民事诉讼行为与民事行为在生效要件上有所不同,民事诉讼行为生效与否采表示主义(客观主义),而非像民事行为那样以意思主义作为判断基准。

如同真实的战争一样,需要限制征战的手段,诉讼法也在一定程度上仅为当事人提供为权利而斗争的有限手段。虽然在诉讼的实际进行中,诉讼法仅为当事人提供了有限手段,但是只要是诉讼法所承认的且能够为当事人所适用的斗争手段,均将被视为公平的武器。在诉讼过程中,双方当事人之间的关系并不是一种民事活动中的相互权利义务关系。当事人双方能在诉讼过程中发生关联,只不过是为了取得有利于自己的裁判,属争斗关系。这点也决定了诚实信用原则只能适用于实体法领域,而不得引入诉讼法领域。因此,作为一般伦理规则的诉讼诚信原则似乎无法用于对对立的诉讼结构的调整。正是这点,决定了试图在民事诉讼法领域引入盛行于契约法中的诚实信用原则的不合理性。

第二,诉讼诚信原则与具有相同价值判断的程序规则重复。民事诉讼当事人的对立构造,也没有给诚信原则留下任何生存空间。这是因为,在诉讼的进行过程中,按照既有的诉讼原理,当事人对诉讼法所认可手段的行使,享有完全的支配与实施自由,民法上的诚信原则仅能在法律规定或当事人的契约约定存在欠缺的情形下,在由法官慎重地衡量双方当事人利益的前提下,为当事人确定相互间的权利、义务的尺度。如果民事诉讼法中的诚实信用原则也采纳相同的含义,那么此概念在诉讼中显然是不能够生存的。因为在诉讼中,当事人所享有的权利是由诉讼法以极其严格的形式授予的,而且诉讼法不仅对其该如何行使有详细的指示,甚至连例外的情形立法者都进行了明确的规定。况且,即使我们认同诉讼上手段的行使,当事人也应"善意"而为,而不得滥用。但是此种认同,在现实中应当如何发挥其应具有的功能,这并不是没有疑问的。

第三,诉讼法中存在着能够实现诚实信用所欲追求目的的其他手段,例如诉讼法中有关诉讼费用分担和强制措施的法律规定。在这种情形下,试图用一个含义较为宽泛的诚实信用原则替代,明显也是没有必要的。除此以外,诉讼法在一定范围内赋予法院的权力,也能够实现诚实信用原则所欲追求的目的。例如有关释明权和法官自由心证的规定就可以用来揭发具有恶意或轻率的主张或申请,防止当事人的诉讼权利滥用。

即便是那些在民事诉讼中已经确立了诚信原则的国家,对原则的必要性进行批判的声音也一直不绝于耳。这与我们立法中一边倒的倾向形成了鲜明的对照。整体上看,2007年及2012年民诉法的修改都属于任务导向型的修法模式,哪里出了问题就修改哪里,有什么样的诉讼需求便增加相应的规定。我们完全有理由推断,诉讼诚信原则入法也受到了这种实用主义思维的影响。随着经济生活的复杂化及诉讼模式向当事人主义转型,诉讼权利被滥用的情形开始增多,隐蔽性也较强。按照其危害的程度,我们可将其划分为三个层次:重度者以欺诈性诉讼、虚假诉讼为代表,通常的情况是当事人恶意串通,虚构民事法律关系或法律事实,利用程序欺诈案外人;中度者则以骚扰性诉讼、轻率性诉讼、多余性诉讼、重复性诉讼、琐碎性诉讼为表现;轻度者则体现为诉讼中各主体之间存在的紧张关系,法院与当事人之间彼此戒备防范、互不信任,当事人之间、当事人与诉讼代理人之间的关系也都非常冷漠。这样,在民诉法中增设以诉讼诚信为核心的制度体系就成为一种尝试和选择。

　　然而,虽然实用主义的立法是任何一个立法例中都存在的现象,但一个制度的增删必须在完备的知识体系指导下才会获得正当性和可适用性,将诉讼诚信纳入民事诉讼原则体系这一立法举措也莫不如此。我们看到,在全国人大常委会法工委于 2011 年 10 月底公布的第一次审议稿中,全无诉讼诚信原则的踪影。①而在第二次审议稿时,立法机关便接纳了最高人民法院等机构和专家的建议,增加了诉讼诚实信用原则,目标直指恶意诉讼、拖延诉讼现象,并在第二次审议稿的首条中将诉讼诚信原则置于处分原则之下,即"当事人有权在法律规定的范围内处分自己的民事权利和诉讼权利。当事人行使权利应当遵循诚实信用原则"。这一草案传递出这样一些观点:一是,将诉讼诚信原则作为处分原则的下位概念,透露出的立法本意,即诉讼诚信只规制当事人的处分行为,是对当事人处分行为的限制性规定,而不约束法院。二是,诉讼诚信原则仅适用于当事人,立法初衷似乎在于根治当事人虚假陈述、伪造证据甚至提起虚假诉讼、伪公益诉讼等失信行为。出乎预料的是,在正式提交全国人大常委会讨论的第三次审议稿中,诉讼诚信原则内涵开始丰富与全面,将第十三条单独规定的处分原则调整为第二款,第一款则规定了诉讼诚信原则,即"民事诉讼应当遵循诚实信用原则"。随后,在本条第二款中规定"当事人有权在法律规定的范围内处分自己的民事权利和诉讼权利"。这样,诉讼诚信原则的立法目的就发生了根本性的变化,诉讼诚信原则适用的对象不仅是当事人,还应包括法院和其他诉讼参与人。

　　几乎与西方民事司法的经历一样,当代中国民事司法中的"背诺失信"现象十分突出,这种状况由多重因素导致。基于防范与根治诉讼权利滥用的考虑,各国民事司法都力求在更高的诉讼原则层面寻求对策,并以具体的

---

① 　参见全国人民代表大会官网:www.npc.gov.cn,最后访问日期:2012 年 12 月 1 日。

程序规则在民事司法中建立体系性的治理制度。尽管大多数国家并没有在民事诉讼法典中规定诉讼诚信原则,但它也是一个在法典的背后起作用的指导性原则,而让那些禁止诉讼权利滥用的一般化条款站在前台。在民诉法中为受到权利滥用利益侵害的当事人以救济途径,如发动再审之诉、第三人撤销之诉或者侵权损害赔偿之诉等,并对严重滥用权利辅以刑事制裁。

(二)诉讼诚信原则的制度目的

就立法目的而言,诉讼诚信原则的可适用性主要体现为对诉讼主体的约束力,及其属于判断诉讼行为有效性及合法性的依据,并有助于规范法官诉讼指挥权的行使。为达此目的,仅通过大量的一般性条款来制裁严重滥用诉讼权利的行为是不够的,诉讼诚信原则仍有自身的价值。

首先,就立法目的的客观解释看,我们从诉讼诚信原则入法本身,便可推定出立法机关的客观意旨——根治诉讼欺诈、虚假诉讼现象,这也符合人们对于理想诉讼状态的期待。尤其在社会诚信状态堪忧的背景下,不同阶层、群体间的不信任在加深和固化,法官、当事人及其他诉讼参与人之间的不信任程度也在进一步加深,各方都希望对方能诚信而行——法院希望当事人诚信,当事人则希望对方和法院能够恪守诚信。但近些年来,诉讼欺诈、虚假诉讼和草率诉讼成为屡遭诟病的社会现象,尤其在借贷类纠纷、买卖合同纠纷和所有权权属纠纷、婚姻继承纠纷和司法认定驰名商标领域,诉讼权利滥用的情况频发,标的物则多涉及金钱、房屋和行为(如请求判令被告配合办理机动车过户手续的行为)。从积极方面来讲,要倡导诉讼主体在诉讼活动中诚信而行,诉讼诚信原则就是向各个诉讼主体传递的"正能量";消极的目的则是要对不诚信行为进行打击和制裁,使相关当事人不再重犯,对他人也有警示作用。

其次,面对不一而足的诉讼失信行为,在立法上逐一地去禁止每种诉讼权利的滥用,既不现实,也无必要。因为民事诉讼法应当是保障当事人诉讼权利的宣言,打击滥用诉讼权利行为固然必要,但诉讼核心价值则是为当事人提供程序保障,保障他们的诉讼参与。因此,以诉讼诚信原则去衡量诉讼行为的合目的性就变得十分必要,法官就有必要去解释和执行这一原则。

再次,诉讼权利的正当行使或者滥用的界限十分模糊,权利滥用往往以合法的形式做掩盖,诉讼行为的有效或无效、合法与否难以判断。如果过重强调打击诉讼欺诈或虚假诉讼,会徒增当事人的心理负担,增加其进行诉讼的恐惧感,减损其对司法的信赖。

最后,在民诉法中以道德色彩较为浓重的诉讼诚信原则作为禁止诉讼权利滥用制度的核心,既可以表达立法者与司法者对诉讼诚信状态的期待,实际上也可促使当事人在实施诉讼行为时去思考究竟以什么样的态度去利用和运作民事程序,通过诉讼诈取被告或第三人财产、逃避履行债务,以及在离婚或继承诉讼中多分财产、通过诉讼逃避法律监管(如规避国家关于禁止企业间借贷的规定,规避二手车交易管理规范等)等行为,都是不义之举,要受到制裁。同时,诉讼诚信原则的适用,也为法官行使诉讼指挥权、事实认定权及裁判权提供一种社会生活化的思维与立场,使之与社会诚信建设相配合,共筑诚信体系。

三、诉讼诚信原则的诉讼价值

当代,诉讼诚信原则虽然已经获得国际上的共识,但其发挥影响还要进一步证明自身的必要性、恰当性,并消除与其他诉讼价值之间的矛盾与冲突。固然,即便是那些没有将诉讼诚信原则入法的国家,其他原则或规则同样能够发挥类似功能,例如法国并无诉讼诚信原则的宣示性规定,但其《新民事诉讼法典》第十五条(对审原则)及第七百六十三条则完全可以替代诉讼诚信原则。[①] 更直接和更严重的后果则是,诉讼诚信原则与其他一般性条款之间的矛盾,使得诉讼诚信原则在适用中出现了排异的现象。以非法手段取得证据的证据资格的判断,最突出地表现出这种矛盾,如果适用诉讼诚信原则,那么非法取得的证据就没有证据力,因为这给对方当事人造成诉讼突袭,也可能破坏法律秩序,侵害他人人格权,并鼓励他人以违法方式收集证据,对国家造成实体上的侵害。但几乎所有法官都会综合比较衡量违法取得证据的重要性、必要性,或审理对象、收集的方法与被侵害的利益等因素,来决定其有无证据能力,而不是一概否定其证据能力。可见,诉讼诚信原则也常因不恰当地适用而饱受诟病,画蛇添足是一个形象的比喻。

尽管如此,诉讼诚信原则仍有其自身的价值,远非其他诉讼原则(如辩论原则和处分原则)能取代,其作用的范围和适用的对象也不是一般性条款所能完全填补的。在诉讼价值层面,将其适用于民事诉讼中会助益于实体公正与程序公正双重价值的实现。诚实信用原则的有效实施将有利于实现

---

① 法国民事诉讼法学立法与实践侧重于在对席原则、对审原则或者尊重辩论权原则的背景下讨论诚信原则,诉讼诚信原则建立在对审原则基础之上,是对审原则的一个基本要求,禁止以损人为目的的翻悔、翻供;法官则有义务对当事人违反辩护权利的行为进行制裁,有义务严格地保持中立与说明判决理由。参见[法]让·文森、塞尔日·金沙尔:《法国民事诉讼法要义(上)》,罗结珍译,中国法制出版社 2001 年版,第 608 页。

人们对民事诉讼的公正、迅速、经济价值追求。①

(一)促进真实的发现

现代民事诉讼中发现真实是处于优先位置的诉讼理想,而诉讼诚信原则在发现案件真实方面的作用主要在于能够保障法庭不受欺诈,以及保障当事人不受对方的诓骗,使判决能够在事实的基础上做出。在这个意义上,当事人及其诉讼代理人应当负有真实义务——一种无法免除的义务。当事人及其诉讼代理人必须真实、客观、全面、完整地提出事实主张并进行陈述,而不能昧着自己的良心有意地作虚伪陈述。同时,基于发现真实追求,法院必定要打击诉讼中的谎言。为此,可以援引诉讼诚信原则对不当甚至违法的诉讼行为进行制裁,这样的诉讼指挥权属于法院的职权行为,并不以当事人提出主张为适用的前提。

(二)有助于实现程序公正价值

民事案件系属于法院之后,当事人及法院都在为了追求裁判而依次实施各种诉讼行为。出于诉讼趋利避害的动机,诉讼权利存在滥用的危险,各方当事人不依诚信而行为的情况也较为平常,对程序公正造成严重的损伤。例如,当事人违反已经辩论的结果而重开针对争点的辩论,或者否认自己已经明确陈述过的事实,都违反了诉讼诚信原则,构成了诉讼权利的滥用。正是在规范诉讼行为的角度上,诉讼诚信原则被置于对程序公正的尊重的基点上,一是平衡当事人之间可能失衡的利益,实现实质的诉讼平衡;二是对审判权的形式起到制约的作用,防止其侵害当事人的诉讼权利。反过来,如果诉讼诚信原则的适用将有害诉讼程序进行之安定性、明确性,必须排除其适用。

(三)有助于提高诉讼效率

当事人滥用诉讼权利,实施无效、错误甚至是恶意、虚假的诉讼行为,肯定会拖延诉讼进程,加大诉讼成本。出于缓解辩论主义给当事人之间带来的紧张关系,以及发现案件真实的需要,人们开始考虑接纳协同主义诉讼模式的可能性,鼓励当事人与法院的合作以及当事人之间的合作。而诉讼中的合作,必然以诚实善意地实施诉讼行为作为前提条件,例如,当事人要及时行使诉讼权利,尽快提供证据,完成交换证据。甚至在一些立法例中还强调当事人的诉前合作,日本的当事人照会制度堪称这方面的典范,当事人可

---

① 张卫平:《民事诉讼中的诚实信用原则》,载《法律科学》2012 年第 6 期。

以要求对方当事人在一定期间内对自己准备主张或举证时所必需的事项做出书面的回答,并可以以书面的方式直接进行照会。正因如此,学者们认为正是诉讼诚信原则对当事人照会制度起着理论上的支持作用。[①]

第二节　诉讼诚信原则的可适用性

诉讼内外的诚信是一脉相承的。本次民事诉讼修法引入诚信原则,极大增强了纠纷解决过程的社会生活性,这有助于指导诉讼主体正确实施诉讼行为,在这个意义上可适用性理应成为诉讼诚信原则的基本属性。反过来,作为实体交易规范的诚信原则一定会对诉讼诚信原则的具体适用发挥促进作用。日本民事诉讼诚信原则的发展过程,就验证了这样的规律。他们的法院系统或许是受到了 1947 年民法典修正案的启发,早就开始以诚实信用原则为法律根据来判断诉讼行为的有效性。日本法院曾于 1959 年适用该原则做出了首个判决。此后的 60 多年中,日本各级法院都有相当数量的类似判例,继续肯定诉讼诚实信用原则及禁止诉讼权利滥用的裁判规范价值。大量司法上的适用,让该原则成为日本诉讼"武库"的组成部分。正是有了这样的基础,他们在 1996 年修改民事诉讼法之际顺理成章地做出"当事人进行民事诉讼应遵守诚实信用原则"的规定,可见他们走的是"民事诉讼—个案累积—形成法则—订入原则"的路径。这一过程恰好与我们先确立原则后考虑适用的路径相反。我们的问题是,既然诉讼诚信原则已经进入民诉法,又无先例可循,那么在适用之时就必须认真考虑它区别于其他诉讼原则和诉讼规则的一面。

一、补充性

民事诉讼基本原则是民事诉讼法律体系的脊梁,决定着民事诉讼的外貌与体态,并进一步决定着民事诉讼的性质与模式,辩论原则和处分原则最直接地反映了民事诉讼法的本质特点和基本规律。然而,2012 年修改民事诉讼法时增设的诉讼诚实信用原则,是否会对我国民事诉讼的原则体系造成影响,撼动作为民事诉讼灵魂的辩论原则及处分原则的核心地位,进而会不会对职权主义模式到当事人主义模式的转变进程造成干扰? 特别是在立法编排上,将诚实信用原则调整到处分原则之前,将诉讼诚信置于比处分原

---

① ［日］新堂幸司:《新民事诉讼法》,林剑锋译,法律出版社 2008 年版,第 407 页。

则更优先的地位,似乎是以诉讼诚信原则吸收处分原则,这就有可能消解我们已经取得的民事审判改革的成就,重回职权主义的老路。毕竟,辩论原则和处分原则是民事诉讼的基本原则,而诉讼诚信原则只是一个起到平衡作用的原则,其适用要与具体的案件挂钩,离开了具体案件的具体情形,诉讼诚信就成为一个宣示性、内容空洞的模糊原则。而如果诚实信用原则被滥用及泛化运用的话,则极有可能撼动辩论原则和处分原则在民事诉讼中的支柱性地位,无助于民事司法的良性发展。如果我们在处理诉讼诚信原则与辩论原则和处分原则之间的关系上不够谨慎、妥当,甚至做了不正确的制度安排的话,那就有可能打破已取得的共识,审判方式改革的方向也会因此受到干扰。

民事诉讼中辩论主义与处分权主义具有一般规制的意义。前者决定了诉讼资料的提出,后者决定了诉讼标的范围和诉讼程序之开启与终结。而相对于辩论主义与处分权原则,诉讼诚信原则则属于个别化的调整,在各种价值之间发挥着平衡功能。其中所蕴含的具体评价基准,如禁止矛盾举动、权利失效、排除形成不当的诉讼状态、禁止滥用诉讼权利等措施,都是对诉讼行为的规制。显然,诉讼诚信原则并不是与辩论原则和处分原则处于同一层次的一般性原则,只能扮演牵制当事人主义过度实施和价值平衡的角色,对辩论原则和处分原则无法作用的方面和事项起到拾遗补阙的规范作用。[1]其功能定位也恰恰是其价值所在,因为无论是诉讼资料的提出,还是诉讼的进行及审判对象的确定,都需要诉讼诚信原则的个别化调整,以期将诉讼行为规制在合理限度之内。相反,如果诉讼诚信原则被提升为一般性原则,法官就有可能挣脱辩论原则和处分原则的束缚,而不受约束的法官在非职权主义的诉讼体制之下潜伏着摧毁社会及当事人对司法的信赖的危机。对于当事人而言,如果将诚实信用或禁止权利滥用作为一般原则引入民事诉讼法,与辩论原则与处分原则并驾齐驱的话,也会使基于后者而确立的程序自由受到破坏,当事人提出诉讼资料和主导诉讼程序进行的权利可能被不合理地限制。

在大陆法系国家民事诉讼中,真实义务在诉讼诚信原则中居于核心地位,这是一个旨在促进当事人实质平等的措施,指当事人在诉讼上不能为加重对方负担而主张已知的不真实事实或自己认为不真实的事实,并且不能

---

① 邵明:《正当程序中的实现真实——民事诉讼证明法理之现代阐释》,法律出版社 2008 年版,第87 页。

在明知相对方提出的主张与事实相符或认为与事实相符的情况下,仍然进行争执。民事诉讼不是一个使当事人能够昧着自己的良心有意地作虚伪陈述的机会,为了促使诉讼能够按照立法的本旨进行,也为了避免诉讼违反"实体正义",就有必要规定当事人诉讼的真实义务,即当事人所作虚假陈述对法官不产生约束的效力。

真实义务的目的,仅仅在于阻止故意的谎言。当然,没有任何根据而靠碰运气地任意主张一些事实是滥用权利,或者属于草率的诉讼,也不为法律所允许。但显然真实义务是一把双刃剑,有助于发现真实,却可能使正当的诉讼权利行使受到限制。历史经验也告诉我们,出于这一义务给民事诉讼带来负面效应的担忧,早在 1933 年的德国民事诉讼法规定真实义务之时,很多学者便站出来旗帜鲜明地表示反对,理由是会对辩论主义与处分权主义形成侵蚀。这给我们以提示,即便在当代对将诉讼诚信原则(尤其是真实义务)引入民事诉讼法,也要保持慎重的态度,要通过正确的适用来避免其对诉讼结构可能造成的冲击。

可见,诉讼诚信原则在诉讼原则体系中,只能发挥补充辩论原则和处分原则之不足的作用。大陆法民事诉讼中的辩论主义,在诉讼资料的提出方面赋予当事人以限定法院审理范围的权限与责任,这并非意味着就允许当事人在违反自己认识的前提下去主张或争议事实。如果当事人明知道真实的案件事实而进行不真实的陈述,或者明知虚假事实而陈述为真实,从而导致法院做出错误裁判,便违反了诉讼诚实信用原则。从这个角度,诉讼诚信原则中的"利器"——真实义务被当然地成为"打击诉讼谎言"的利器。可见,基于合理约束诉讼主体制度而设置的诉讼诚信原则,既有诉讼原则的抽象性与模糊性以及适用于诉讼全过程等特点,同时也承载着普通诉讼条款那样的训示与制裁的功能。

我国现行《证据规定》第六十三条对真实义务做了规定,即"当事人应当就案件事实作真实、完整的陈述。当事人的陈述与此前陈述不一致的,人民法院应当责令其说明理由,并结合当事人的诉讼能力、证据和案件具体情况进行审查认定",为戳穿当事人的谎言提供了一个手段。那么,该规定是不是就意味着撼动了辩论原则,甚至危及其作为一个基本原则的地位了呢?笔者认为,尽管违反了真实义务就是明显的欺诈诉讼情形,理应被禁止,但这并不构成让真实义务随意介入对当事人诉讼行为评价的根本性理由。真实义务在实现实体真实和程序正义价值上的正当性,在于要有严格的适用条件,否则就会"松动"辩论原则对法官的约束,瓦解正当程序。①

因此,必须将诉讼诚信原则限定在辩论原则的框架下适用,这样就可能限制而不是扩大它的适用情形,即便适用也要被控制在合理要件之下,以免法官恣意地作出处理。例如,德国就对真实义务设定了如下必要条件:一是,当事人的行为超出了法律容忍的限度;二是,双方当事人在诉讼中在事实问题上已经形成对立争执的状态。而以此为标准,如果当事人违反了真实义务,法官就要予以制裁。制裁的手段可以被分为若干层次,以德国为例,其制裁方法主要有三种:(1)故意不真实的主张或反驳会被认定为违法,相关事实无法得到法庭采信。即便当事人做出了与事实相违背的一致性陈述,对法院也没有拘束力——判定当事人的主张不真实的前提是法院能掌握相反的案件事实,在这种情况下,法院就以自己确认的案件事实作为裁判基础。而且,对恶意陈述虚假事实,或妨碍对方当事人的陈述,提出无理争辩及提出不必要的证据的情况,法院还可处以罚款。(2)故意进行不真实的陈述可能构成诉讼欺诈,《德国刑法典》第二百六十三条就做了这样的规定。这意味着做出虚假和不完全陈述的当事人可能面临着刑罚。② (3)因不真实的主张或者故意违反真相提起的诉讼而受到损害的对方当事人或者第三人可以提起损害赔偿之诉,前提条件是只要该诉讼不与既判力的规定相矛盾。

二、个别化调整

诉讼诚信原则有着特殊的调整对象和适用范围,其适用有个别化调整的特点。所谓个别化调整是指它具有个别化适用的特点,可以作为判断诉讼行为有效及合法性的基本依据。这一特点显然不是同为诉讼原则的辩论原则和处分原则所具备的。民诉法规定诉讼诚实信用原则只有寥寥十数

① 德国在20世纪30年代在其民事诉讼中增设真实义务、法官发问权之初曾经开展过一场辩论原则之争,德布尔(De Boor)认为,由于对真实义务的强调,辩论原则已经开始陨落了,两者是此消彼长的关系,辩论原则的要求与真实义务(Wahrheitspflicht)和完整义务(Vollständigkeitspflicht)相左。这种"松动"(Auflockerung)表现为法官不应该囿于辩论原则,而是必须看到真实的生活关系。对此,人们不能拒绝法官所采取的措施。在必要的情况下,法官必须依职权调查案件和澄清事实,并对当事人的自认进行复核。参见任重:《纳粹时期德国民事诉讼基本原则》,载《民事程序法研究(中国民事诉讼法学研究会会刊)》(第8辑),厦门大学出版社2012年版,第227页。

② 在此,刑法只是在诉讼诚实信用原则的实施方面起到一种威慑作用,并不是一种常态的法律责任,否则民事诉讼就会沦为"刑法管理型"的纠纷解决方式,与市场经济体制下的解纷要求背道而驰。

字,貌似与其他诉讼原则的表述没有太大区别,只是一种立法上的宣示。但实际上,由于各方对这一原则抱着强烈的根治诉讼欺诈现象的期待,又有一系列具体制度作为落实,因此使得诉讼诚信原则有必要也有可能承担起个别化调整的责任。

（一）个别化调整的情形

诉讼诚信原则从民法中借用而来,用语虽相同,但是内涵却相差甚远。对当事人的诉讼行为而言,诚实信用原则具有特殊的效力,当事人所实施的诉讼行为如果违反诚实信用原则,就应当被法院认定为无效或不成立。此外,违反诚实信用还可能产生损害赔偿义务的问题。在适用范围上,诉讼诚信原则也更加具体和有针对性,其对诉讼行为的个别化调整情形包括:(1)禁止欺诈性的诉讼状态。禁止以欺诈行为形成有利于自己的诉讼状态,属实体法上的问题。例如,禁止欺诈性地创造某种诉讼上的法律状态,当事人不得规避法律骗取管辖,或者不合理地规避上诉金额的限制规定,欺诈性地妨碍债务人的送达等。(2)禁止自相矛盾的行为。例如,原告违反协议管辖、适用简易程序等约定的诉讼行为,尽管不是诉讼欺诈的行为,但已经构成了诉讼诚实信用原则的违反。(3)诉讼失权。为强制当事人提出证据,法院有必要基于诚实信用原则的要求,允许对方当事人要求迟延提出证据的当事人说明错过证据提出的原因,促使当事人尤其是诉讼代理人能够自觉地遵守举证时限制度。(4)禁止滥用诉讼权利。当事人若构成诉讼权利滥用是缺乏法律保护的,诉讼权利的滥用就可能违反了诚信原则。例如,对于轻微的诉讼行为瑕疵,当事人在该行为实施很长时间以后才提出异议,就被认为是滥用诉讼权利,从而违反诉讼诚信原则。通常的做法是,当事人轻微地违反了诉讼诚信的规定,虽然诉讼行为和程序的效力并不受影响,但法官可以谴责这些轻微的诉讼不义之举,对方当事人也可以征得法官同意去这样做。①

（二）具体条款与个别化调整的关系

从大陆法系各国的实践来看,诚实信用原则的适用中形成了大量判例,这些判例对审判具有指引作用,借助这些判例,实务界又与学术界的理论分析、批判形成互动,逐渐形成一种司法共识和司法行为范式。②然而,从域外

① Francisco Ramos Méndez, *Abuse of Procedural Rights? Spain and Portugal*, *Abuse of Procedural Rights: Comparative Standards of Procedural Fairness*, Kluwer Law International,1999, p.182.
② 张卫平:《民事诉讼中的诚实信用原则》,载《法律科学》2012 年第 6 期。

已有的判例观察,诚实信用原则在适用基准上是不统一的。这就提出了对诉讼诚信原则可适用性的疑问,亦即处理那些滥用诉讼权利的行为,与其以模糊抽象的原则为依据,不如依赖简便的一般条款。就民事诉讼法的具体规范与诉讼诚信原则之间的关系而言,后者居于上位概念,但如果具体体现的是法安定性和确定性条款,则要严格适用具体条款,诚实信用原则就失去了适用的必要。在这方面,最典型的情况就是对既判力的解释,即"依据诚实信用原则来做出处理"之既判力论所持有的"简便的宽松性"应当逐步趋于严格化。① 但同时,民事诉讼中又存在着将过多问题诉诸诚实信用原则的危险,因此,作为一种理论构建,还是应该继续尝试用伸缩度较小的一般条款来说明。

2012年修改的民事诉讼法,增设了大量一般条款来落实和支撑诉讼诚信原则,使诉讼诚信实现了从原则到一般条款的成功转化,但同时也为诉讼诚信原则的适用划定了边界。有了这些规定,诉讼实践中直接适用这些规定来惩治诉讼欺诈等行为即可,而没有必要再以诉讼诚信为依据去宣示原则的精神。这些排除掉诉讼诚信适用的一般性条款包括:(1)关于第三人撤销之诉,《民事诉讼法》第五十九条第三款规定:"第三人,因不能归责于本人的事由未参加诉讼,但有证据证明发生法律效力的判决、裁定、调解书的部分或者全部内容错误,损害其民事权益的,可以自知道或者应当知道其民事权益受到损害之日起六个月内,向作出该判决、裁定、调解书的人民法院提起诉讼……"(2)关于诉讼中权利失效,《民事诉讼法》第六十五条规定:"当事人逾期提供证据的,人民法院应当责令其说明理由;拒不说明理由或者理由不成立的,人民法院根据不同情形可以不予采纳该证据,或者采纳该证据但予以训诫、罚款。"(3)关于恶意诉讼,《民事诉讼法》第一百一十二条规定:"当事人之间恶意串通,企图通过诉讼、调解等方式侵害他人合法权益的,人民法院应当驳回其请求,并根据情节轻重予以罚款、拘留;构成犯罪的,依法追究刑事责任。"(4)关于恶意逃债,《民事诉讼法》第一百一十三条规定:"被执行人与他人恶意串通,通过诉讼、仲裁、调解等方式逃避履行法律文书确定的义务的,人民法院应当根据情节轻重予以罚款、拘留;构成犯罪的,依法追究刑事责任。"此外,原有的司法解释中也有一些规定,与上述新增条款一起构成了诉讼诚信原则的支撑体系,如《证据规定》第九条规定的撤销自认的条件,即"当事人在法庭辩论终结前撤销自认的,人民法院应当准许:(1)

---

① [日]高桥宏志:《民事诉讼法——制度与理论的深层分析》,林剑锋译,法律出版社2003年版。

经对方当事人同意的;(2)自认是在受胁迫或者重大误解情况下作出的……",就属于"禁反言"规定。

三、以法系与传统为基础的适用

尽管根治诉讼权利滥用或程序滥用是一个共同的话题,但诉讼诚信原则在两大法系中的发展却有相当大的差异,这或许会促使学者考虑诉讼诚信原则在适用中的法系意识,以大陆法系的法律思维去对待和适用这一原则。

(一)普通法国家的诉讼诚信原则

普通法国家诉讼制度采用鲜明的对抗制诉讼模式,诉讼程序的启动、推进与终结完全交付给当事人来决定;而大陆法系国家民事诉讼则以法官为中心。不同的诉讼构造形成了不同的诉讼权利滥用的治理模式。具体而言,两者的根本性差异是由法官和律师的角色决定的,问题的核心则在于禁止诉讼权利滥用的目的是否在于矫正诉讼行为,以及谁有权利采取措施,谁有权利提出异议等等。

普通法国家民事诉讼中,原则上由当事人(或代理律师)来确定法律争点并收集证据,提出诉讼请求也是当事人自己的责任,在程序的进行上同样由当事人主导。律师都有权利对证据可采性以及因对方当事人或法官实施了不合理的诉讼策略提出异议,因而,在理论上诉讼权利滥用在这种对抗体制下是没有容身之地的。因为,一位律师提出异议,一审程序的法官就要纠正程序错误;即便他不纠正,随后的上诉法院也会纠正。如果对方当事人实施了极不公平的诉讼策略,或者法官实施了极不公平的诉讼行为,导致了案件审理错误,这些不公平情形就成为上诉救济的基础。当然,以这些理由通过上诉程序攻击一审判决的情况属于特例,然而,实际出现的程序滥用都达不到需要纠正的程度,因此实践中纠错就变得既罕见又勉强。至少在美国,事实上很多法官都会以"无害的错误"为名忽略对程序滥用的审查。

(二)大陆法系国家的诉讼诚信原则

与普通法国家不同,大陆法国家民事诉讼的基本原则是,一审法官和上诉审法官都要对诉讼结果的公正负责任。法官主导程序的进行,当事人及律师都是诉讼程序从属参与者,他们可以进行诉讼和辩论活动,但对于程序进行却没有多少干预的机会和责任,也不必对对方当事人滥用诉讼权利或法官滥用诉讼指挥权,或者审判中程序上的疏忽提出异议。这便出现了这样的结果:大陆法系国家由于缺乏针对程序滥用的异议制度,恶意的当事人便可以设置"程序圈套",牟取不当利益。当然,一个敏锐的法官也许能够轻易地识破和拆穿这种"诉讼技巧",避免诉讼风险,但在英美法同行看来,这种滥用诉讼权利的雕虫小技和诉讼风险完全可以通过当事人(或律师)的异议获得正当化处理。可见,由于法官对程序控制或者诉讼指挥权的差异,使得滥用诉讼权利的处理方式呈现如下不同的格局。大陆法系民事诉讼中,当事人滥用诉讼权利的问题只是上下级法院法官之间的双边问题,如果一审程序违法,上诉法院法官可以予以纠正;而在英美对抗制程序框架下,诉讼权利的滥用,则变成了当事人及律师、一审法院与上诉法院三方的问题。

(三)我国诉讼诚信原则的适用特点

我国有大陆法系传统,诉讼中法官的诉讼指挥权对于诉讼的进行起着相当重要的作用,而当事人及其律师对程序进行的控制程度并不高,针对诉讼权利滥用等程序事项能够提出的异议也不多。这样,诉讼权利滥用的判断权就当然属于法院的职权判断事项。这样的法律意识加之我国特定的民事司法体制,使得我们根治滥用诉讼权利或者对当事人诚信的规制呈现以下三个特点。

一是习惯重视诉讼外手段,忽视诉讼内手段。传统上多以行为规范上的倡导作为着力点,如签署诚信诉讼承诺书、诚信引导与风险评估、法制教育等手段,让当事人不失信等等。诉讼外的道德约束或许可以成为制度实施的背后推手,但这只看不见的道德之手显然不具有解决问题的根本性,脱离了诉讼过程,法官也无法甄别和处罚不诚信诉讼行为。因此,在新民诉法已经确立诉讼诚信的重大利好之下,我们要通过具体的诉讼制度和诉讼规则来落实这一原则,使之向一般条款发展,并通过判例对当事人和法院的诉讼行为产生规制作用。

二是习惯通过公权力来惩罚,忽视当事人诉权在根治诉讼欺诈方面的作用。在治理诉讼权利滥用方面,我国法院职权追究的色彩比较浓重,强化立案阶段的审查,对支付令案件、诉讼欺诈高发类型案件重点审查,以及对缺席审理案件证据的真实性进行审查等等。通过案件的审理,依靠法官的智慧固然能够发现一些严重的诉讼欺诈行为,但法官的智慧毕竟有限,难以从根本上和全局上解决这一痼疾。从诉讼成本及公正性的角度,应当让当事人及律师在追究诉讼权利滥用方面发挥更大作用,及时地让他们提出相关异议或者诉讼,此次修法增设的第三人撤销之诉将是一个值得期待的制度。

三是将重点集中于对诉讼欺诈行为的防范与制裁,忽视对一般权利滥用行为的规制。司法实践中通常将防范双方当事人恶意串通损害案外人利益的行为视为重点,以维护司法权威和司法秩序为目的。但仅针对严重的诉讼权利滥用的行为是不够的,诉讼诚信原则还应当成为一个判断诉讼行为的指导性准则,并通过一般条款来判断当事人实施的诉讼行为成立与否、有效与否,以及应否予以排除。

但也应当看到,我国有关的诉讼权利滥用的救济方式也在发生转变,由法院依职权判断转向当事人自己救济,这种转变我们可从原来已有的再审事由以及民诉法新增设的第三人撤销之诉的规定中观察到,具体包括:(1)在一审审理阶段,当事人有权针对各种诉讼权利滥用行为提出异议,如对利用管辖形成不当诉讼状态的可以提出管辖权异议;对法院驳回管辖权异议裁定不服的还可以提起上诉,要求上级法院审查。(2)在二审程序中,当事人也可以针对一审当事人滥用诉讼权利的情况进行攻击,依据《民事诉讼法》第一百七十条第(四)项的规定:原判决遗漏当事人或者违法缺席判决等严重违反法定程序的,裁定撤销原判决,发回原审人民法院重审。(3)法院作出的判决生效后,当法院作出的生效判决侵害到案外人的合法利益时,案外人由于不可归因于己的事由而没有参加到诉讼中去,案外第三人为了维护自己的合法利益,可以在法定的期限内向法院提起第三人撤销之诉,请求撤销该不利判决。

第三节　路径选择:形而上与形而下之争

一、路径之争

借用《易经·系辞》中"形而上者谓之道,形而下者谓之器"的逻辑划分,诉讼诚信的适用也有"道"与"器"的路径分野。从诉讼诚信原则或正当程序这样比较抽象且宏观的思维出发来规制诉讼背诺失信行为,是"形而上"的适用方法;而以禁止权利滥用这样具体、直接的规定来根治诉讼欺诈等诉讼顽症便走了"形而下"的道路。其实,诉讼诚信原则与禁止滥用诉讼权利不过是硬币之两面,前者倡导一种诉讼道德观,让在诉讼中违反道德的人受道义谴责;后者则在法律义务层面规定了诉讼权利行使的最低限度。两者的关系是:某些违反诚实信用原则的行为,可能构成对诉讼权利的滥用;而诉讼权利的滥用一定是违反了诉讼诚信原则。

但与诚实信用原则在实体法领域适用时所处的困境一样,诉讼诚信原则与禁止权利滥用之间的界限并不是很清楚。一种观点认为,诉讼诚信原则可被适用于确定并制裁诉讼权利滥用的现象,滥用诉讼权利属于违反诉讼诚信原则之情形,诉讼诚信原则应适用于调整当事人与法院之间的业已形成的特殊关系;另一种观点则认为,在民事诉讼中当事人之间以及当事人与法院之间的三角关系并不总是由诚实信用原则和权利滥用原则的应用来调节,这些原则只在具体的案件中针对特定的情形才有意义。

司法实践中,诉讼诚信原则与禁止诉讼权利滥用原则经常有交错适用的情形,两者之间的界限并不是很明确,违反诚信原则就是违法了诉讼权利滥用原则,相反亦然。但问题是,禁止诉讼权利滥用与诉讼诚实信用原则两者同时适用,还是适用诚实信用原则或禁止诉讼权利滥用原则之一? 从法源上看,两者的根据并不相同,禁止权利滥用与诚实信用原则虽然都源自实体法,但禁止权利滥用原则是在侵权法中发展起来的,诚信原则是在合同法领域中发展起来的。正是这样的差异导致了两者适用方式上的不同,诉讼权利滥用可以成为侵权损害之诉的诉讼理由,而且只有在有特别规定的情况下方可适用。而诉讼诚信原则则仅仅是判断诉讼行为有效与否、成立与否的根据。

从世界立法例来看,由于宪政、法院职权以及实体法等因素的不同,各国对待禁止诉讼权利滥用和诚实信用原则两者的态度可被划分为两大阵营。第一阵营以比利时、荷兰、卢森堡、法国和意大利等大陆法系国家为代表,走的是诉讼诚信原则"形而下"的路线,明确而具体地禁止和制裁诉讼权利的滥用行为;第二个阵营以德国、日本、西班牙和拉丁美洲各国为代表,选择了"形而上"的路径,从更宏观和抽象的层面来推进诉讼诚信原则的适用,同时兼采"形而下"的适用方法,辅以一般性条款来落实该原则。

二、"形而下"方法——禁止诉讼权利滥用

(一)禁止权利滥用的论证逻辑

以禁止权利滥用体现诉讼诚信原则,实际上是以权利限制作为切入点,其根据在于当事人享有的"主观诉讼权利",即当事人有权提起诉讼,有权在诉讼中提出诉讼请求、事实主张及提出证据,也有权提出抗辩和反诉;双方当事人都可以行使上诉权以及执行请求权。对于当事人,这些权利的行使都是自由的,但却不是绝对的,诉讼权利的行使要有一定限度,权利一旦滥用便意味着自由的终结。

当代各国民事司法在制裁滥用权利行为所采取的措施上已有趋同的趋势，并呈现出由私法领域救济转向司法制裁的发展趋势。最初，立法关注的是如何修复由这种滥用行为所带来的损害，给予受害当事人以赔偿，正是这样的思维导致了民事赔偿责任法在民事诉讼法领域的具体应用。但如今，各国的目标显然已经超越了私权救济层面，而实现了向司法领域的飞跃。毕竟，滥用诉讼权利的消极后果对法院的司法冲击是不可估量的，法院承受着这些严重后果，对处于较低层级的法院带来的冲击尤为显著。诉讼权利滥用破坏的法益，既包括当事人的利益，也挑战了司法公信力，影响全社会对司法的信赖。

滥用诉讼权利，是对自由的滥用，意味着不正常地行使了诉讼权利，从而导致诉讼行为的瑕疵。因此防止诉讼权利的滥用应建立在合理限制诉讼自由的基础之上，各方当事人必须履行相应的诉讼义务，诉讼行为必须符合法定的条件，诉讼不得拖延等等。例如，如果当事人故意实施的诉讼行为给法院处理案件造成困惑，那么法院便可以依职权根据诚实信用原则对该诉讼行为加以排除。以原告提出一部请求的情况为例，①其对自己权利的行使，当然可以从节约诉讼费用等因素出发来考虑提出一部请求，例如对总额为 90 万元的可分的债权，先行提出 30 万元的诉讼请求。但是，如果原告这种故意分割债权的方式或者提出一部请求太多次，且其目的是给被告造成困惑，把应当一次性解决的纠纷变成挤牙膏式的零星诉讼，折磨人的诉讼策略构成了诉讼权利之滥用，违背了诉讼诚信原则。因此，依诉讼诚信原则的要求，只有在特定的条件下才会允许提出一部请求，否则法院对先行提出的一部请求做出的判决，对未提出的余额部分有既判力，原告不得在后诉中再对未提出的债权余额提起诉讼。

（二）抑制诉讼权利滥用的正当性

滥用诉讼权利不仅损害了个人利益，还挑战了司法权威，因此抑制及禁止诉讼权利滥用具有正当性。

尽管诉讼行为瑕疵的定义在学理界定即司法认定上一直没能取得一致，但不争的事实是，现代民事诉讼中对诉讼行为瑕疵的认定变得轻松和容易了。传统上，诉讼权利滥用必须以故意或者过失为主观上的构成要件，亦即诉讼权利的滥用者主观上必须故意或者过失地造成了权利的滥用或者出

---

① 所谓一部请求，指仅就在数量上可分的债权中之一部起诉请求，又称"量的一部请求"。因民法上特定的债权，其数量可分的债权为金钱债权、替代物债权。

现了严重的行为瑕疵。然而,当下的趋势却是只需要考虑一般的行为瑕疵即可,确定诉讼权利滥用的条件便变得十分明确。

当代民事诉讼中,诉讼权利滥用法律责任被加重了,当事人必须对自己的诉讼行为瑕疵负责,此系自我归责的法理使然。这与传统上禁止诉讼权利滥用制度的目标完全不同,传统上仅仅着眼于私益上的冲突,由于关注的是修复被造成的损害,因此只需要考虑平衡受害人的利益与诉讼行为所造成的损害,给予受害人赔偿即可。而在当代只要存在理由的正当性和诉讼行为瑕疵的严重性,行为人就必须为此负责。这种严格的诉讼责任的优点是促成了有力的诉讼程序管理措施的出现,即通过法官行使诉讼指挥权使所有诉讼参与人的程序利益都得到维护。当然,这样过于严格的标准也有缺点,即任何诉讼行为的瑕疵都必须受到惩罚,小瑕疵也在所难免,不但过于严苛,而且不够现实。

禁止滥用诉讼权利,就必须辅以多样化的制裁手段。在损害赔偿中增加民事罚款方式,以前这种方式只是单独地适用,现在则可在多种方法之间做出选择——法官有权以滥用诉讼权利为根据,判定不采纳过于迟延提交的证据。关注司法制度的顺利运作,就会导致立法者采取多种措施去防止诉讼技巧等等。而且,预防措施和威慑措施被并重使用,法官指挥诉讼进行的权力(案件管理权)在增大,尤其是他们有权为诉讼行为设定期限。

三、"形而上"方法——以正当程序为核心

(一)程序公正视角的论证逻辑

普通法国家及属于大陆法系的德国、日本以及拉丁美洲国家是从程序公正的角度来设计并适用诚实信用原则的。其逻辑出发点,就是诉讼权利的滥用不仅给对方当事人的民事权利和诉讼权利造成损害,受到侵害的还有公正审判权、正当程序请求权等一系列基本诉讼权。以美国为例,受其宪法中的正当法律程序观念支配,民事司法重心也被相应地置于诚实信用的基础之上,这意味着各个诉讼主体要善意、公平地实施诉讼行为。这种思维与单纯地禁止诉讼权利滥用的思维明显不同。显而易见,问题解决的重心已经不再局限于禁止诉讼权利滥用这样单纯的问题,对策上也超出了如何对这些行为进行规制的层面。造成诉讼权利滥用的症结,在于各方当事人

在诉讼程序中缺乏诚实信用,这一原则的缺失让司法不再是正义的。①

可见,"形而上"与"形而下"方法之间的差别,在于对同一问题做了不同的理解与界定,由此导致了结果上的差异。"形而上"的适用以正当程序为核心,使得诉讼诚信原则在更广的范围上得以适用,涵盖了所有的诉讼权利滥用行为,除了典型的滥用诉讼权利的行为之外,还将轻率地提出诉讼请求、缺乏法律依据和证据而草率提起的草率诉讼,以及通过各种异议挑战法官、骚扰对方当事人等情况包括进来。这样,这些并不被视为诉讼权利滥用的行为就被作为众多违反诚实信用原则的行为来对待了。

广义上的诉讼诚信模式还将很多以其他形式表现出来的违反程序公正的诉讼瑕疵行为涵盖其中,尽管这些行为并不被认为是诉讼权利的滥用。德国民事诉讼法中有关真实义务的规定最典型地与诉讼公正理念实现了完美衔接,违反了真实义务就是违反了诉讼义务,这是毋庸置疑的,但这却未必是对诉讼权利的滥用。类似的不诚信问题的实质,还在于诉讼中的争点是什么,陈述的内容如何,当事人在什么程度内有说谎的权利等等。再如,在德国民事诉讼中,对方当事人任何因疏忽干扰提出证据的行为都是不被允许的,破坏证据资料以及妨碍对方当事人取证的证明妨碍行为都在被谴责之列,但是法律规定并没有明确禁止这样的行为,证明妨碍也不属于诉讼权利的滥用,这些只存在于具体案件中的行为仅可被解读为违反了诉讼诚信原则。同理,利用欺骗手段胜诉或在缺少一方当事人参与的诉讼中撤回其上诉都属于这种情形,都是对诉讼诚信原则的违反。

(二)"形而上"方法的特点

与禁止权利滥用的诉讼诚信原则的"形而下"适用相比,以程序公正为核心的"形而上"方法在适用上有以下两个特点。一是,"形而上"方法在适用对象上不限于当事人,还扩展到法官那里,也就是所有诉讼主体在诉讼过程中都必须善意、真诚地行事。在禁止诉讼权利滥用的狭义诉讼诚信的视野下,认为法官审判案件并不存在诉讼权利滥用的可能性,他们的审判活动也就没有以诉讼诚信原则进行规制的必要。即便他们滥用了诉讼指挥权,也完全通过职业伦理或者弹劾制度等人事制裁手段来解决。但按照"形而上"方法的理解,法官与当事人都要遵守诚信诉讼准则。二是,以正当程序为核心构建的诉讼诚信原则,对那些并未严重到滥用诉讼权利的行为,仍可

---

① Michele Taruffo, *Abuse of Procedural Rights*: *Comparative Standards of Procedural Fairness*, Kluwer Law International, 1999, p. 182.

以程序公正的名义做出处罚,即便没有受到惩罚,也可以进行谴责。

四、路径的选择

诉讼诚信原则在上述两个阵营各自特有的制度环境中运作着,两者并无孰优孰劣的问题。尽管路径各有不同,但实际上采纳"形而上"方法的国家,在裁判中仍以禁止诉讼权利滥用为依据、为依托,唯有如此才更能为当事人和社会所接受,也才能使制度落到实处。

(一)路径的对比分析

抛开具体的诉讼规则差异,上述两种模式非常接近。尽管它们所赖以发展的环境各不相同,但两者殊途同归,共性多于分歧。采纳"形而上"适用方法的模式更多地强调正当程序或程序公正,这一模式已经获得越来越多国家的认可,甚至很多采用单纯禁止诉讼权利滥用模式的国家也在向这一模式转变。两大阵营还有一个共同点,就是能从宪法保障的角度来观察和处理诉讼权利滥用的问题,使其上升为一个高层次的法律问题。在民事诉讼基本原则宪法化的国家(尤其是大陆法系国家),虽然并未像我国 2012 年修改民事诉讼法时明确将诉讼诚信规定为一个诉讼原则,但由于宪法中有基本诉讼权的规定,使得诉讼诚信从一个暗含原则演变成一个得到明确确认的原则,所以即便在民事诉讼中难觅诉讼诚信原则的踪影,但存在着宪法司法审查,而使得诚实信用原则成为与宪法权利相关联的诉讼原则,而且是一个更高层级的诉讼原则。

二战后欧洲和世界其他地区的宪法呈现出为正当程序提供保障的趋势,从而将宪法规定与滥用诉讼权利联系起来。尽管宪法的规定非常广泛与模糊,以至于对正当程序的表达就像平等权那样模糊,而无实在的内涵,但从比较的视角,宪法对于诉讼诚信的保障意义重大。其重要性一方面在于,通过宪法保障观察权利滥用的形态,通过宪法保障解说滥用诉讼权利的现象,使滥用诉讼权利的问题能够在正当程序条款的框架下获得处理。同时,宪法保障的意义还在于,给法官施加了法律上的义务,尤其对大陆法国家而言,对程序公正负首要责任的主体是司法机关,由宪法保障的程序公正也就成了司法机关的一般性义务,他们有责任保证程序的正常进行。例如德国、西班牙、瑞士等国家都将程序参与权视为当事人的一项宪法权利,它们的宪法对此都有直接或者间接的规定。

民事诉讼法在对待诉讼诚信原则与禁止诉讼权利滥用之间的关系时,主要有两种观点:一种观点将滥用权利与违反诉讼诚信相等同,禁止诉讼权利滥用是诉讼诚信原则的表现；另一种观点认为，在民事诉讼中也应将禁止权利滥用理论与诉讼诚信的作用范围区别开来，在两者竞合的场合下，既可以适用诉讼诚信原则，也可以适用权利滥用禁止的规定。民诉法显然采纳了后一种思路，可谓双管齐下，既在第十三条第一款中采纳了广义的诉讼诚信概念，又在具体的制度中增设了第三人撤销之诉及对恶意诉讼和恶意讨债的制裁条款，兼采广义与"形而下"方法，足见立法机关在根治恶意诉讼方面的决心。在适用上两者也各司其职，有着自身的适用范围和边界，例如诉讼诚信原则的适用只具有补充性的特点，只有在民诉法对滥用诉讼权利的行为缺乏明确规定的情形下，方有适用诉讼诚信原则处理违法诉讼行为的必要性。

（二）路径选择与立法对策

对民事诉讼法明确规定禁止的诉讼行为，可适用妨碍民事诉讼的强制措施去处理，而不必再依据诚实信用原则处理，例如对诉讼欺诈的行为可适用《民事诉讼法》第一百一十五条的规定驳回诉讼请求并予以制裁，那么适用诉讼诚信原则就是多余的。这些排除了适用诉讼诚信原则的情况，在不同的诉讼阶段有不同的措施，具体包括——

1. 在诉讼开始阶段，法院要对诉讼要件进行职权调查，查明有冒名诉讼、虚假诉讼或者草率诉讼情形的，驳回原告起诉。当然，被告也有权主张不具备起诉要件和诉权要件，请求法院驳回原告所提之诉。其间对于被告的主张和法院的裁定，原告有权提出异议，以维护其诉权。[1]

2. 在诉讼后阶段，查明当事人之间恶意串通，企图通过诉讼、调解等方式侵害他人合法权益的，则应当驳回其请求，并根据情节轻重予以罚款、拘留；构成犯罪的，依法追究刑事责任。《民事诉讼法》第一百一十五条增加了这样的规定。

3. 在诉讼结束后阶段，案外第三人因不能归责于本人的事由未参加诉讼，但有证据证明发生法律效力的判决、裁定、调解书的部分或者全部内容错误，损害其民事权益的，可请求法院改变或者撤销原判决、裁定、调解书。可见，《民事诉讼法》在第五十九条第三款中为案外第三人特设的事后救济措施也是对原告滥用诉讼权利的一种间接规制措施。

---

[1] 邵明：《正当程序中的实现真实——民事诉讼证明法理之现代阐释》，法律出版社 2009 年版，第90 页。

第四节　两种适用方法

诉讼诚信原则是一个具有补充性的可适用的诉讼原则,其适用的有限性决定了自己的效用,它真正起作用的地方是不适用它就无法解决问题的情形。①如果有一般条款的调整,诉讼诚信原则就失去了直接的效用。因此,将诉讼诚信原则用于对诉讼行为有效与否、成立与否的判断,就不可避免地面临着其适用标准问题——是采用较为模糊的道德层面的诚信标准,还是由法官针对民事诉讼法中的相关规定来进行法解释与法适用? 从既有的判例来看,司法实践中两种适用方法兼而有之,前者构成了间接的适用,主要是通过宣示性的适用来使该原则对诉讼主体和其他诉讼参与人形成道义伦理上的心理约束;而后者则是一种直接的适用,以体现诉讼诚信内容的一般性条款为依据直接用于对诉讼行为的判断。

一、直接适用

所谓诉讼诚信原则的直接适用,是指通过对诉讼诚信原则的法解释来寻找判断诉讼行为的依据,进而做出相关处理。直接适用的必要性在于,大量程序规范及术语具有不确定性和模糊性,而民事诉讼法则要求确定性和精确性,两者之间需要以法解释的方法去架设桥梁,以达到以下两个目的。一方面通过解释从法律条文中吸取其合理的内涵;另一方面保证处理大量案件的诉讼程序能够明确、稳定,以实现正确、公平裁判的目的。

在法适用层面,作为一般性规定的诚实信用原则应适用于民事诉讼全过程,而具体的制度规定则针对特定的诉讼行为,这也是民事诉讼法典中诚实信用原则的意义所在。在这个意义上,诉讼诚信原则完全可作为法院裁判的解释基础和根据,从而成为一种衡量诉讼行为有效与否、成立与否的工具。例如,在起诉阶段确定当事人的时候,谁是因为明显混淆了名称而被诉的,便可根据诚实信用即时指出。② 再如,对以违法方法取得的证据,如偷录、窃取、窃听而取得的证据,是否有证据资格。主流观点和司法解释都坚持"以侵害他人合法权益或者违反法律禁止性规定的方法取得的证据,不能作为认定案件事实的依据",而否定其证据资格。但实践中的情形却千差万

---

① [日]谷口安平:《程序的正义与诉讼》,王亚新、刘荣军译,中国政法大学出版社 2002 年版,第 169 页。

② [德]罗森贝克、施瓦布等:《德国民事诉讼法》,李大雪译,中国法制出版社 2007 年版,第 254 页。

别,一概肯定这种证据的证据资格也过于绝对化,这种证据给对方当事人造成诉讼突袭,破坏法律秩序,侵害他人人格权,并鼓励他人以违法方式收集证据,对国家造成实体上的侵害。特别是对那些并没有侵害对方的一般人格权、录音的手段方法没有显著反社会性的情况,如果不以违反诉讼诚信原则予以限制,则不利于法价值的实现。当然也必须承认,这种考量较为抽象,难以作为解释论的基础。①尽管如此,笔者认为既然在民事诉讼法中明确规定了诉讼诚信原则,那么违法取证当然地违反了这一原则的要求,需要法官在证据价值与违法取证侵害的法益之间进行权衡。同时,也有必要赋予对方当事人以异议权(责问),如果不诚实取证的情况确实存在,该证据就不能被提出和使用。

(一)诉讼诚信原则在证明妨碍中的解释作用

以诉讼诚信原则在证明妨碍制度中的适用为例,所谓的证明妨碍,是指由于一方当事人毁灭、隐匿证据的行为,妨碍了对方当事人的证明活动,使证据的分布出现了"偏在"失衡的情况。对这种情况通常的处理方式,是允许法官作出不利于证据破坏者的事实推定。然而,这背后的根据是什么呢,不讲清楚其中的道理很难让当事人信服。特别是我国尚没有在实体法中明确规定证据保存义务,因此诉讼中直接适用这样的强制措施或者径行作出事实上的推定,未免有诉讼突袭和缺乏理由根据等过于唐突的嫌疑。寻求法理支撑是必要的,而恰当的解释根据正是诉讼诚信原则。在我们看来,诉讼诚信原则是作出证明妨碍推定的根据所在,即让垄断性占有事实及证据的对方当事人提出该证据,这是当事人实质性平等价值的要求,如果对方当事人不予以协助,那么应当视其违反了诚实信用原则,而要承受不利的事实认定。这样做的益处,在于可增强当事人对程序的信赖,强化他们的自我归责意识,使"证据偏在"的状况得以纠正,在事实认定过程中防止法官滥用自由心证。

日本法院就曾以诚实信用原则,针对一起第三人以核能发电机安全性为由提起的请求停止建设诉讼作出过判决,因表明自己计划事业的安全性而获得建造许可的企业(被告),以企业秘密为由拒绝提供特定资料,对此仙台高等裁判所 1994 年 5 月 12 日的决定认为,这种拒绝行为有违公平原则、诚实信用原则,因此是不合理的,尽管企业方负有保密义务,但不能拒绝提

---

① ［日］高桥宏志:《重点讲义民事诉讼法》,张卫平、许可译,法律出版社 2007 年版,第 43 页。

出该文书的命令。①德国判例也显示，将这种情况付诸诚实信用原则解决，根据不同的个案通过自由证据评价框架进行推论，可以收获简化证明的功效。这些司法经验都值得我们借鉴吸收。

（二）对"一部请求"的判断

诉讼诚实信用在确定、认可审判对象方面的作用是非常重要的，尽管很多场合是法院无意识地运用了这一原则。当从民事诉讼制度目的角度观察，起诉明显缺乏合理性、违反诚实信用原则之时，应当以滥用诉权为由驳回起诉。这种违反诚实信用原则的情形包括：（1）在起诉中，起诉人不抱有真正实现实体权利或解决纠纷之目的，而是通过让对方当事人处于被告的立场，使其遭受诉讼中或诉讼外的有形或无形的不利益或负担；（2）起诉人主张的权利或法律关系缺乏事实上及法律上的根据，进而欠缺权利保护之必要性，继续进行诉讼对被告一方而言不公平。②

诉讼诚信在解决一部请求的问题上最能显现其功效。所谓一部请求，是指在数量上可分的债权中的一部分起诉请求。在这种情形中，如果以被告是否受到程序保障，决定后诉的余额请求是否合法等进行裁决，仍很抽象，故应依诚信原则解决。当法院对于数量上可分债权之部分请求，做出全部或部分驳回请求之判决，且判决确定后，只要没有特别情况，那么应当基于诚实信用原则，不允许当事人提出剩余请求。③

日本最高裁判所在 1999 年 6 月 12 日做出的判决就判定，当在部分请求中败诉的原告提起再诉时，只要不存在特别的事由，应当认定这种再诉违反了诚实信用原则，因而不允许原告提起这样的再诉。④对此，竹下守夫教授认为应当采纳诚实信用原则作为解决一部判决的办法。如果原告在前诉中并没有明示保留余额的请求，其在后诉中提出余额请求，在诚实信用原则的角度，已经产生失权的效力，不得再提出这样的诉讼标的而请求法院审理，除非原告能够证明其有正当理由而没能在前诉中提出全部的债权请求。

其实，我们也完全可以以诉讼诚信原则中的禁反言法理为根据，对当事人提出一部请求给予限制，底线便是诉讼权利不被滥用，以诉讼诚信原则来平衡当事人之间的利益。具体的规则是：一部请求原则上合法，一部请求后

---

① ［日］高桥宏志：《民事诉讼法——制度与理论的深层分析》，林剑锋译，法律出版社 2003 年版，第 192 页。

②③ ［日］新堂幸司：《新民事诉讼法》，林剑锋译，法律出版社 2008 年版，第 192 页。

④ ［日］高桥宏志：《民事诉讼法——制度与理论的深层分析》，林剑锋译，法律出版社 2003 年版，第 93 页。

法院对此作出的判决,原则上只对该部分请求产生既判力,而对余额的部分没有既判力;但是一部请求的判决作出且生效后,对债权余额能否提起诉讼并获得法院的受理,则要看后诉的余额请求是否违背诚信原则中的禁反言法理。如果前诉的一部请求,在诉讼中没有"明示"或无法"特定"为一部请求,并且因没有"明示"、无"特定",致使被告相信原告为全部请求,对于这样的诉讼,如果被告无法采取相应的反诉等手段(例如,提起确认余额债务不存在之反诉)而避免多次应诉的骚扰,被告就有承受程序不利益的风险,便可认为原告使用了不正当的手段形成对自己有利的诉讼状态,基于禁反言的法理,后诉之余额请求,仍应通过程序驳回。

(三)赋予既判力以正当性

经过十几年的发展,既判力理论已经逐渐进入中国的民事司法领域,成为保障权利安定和程序安定的法宝,但在法典中这仍然是一个盲点。在实践中运用既判力制度,就必须寻找有力的理论解释,用来说明为什么既判力可以强加给平等的当事人。笔者认为,既判力是在诚实信用原则中获得了拘束当事人和法院的正当性,因为既然当事人被赋予平等的诉讼地位、权利义务、诉讼机会和风险,由此要求他们接受判决结果的约束也是天经地义的事情。正所谓新堂幸司教授归结的"以当事人责任为内容的诚实信用原则或公平观念"①。当事人自己现实行使了这种地位或权能,并亲自创造了判决的基础,既判力的这种遮断效根据,除了权利关系的安定、诉讼经济等因素外,也包括诉讼上诚实信用原则;②与此同理,争点效制度的正当性根据也是诉讼诚信原则,理由中的判断的拘束力说到底是在具体情况下适用诉讼诚信原则的结果,并非制度的效力。

具体而言,在争点效中有禁止矛盾行为与权利失效两种具体制度的约束。对于胜诉方当事人而言,产生的是禁止作出矛盾行为的诚实信用原则,而对于败诉方当事人来说,产生的是"权利失效"的诚实信用原则。可见,争点效理论是从诚实信用原则或者双方当事人公平原则出发来谋求其理论根据的,从具有补充性、保守性的诚实信用原则,发展到适用于争点效的认定。反过来,诉讼诚信原则在制衡既判力和争点效方面的作用,又使自己的内涵变得丰富,自身更加制度化。

① 〔日〕新堂幸司:《新民事诉讼法》,林剑锋译,法律出版社 2008 年版,第 497 页。
② 〔日〕高桥宏志:《民事诉讼法——制度与理论的深层分析》,林剑锋译,法律出版社 2003 年版,第 539 页。

二、间接适用

诉讼诚信原则的间接适用,是指通过宣示性适用和职业伦理约束来防范与根治诉讼权利滥用的现象,亦即法官行使诉讼指挥权或者做出裁判时,对诉讼行为成立与否、有效与否做出判断,以该原则为依据。这种适用的优点,在于能够使诉讼法柔性应对社会变迁的需要,其缺点则是在构成要件上模糊不清,进而影响它的适用效果。

(一)对当事人的宣示

对当事人的宣示适用,是指在案件审理中法官适用诉讼诚信原则对当事人诉讼行为进行基本的评价。考虑到我国当下诉讼权利滥用主要以虚构案件事实、冒名诉讼、伪造书证、恶意自认与调解、滥用意思自治以及快速保全或处分等形式表现出来,因此宣示适用应当合理运用禁止矛盾举动、权利失效、排除形成不当的诉讼状态及禁止权利滥用等具体原则。例如,当事人之间有订立仲裁协议,一方当事人却向法院起诉,原告并没有明确放弃诉权,但却让对方当事人产生其已经放弃诉权的错误认识,违背对方当事人的预期来提起诉讼,这种起诉的行为显然属于违反诚实信用原则的行为,法院在驳回起诉时亦可宣示诉讼诚信原则,增强说服力。

(二)对律师的宣示

律师非常熟稔诉讼程序以及自己对当事人所承担的责任,出于趋利避害的动机和应付当事人的考虑,他们也可能为了达到某种效果而滥用诉讼权利,由于深谙诉讼上的技巧,他们往往被视为真正实施滥用程序行为的群体。在与当事人的关系上,也有滥用代理权、超越代理权等损害当事人权益的情况。国外经验也表明,律师业务的活跃,造成了当事人双方过分的攻击防御活动,要对这种过度活动进行适当的处置,仅靠明文的规定则存在局限。①律师的职业道德和正义感对于保护诉讼程序不被滥用而言,是非常重要的。

法律责任、职业伦理以及诉讼诚信原则的宣示,能够强调律师自己及他所担负的帮助当事人诚信而行的责任,矫正那些不诚信的代理行为。例如德国法规定,律师有必要有礼貌地开展业务,而不得进行任何尖刻的辩驳或虚伪的或其他无理的发言。就对客户的责任而言,如果原告希望提起一个

---

① [日]谷口安平:《程序的正义与诉讼》,王亚新、刘荣军译,中国政法大学出版社 2002 年版,第 168 页。

无根据的诉讼来达到某种明显不正义的效果,律师应当予以阻止。①德国民事诉讼法规定如果律师违反了真实义务,他就会因为诉讼欺诈而被名誉法庭和刑事法庭追究责任。他和自己的被代理人一样,应向受到损害的对方当事人承担损害赔偿的责任。但如果律师由于阐明真实的案情而使自己与当事人以前的陈述相矛盾,并因此而指责当事人的陈述不真实,则不算违反真实义务。

(三)对法官的宣示

法官作出裁判以及进行诉讼上的指挥,都要符合正当化条件及自身的裁判角色,在个案中对缺乏法律依据的情况要秉承着诉讼诚信原则进行处理。法官接受诉讼诚信原则规制的必要性在于他们也有一些故意或者过失的不诚信审判行为,例如故意决定中止诉讼使程序不必要地停下来。对类似情形,主要有两种处理机制,一是通过法官业绩评价机制来处理,甚至追究审判职责;二是法官如果从事了违反诉讼诚信原则的行为,当事人也可以通过上诉程序和再审程序要求纠正。

一种观点认为,民事实体法和民事诉讼法的诚信原则都是约束当事人的,不能约束法官。法官的诚信只能依靠程序的刚性、法官的资格,以及事后另案中对法官失信的责任追究来加以保证,不能寄望于一个抽象的、作为法律基本原则的诚信原则。甚至认为在民事诉讼法中规定法官的诚信原则,会损害法律的严肃性和权威性,徒增当事人甚至全民对法官的不信任。②但应当注意到,如果法官对当事人的诉讼权利造成了不适当的限制,或形成了突袭性裁判、滥用自由裁量权或者造成了诉讼上的拖延,乃至故意做出错误裁判,都构成对诉讼诚信原则的违反。基于此,将诉讼诚信原则延展适用于法官的根据在于:首先,诉讼是因为当事人而存在,其所承担的重要目的是保护当事人的程序人权。因而,与法院期待当事人进行诉讼时遵循诉讼诚实信用原则一样,当事人也可以期待法院行使诉讼职权时遵循诉讼诚实信用原则。其次,将诉讼诚信原则延展适用于法官也是各国立法的通例。综观世界很多国家都将法官纳入诉讼诚信的规制范围,西班牙、法国和瑞士等国家明确规定将诉讼诚信原则延伸适用于对法官行为的规制。如《法国民事诉讼法》第三条规定,法官有义务

---

① 参见《德国联邦律师条例》第四十三条规定,转引自陈桂明、刘萍:《民事诉讼中的程序滥用及其法律规制》,载《法学》杂志 2007 年第 10 期。

② 唐东楚:《诉讼主体诚信论》,光明日报出版社 2011 年版,第 143 页。

自己遵守并让当事人遵守辩论诚实(原则)。①再如,《瑞士民事诉讼法典》第五十二条规定,参与诉讼的所有主体都必须依据诚实信用实施诉讼行为。还有一些国家民事诉讼法中的相关规定也隐含着约束法官的内容,日本 1996 年修改的《民事诉讼法》第二条的规定也大致相同。② 至于德国和奥地利等国家的民事诉讼法对是否将诉讼诚信原则适用于法官则保持着沉默,但在他们的司法实践中,存在着一股很强的潮流试图将当事人的诉讼促进义务延伸到法官的诉讼促进义务。③ 具体到我国 2012 年民事诉讼法的修改,第十三条第一款也并未将法官排除在诉讼诚信原则的适用范围之内。在我国特殊的语境之下,作为一种教化性、指引性很强的原则,将法院纳入诚实信用原则规范的范围同样有助于回应社会对司法品质提升的诉求,有其重要的社会意义或政治意义。④

必须指出,发挥诉讼诚信原则的宣示功能以对各诉讼主体形成心理上的制约,是值得肯定的原则功能,但我们不能对这种功能做绝对化的强调与适用。因为,维系诉讼诚信的力量首先是法律的强行性规定,而非单纯依靠道德的教化。反过来,如果只是强调诉讼诚信原则宣示功能,而忽视对不诚信行为的惩罚与制裁,诉讼诚信原则就有沦为"橱窗式"原则的危险。正如民法中的诚信原则在司法适用时面临的情况一样,笼统套用诉讼诚信原则的法律适用方法并无多大意义,即使去掉了也不影响判决内容的完整性。⑤因此,在该原则的宣示性方面要以必要性为限度,切不可泛化。如果谋求诉讼诚信的治本之道的话,就必须多管齐下,将刑事与民事制裁手段并用。刑事法律方面有必要将严重的诉讼欺诈行为入罪;民事领域则可考虑允许受到诉讼欺诈的当事人提起损害赔偿之诉;在诉讼领域则应加大强制诉讼指挥权的运用,对不诚信诉讼行为做出合理认定,做出诉讼行为有效与否、成立与否的判断,以此为根据强化罚款等强制措施的适用。

必须认识到,实现普遍的诉讼诚信状态是一个复杂的系统工程,具有长期性的特点,这一状况的根本性改观还取决于社会环境的积极转变,毕竟,诉讼权利滥用只是社会诚信缺失之冰山一角。问题的解决不能仅靠立法,还取决于整个社会诚信体系的建设。将法律约束、道德约束与社会规范约

① 《法国新民事诉讼法典(上)》,罗结珍译,法律出版社 2008 年版,第 5 页。
② 该条规定"法院应当致力于公正且迅速地实施民事诉讼,当事人应当遵从信义,诚实地进行民事诉讼"。
③ [德]奥特马·尧厄尼希:《民事诉讼法》,周翠译,法律出版社 2003 年版,第 151—152 页。
④ 张卫平:《民事诉讼中的诚实信用原则》,载《法律科学》2012 年第 6 期。
⑤ 徐国栋:《我国司法适用诚信原则情况考察》,载《法学》2012 年第 4 期。

束结合起来,形成互相补充、有效对接的诉讼诚信约束机制,才是一个治本之策。而在其中,诉讼诚信原则的适用注定要在其中扮演制度推手的角色,它应当是一个可适用的原则,其在实践中的运用值得期待。

第四章　民事司法公共服务

现代社会,人们要求司法更多地对存在的问题进行回应,司法也因此延伸至日常生活的每一天的每一个细节。①在所有司法领域中,民事司法制度的公共服务属性最为显著,尽管不像刑事司法那样具有新闻价值或政治敏感性,但其提供基本公共服务的功能却是以行使国家刑罚权为内容的刑事司法,及以解决行政争议为内容的行政司法所无法企及的。因此几乎在所有国家,民事司法都被视为向全社会提供纠纷解决公共服务的"法律基础设施",这既是政治权威的表达方式,也是国家对公民担负的义务。

在新时代,解决"人民日益增长的美好生活需要和不平衡不充分的发展之间的矛盾"的客观需要,推动着我国民事司法向公共服务转型,司法公共服务成为国家治理体系和治理能力现代化的重要方面。2021 年 1 月 10 日中共中央印发《法治中国建设规划(2020—2025 年)》,提出全面建设集约高效、多元解纷、便民利民、智慧精准、开放互动、交融共享的现代化诉讼服务体系,确定了司法服务建设的目标与路径。近些年来,各司法机关分别探索了公共服务的机制及方式,并总结出有益经验。②上述有关司法服务的规划和建设,在很大程度上重塑了我国民事司法的面貌,司法裁判、司法管理与司法服务构成了民事司法的基本面向,"服务型司法"使得民事诉讼社会化趋势因此更加显著。

---

① [法]皮埃尔·特鲁仕主编:《法国司法制度》,丁伟译,北京大学出版社 2012 年版,第 91 页。

② 自党的十八届四中全会提出"推进覆盖城乡居民的公共法律服务体系建设"后,各司法机关开始全面对接公共法律服务战略。最高人民法院提出"建设集约高效、多元解纷、便民利民、智慧精准、开放互动、交融共享的现代化诉讼服务体系"的目标;最高人民检察院提出,努力在供给侧提供更多更好的法治产品、检察产品;司法行政机关则聚焦于法律事务咨询、矛盾纠纷化解、困难群众维权、法律服务指引和提供等领域,探索公共法律服务的新形式。参见周强:《全面建设现代化诉讼服务体系,切实提升解决纠纷和诉讼服务能力水平》(《人民法院报》2019 年 6 月 14 日第 2 版);张军:《关于检察工作的若干问题》(《国家检察官学院学报》2019 年第 5 期);张军:《司法行政改革如何推进?》(《中国司法》2017 年第 8 期)等。

第一节 从司法管理到司法公共服务

一、作为公共物品与公共服务的民事司法

民事司法制度是当然的公共物品（public goods），这样的观点已颇有历史。尽管长时期以来未形成系统理论，但其公共物品属性在民事司法改革中一直发挥着重要作用。

（一）司法公共服务的缘起与展开

百年前，奥地利学者安·门格尔（Anton Menger）剖析了司法管理的行政权属性，并区分了裁判权与司法管理权之间的差异——前者是由法院"独立"地通过冗长、复杂、昂贵的诉讼程序做出裁决的权利；后者由"完全依赖统治者"的行政机构自行其是，程序"快速""非正式"，这一理论分类让司法由管理转向服务角色成为可能。随后，同为奥地利学者的弗兰兹·克莱恩（Franz Klein）将司法划入"国家福利设施"范畴，诉讼制度则被视为"不可缺少的国家福利制度机构""社会救助的一个环节"……为法律、公共利益和社会和平服务。①随后上述理论成为司法公共服务的理论母本——司法要发挥"社会功能"（Sozialfunktion），在解决纠纷的同时服务与促进福利（Wohlfahrtsfunktion）。值得注意的是，克莱恩并没有像他的老师那样走向极端的纳粹主义，却在法律和政治层面寻求解决复杂的新时代的核心问题。②

二战结束后，学者们开始从司法负有替国家管理"剩余事务"（residual administration）责任的角度，③反思民事司法的社会政策形成功能，英国学者杰克·雅各布（Jack Jacob）从司法制度公益性角度，论证了司法服务在实现社会正义、经济发展和社会稳定方面的功能。④从公共服务角度阐释司法

---

① ［德］奥特马·尧厄尼希：《民事诉讼法》（第 27 版），周翠译，法律出版社 1999 年版，第 5 页。
② 就立场而言，克莱恩并非"社会主义者"，而是思想保守的温和主义者，但其年轻时热忱追随的老师门格尔却属于前者，在《新联邦教义》一书中门格尔倡导了纳粹思想，倡导用"社会主义中的劳动主义"取代自由国家及其整个结构。Marino Marinelli, Ena-Marlis Bajons & Peter Böhm, *Die Aktualität der Prozess-und Sozialreform Franz Kleins*, Verlag Österreich, 2015, p. 46-47.
③ ［美］米尔伊安·R. 达玛什卡：《司法和国家权力的多种面孔》，郑戈译，中国政法大学出版社 2015 年版，第 100 页。
④ H. Genn, *Judging Civil Justice*, Cambridge University Press, 2010, p. 17.

制度的任务,最终由意大利学者莫诺·卡佩莱蒂(Mauro Cappelletti)于 20 世纪 70 年代完成。他在时间和财力维度对利用司法服务的可能性展开研究,由此倡导了延续至今的接近正义运动(access to justice movement),以至于当代民事司法被福利国家当作为诉讼中处于劣势地位的当事人提供法律服务的一部分。

司法公共服务的定位,非常契合萨缪尔森在《公共支出的纯粹理论》一文中对公共物品的界定——每个人对这种物品的消费并不减少任何他人同样对这种产品的消费。对应在纠纷解决中,每个当事人受到司法保护,并不能减少任何其他当事人也得到同样的保护,此就是司法公共物品的非竞争性和非排他性。对应于司法服务,"非竞争性"表现为司法必须为社会共享,让所有公民利用,而非只让一人在同一时间使用;"非排他性"则表现为诉权行使的自由性,即使一个新的当事人起诉运用民事司法制度维权,也并不减损其他当事人所享受的司法保护。正是基于上述属性,一些国家在民事诉讼法立法中明确宣示:民事司法就是公共服务的形式。①

我国司法机关倾向于从服务角度阐释司法工作,甚至将侦查、公诉、审判等司法活动,以及行政机关开展的执法活动,都归入司法服务范畴。域外也有学者持相同观点,认为法院裁决行为与公共卫生、公共交通服务类似,是实现当事人权利的司法服务活动。②但显然,将裁决权纳入司法服务,导致了服务概念的泛化,也使裁决权背离了判断权属性。历史上看,民事司法服务缘起于裁判权与司法管理权的分化,前者是对私权存否的判断权,并不直接包括公共服务内涵;而后者则孕育出了公共服务属性——通过司法管理,使司法资源能够为社会公众接近,回应社会需求,实现诉讼价值,并维护诉讼公共秩序。

(二)司法管理与司法服务的关系

司法管理(judicial management)对于实现司法公正具有至关重要的意义,也是司法公共服务的基础。一百多年前,罗斯科·庞德(Roscoe Pound)就预见到司法管理的重要性及独特性,提出有效的司法管理需要切实的案件管理方法,认为只有借助民事司法管理方法和理论,才能得到理想的司法

---

① Sebastian Spinei, *Romanian Civil Procedure*: *The Reform Cycles*, *Civil Litigation in a Globalising World*, Springer, 2012, p. 370.

② Déirdre Dwyer, *The Civil Procedure Rules Ten Years On*, Oxford Scholarship Online, 2012, p. 10.

结果。①在当代,司法管理的重要性愈加凸显,正是借助于司法管理,司法裁判与服务过程被区分开来,司法的可接近性增强了,不再昂贵且耗时,滥用司法资源的行为也得到一定程度的遏制。案件管理(case management)运动自 20 世纪 60 年代勃兴,验证了庞德的预见,法官在司法活动中的角色应更为积极,更多地控制诉讼流程,为案件安排最为适合的解决途径,帮助当事人发现案件真实,这已是当代世界司法改革的共识。

相较之下,我国民事司法的职权因素较重,更重视整体正义,职权主义诉讼模式中存在着当事人主体性不足、对抗性欠缺等缺陷。但在司法管理与司法公共服务角度,这些缺陷却是难得的优势,现存的职权主义诉讼要素与世界范围司法管理中强化法官职权、弱化当事人自主性和主导性的趋势一脉相承,这让我们具备了司法管理与司法服务的基础条件。

现代民事司法中,司法管理与司法服务呈现出相互结合、相互转换的关系——管理就是服务,服务也是管理。②两者的区别主要体现为追求不同的法律价值,司法服务更关注民主价值和公共利益,而司法管理则更侧重司法组织管理与对诉讼过程的管理,关注及时高效地解决纠纷。两者之间的关联比区别更重要:(1)在接近司法的目标上,当事人利用司法的行为通常被视为对"司法产品"(court service production)的消费,③他们理应得到起诉上的便利与帮助、法律援助和司法救助服务,以及通过替代性方法(特别是调解与仲裁)获得纠纷解决。管理这些司法事项,就意味着提供公共服务。(2)从公正审理的角度,当事人应得到基本的诉讼服务,享受等量的公共物品。例如,保障当事人的基本诉讼权和程序选择权,就必须向当事人提供必要的司法帮助(法官的释明权),让当事人获取必要诉讼信息及得到适当通知(送达),这些都是司法管理与司法服务融为一体的司法活动。(3)诉讼效率也是司法管理与服务的共同目标,法院要根据程序比例原则实现案件分流,避免不必要的诉讼迟延,通过司法管理提供效率服务。最后,在程序终局的目标上,裁判作为"法院服务产品",其体现出的准确性、可执行性,以及对既判力的维护,都可被归入基本诉讼服务的范畴。

总之,司法管理与司法服务的结合,为将司法公共服务纳入司法框架提

---

① Dominic De Saulles, *Reforming Civil Procedure*, *The Hardest Path*, Hart Publishing, 2019, p. 29.

② 司法管理与司法服务两者的关联,可从词源上找到依据。英文 Administration 一词源于拉丁文 administrar/administare ad 和 ministare,其本意为"提供服务的人",宗教含义则为"给予帮助"。

③ Josef M. Broder, A. Allan Schmid, Public Choice in Local Judicial Systems, *Public Choice*, Vol. 40, 1983, p. 8.

供了可能性,也促使司法管理更多地服务于当事人,而非将主要精力应付司法组织自身问题。

(三)司法服务的目标意义与存在意义

在全球范围接近正义的浪潮下,民事司法为了满足社会的需要而存在,这已是共识。司法公共服务已不仅是各国司法制度设计与改革的出发点,也成为一种显著的政治意向,几乎所有国家的司法改革都打出了"司法为服务国民而存在"(justice for all)的旗号。相应,国家通常在两个层面强调自己的司法服务责任:一是目标意义上的责任,亦即国家负有提供司法公共服务的责任,提供司法公共服务是国家的义务行为,此即国家"当为"(sollen);另一类则是存在意义上的责任(sein),也就是说司法公共服务是一种必然存在的现象。

在目标意义上,既然国家禁止私力救济,那么就必须出面主导谋求纠纷解决,此为"当为"意义上的司法服务。这命题包含着国家对社会纠纷负有解决责任,以及为公民接近司法、获得公正且有效率的审理、得到公正与有效的判决创造基础性条件等公共伦理。在存在意义上,司法具有公用性,民事司法承担了公共物品角色,不但要满足民众纠纷解决需要,还要考虑更大社会共同体的福利,包括:法院(国家)与当事人在诉讼中的分工(公私分界的程度)、法院主管范围(服务惠及对象的范围)、诉讼的目的(公共服务所扮演的角色)、司法责任与司法权威(公共责任和公众信任)。[1]

二、我国司法公共服务特点与原则

我国的司法公共服务起步较晚,自党的十八届四中全会提出"推进覆盖城乡居民的公共法律服务体系建设"后,司法机关开始全面对接公共法律服务战略,但在迄今不足十年的时间里这一战略的推进却异常迅速,司法服务体系框架基本形成,司法服务业务初步铺开。在宏观目标上,司法公共服务着眼于党和政府的中心工作,为大局服务;在微观目标上,通过司法服务,坚持人民主体地位、保障各类主体诉讼权利、实现司法便民利民、满足人民群众日益增长的多元司法需求。[2]

---

[1] Haque M S. The Diminishing Publicness of Public Service under the Current Mode of Governance, *Public Administration Review*, Vol. 1, 2001, p.65-82.

[2] 骆锦勇:《切实提高诉讼服务效能》,载《人民法院报》2016 年 7 月 20 日,第 2 版。

（一）我国司法公共服务的特点

1. 民事司法由管理转向服务是意识形态转变的结果

对缘何要发展司法公共服务，中西方的观点并不相同。在我国，"司法为民"是司法公共服务最为简洁的表述，是执政党"以人为本"理念在司法领域的传承。在新时代，"努力让人民群众在每一个司法案件中感受到公平正义"，构成了支撑司法公共服务的意识形态，与西方国家司法公共服务的"社会国"意识形态迥异。总之，我国从司法服务到司法公共服务的发展，为人民群众提供热情、便捷、高效的司法便民利民服务，是在"以人民为中心的发展思想"指导下取得的成果。固然，中西方在司法公共服务中的某些方面存在着共识，例如对于司法"公共性"的理解是类似的，都认为司法服务是为了最大多数人的利益而提供的。再如，中西方司法服务的发展路径也颇为相似，法律援助就呈现出这种共性——司法公共服务从单纯的慈善事业，向国家责任转化，随后被纳入国家福利制度。中西方的上述共同经验与共识说明，我们可有选择地吸收域外经验，为己所用。

2. 民事司法公共服务是政权性公共服务体系的组成部分

国家提供司法服务，以便让人民接近司法（正义），不仅是社会需求使然，也是国家政治合法性的要求。西方学者一直在提示这样的危险倾向：国家不能在效率化的名义下，拒绝提供保护权利之服务或缩减服务的内容，进而使民事诉讼制度沦为无法利用的腐朽制度。[①]相形之下，我国司法机关既重视司法的初始功能——解决纠纷，又非常强调国家在这方面的"应为"责任，将纠纷解决作为公共服务内容，法院承担着司法保障义务，致力于消除人民群众接近司法的障碍。通过完善司法公共服务体系，改善正义维护、权利救济与服务供给的质量和水平。在这方面，智慧法院建设、民事案件繁简分流等改革的效益最为显著。智慧法院建设让诉讼程序更便民、更快捷，立案、调解、举证、庭审、执行等环节中植入科技手段，改善了司法服务质量；案件繁简分流机制的推行则增加了纠纷解决资源的供给，保障了司法的可及性及正义实现的规模，正义实现的质量也因此提高。

3. 我国司法服务属于基本公共服务

我国各级人民法院非常重视在立案、审判、执行和信访等环节提供便民利民措施，提供热情、便捷、高效的司法服务。这些服务涵盖"诉讼服务"与

---

① ［日］新堂幸司：《新民事诉讼法》，林剑锋译，法律出版社 2008 年版，第 8 页。

"诉讼外服务"两个领域,形成了司法的"全面服务",涵盖的事项包括:(1)诉讼服务,包括立案、案件分流、司法救助等事项;小额诉讼、委托调解、诉讼指引与咨询等也带有显著的服务特征;审理活动中也有大量服务内容,例如,通过行使释明权帮助当事人充分行使辩论权,正确提出诉讼请求、陈述事实、提出证据,实现纠纷一次性解决等。(2)诉讼外服务,我国由司法行政机关及律师事务所等"私人部门"提供的诉讼外法律公共服务涵盖了法律援助、法律咨询、起草诉讼文书、谈判、申诉与投诉、调解及其他替代性纠纷解决业务。

4. 我国司法服务是支持性公共服务

民事司法制度须"易于接近和有效接近",服务于为当事人提供平等、有效使用国家司法资源的目标。在我国,司法机关承担着大量公共服务职能,从解决老百姓最难、最怨的事入手,深入推进公共服务体系建设,提供更优质、更高效、更贴心的服务,才能让人民群众感受到实实在在的获得感。[①]实现上述目标,必然以构筑司法服务的连续性和平等性为前提。所谓连续性,包含时间与空间两方面要求:从时间上来说,司法应当无时不在;从空间上来说,司法应当无处不在。司法的平等性,则要求民事司法最大限度地满足这样一种需要:每一个当事人,只要他需要,无论何时都可以找到一个法官。[②]基于此,司法机构设置及诉讼管辖都必须体现司法的"定居性"和"多元性"特点。前者要求司法场所和管辖范围都相对固定,以便在自己的场所和管辖范围内司法,方便当事人就近进行诉讼;后者则指合理分配司法资源,像从生产或供给单位(production or supply units)来界定消防保护一样。[③]

(二)司法公共资源分配的价值判断

司法公共服务资源如何分配,涉及法律价值判断,存在多种选项:(1)以平等主义为原则和核心,亦即按照功利主义设置法院,分配司法资源,体现"结果主义哲学"(consequentialist philosophy)理念或边沁的"最大多数人的最大幸福"法则。这一分配逻辑可在大陆法系"并行审理"或"分割审理"制度中找到影子,法官可同时审理多个案件,某个日期可同时对多个案件开

---

① 魏哲哲:《推动政法机关服务更加便民利民》,载《人民日报》2018 年 08 月 15 日,第 18 版。
② [法]洛伊克·卡迪耶:《法国民事司法法》,杨艺宁译,中国政法大学出版社 2010 年版,第 42 页。
③ [美]詹姆斯·M.布坎南:《公共物品的需求与供给》,马珺译,上海人民出版社 2017 年版,第 51 页。

庭审理,而非集中审理某一个案件,体现的是平等主义原则。(2)"社会化"原则,即借助高度平衡的司法管理实现司法资源的优化分配,体现的是罗尔斯(John Rawls)的"差异原则"——使社会中处境最不利的成员获得最大的利益,国家通过司法能动提高条件最不利的社会成员的地位,从而使司法服务更平等。小额诉讼程序作为"平民程序"典型,体现了这一理念,法官提供人文关怀,以通俗易懂的语言进行指导,使当事人理解并运用小额程序,促进诉讼服务均等化。(3)以政策为导向的司法服务。这一选择倡导寻找被广泛接受的司法资源分配方式,降低司法资源分配的复杂程度。其中最简单的方法,就是依据不同的社会政策做出选择,例如,为国有大中型企业"保驾护航"便属于这样的司法服务,金融法院与知识产权法院的设立也着眼于社会整体利益,体现了司法整体效益最大化的原则。

上述司法服务资源分配方法各有利弊。第一种方法所强调的平等分配司法服务资源只存在于形式上,难说是实质而相当的、机会意义上的平等。第二种"社会化"分配方法,虽然能够让"社会中处境最不利的成员"得到优先服务,但同时也降低了司法资源使用效率,为社会贡献税收的企业可能感到不满。第三种以社会政策为导向的分配,只对特殊领域(例如金融案件和知识产权案件)有效,并不具有普遍意义,难说是一种公共服务。

(三)我国司法公共服务的原则

为科学分配司法服务资源,就必须首先考虑其公共服务的一般属性,在立法中为民事司法注入非排他性和非竞争性要素,同时关注司法在制定社会政策及公共政策方面的"发生器"角色,遵循以下原则。

1. 平等原则

司法公共服务应最大限度体现平等原则,一定程度上民事诉讼平等原则可以理解为是对司法公共服务均等化的基本要求。诉讼资源是类似于公共汽车一样的公共物品,不能让少数人乘坐私家车占用紧张的道路资源,诉讼服务资源应得到公平分配。以诉讼管辖为例,其规则设计应保证对纠纷解决有不同需求的公民都可得到同样质量的服务,表面上如果法院(法庭)的物理位置距离被告的住所地更近的话,原告不会享受到等量的程序利益。然而,在无法实现绝对公平的情况下,我们不考虑给定法庭所处的地理位置,而是合理设置管辖区并使辖区的司法供给充足,那么便可认为原告和被告都享受了等量的司法公共物品,都能平等地接近法院。

2. 法治原则

法治原则,指司法服务以司法管理为基础和界限。民事司法包含了裁决(审理)权与管理权两大部分内容,裁决权属于纯粹的司法职能,是区别于其他任何行业和领域的法律职业化和专门化活动,[1]包括对实体和程序问题的判断权,以及与判断相关的调查权、证据审查权和事实认定权,并不属于司法服务。但在裁决权之外,法院还负有司法管理权,管理的事项包括案件受理与分流、诉讼送达、保全、提供案卷查阅以及收取诉讼费用及提供司法救助等等,是民事司法服务的业务领域。司法服务的范围划定取决于司法管理的界限。相应,司法服务是否有效、充足与公平,也取决于司法管理的效果。

3. 社会正义原则

"正义是一种有限的商品,必须在所有人中公平分配。"[2] 20 世纪初克莱恩就充分注意到这一点,因此提倡法官依职权调查证据,为保护弱势一方当事人而提供程序援助。当代司法服务以社会正义原则为指导,基于国家需要协调不同阶层利益,建立公正社会秩序方面的任务则更加繁重,司法机关必须确保履行司法中的社会救助与国家之生活照料责任。我国当下司法公共服务体系的构建以保障社会公平正义为目标,强调了点与面的结合。在面上,司法机关代表国家保障社会公平正义,在保障人民群众使用司法资源方面"负总责",推行司法服务并对这种服务进行管理与协调;在点上,关注面向社会弱势群体的特殊救助,借助"弱势补偿"服务来消除他们接近司法的障碍。

第二节 司法服务供给主体多元化

一、司法公共服务供给的社会化

司法公共服务属国家权力,系"市场失灵"领域,须由国家供给服务。传统上,由法院作为司法服务的提供者曾是天经地义的不变法则,作为司法公共服务权威供给主体的法院几乎包揽了所有司法服务,这在职权主义诉讼模式下表现得最为突出。但自 20 世纪 60 年代以来,民事司法危机开始成为全球现象,在案件数量剧增、财政压力加大、司法资源匮乏的背景下,法院

---

[1]　田平安主编:《民事诉讼法学》,法律出版社 2004 年版,第 13 页。

[2]　Zuckerman A, *The Challenge of Civil Justice Reform*: *Effective Court Management of Litigation*, City Univ Hong Kong Law Rev 1 (1), p. 68.

已无法包揽所有司法服务,它甚至不是最具有优势的、唯一的司法服务供给者。作为替代措施,社会机构(市场机制)开始登场,充当社会化供给角色,与法院建立协同合作的伙伴关系,联合提供司法服务,这成为全球趋势。

(一)司法公共服务的供给理念

司法服务的社会化需要法律文化创新,推进公共服务供给方式的变革。从历史上看,是否在"公共司法"之外承认"私人司法"(Private Justice),取决于国家是否为唯一的提供正义的权威实体。"公共司法"体制起源于集权封建制度及民族国家的形成过程,君主绝对地垄断司法,并将作为其权力合法化的象征。在当代民事司法危机背景下,国家应否经营或垄断纠纷解决,或缘何垄断司法,这些传统观点都受到质疑。[①]进而,实用主义诉讼观(尤其是英美法国家)支持了公共司法与非公共司法的划分,不仅司法是公共服务的提供者,[②]司法外的纠纷解决机制也完全有理由成为司法服务的提供者。美国发展出了"私人收债"制度,[③]以及私人送达制度;法国也曾探索"私人化"强制执行方案。总之,在社会及纠纷当事人要求司法机关提供更优质司法服务,并有效地扩展司法服务的领域和范围,缩小、消除当事人提诉或应诉的能力差距的大背景下,司法服务社会化可以满足改善社会与提高司法服务质量的迫切需要。

司法服务的社会化,也是公共选择的结果。理论上,将公共费用的经济理论应用在纠纷解决的费用上是没有多大问题的。[④]司法作为一项"公共物品",对其不同的需求水平通常决定了市场对公共物品的供应效率。这可分为以下几种情形:如果数量合理的当事人同时在某一法院进行诉讼而互不影响,这时,诉讼解决的边际成本与诉讼外解决(例如调解)的边际成本相等,选择何种方式解决争议取决于当事人的选择;但如果某种物品的社会消费边际成本高于私人消费边际成本,那么这一物品是拥堵的。[⑤]而且,在案件大量涌入法院,司法资源供不应求的情况下,当事人彼此也会相互影响,出现诉讼解决的边际成本高于诉讼外解决的边际成本的结果,案件分流成

---

① Fabien Ge'linas, *Foundations of Civil Justice*,*Toward a Value-Based Framework for Reform*,Springer,2015,p. 87.

② [澳]娜嘉·亚历山大:《全球调解趋势》,王福华等译,中国法制出版社 2011 年版,第 130 页。

③ 常怡主编:《比较民事诉讼法》,中国政法大学出版社 2002 年版,第 745 页。

④ [日]小岛武司、伊藤真编:《诉讼外纠纷解决法》,丁建译,中国政法大学出版社 2005 年版,第 167 页。

⑤ [美]戴维·L.韦默、[加]艾丹·R.瓦伊宁:《公共政策分析:理论与实践》(第 4 版),刘伟译校,中国人民大学出版社 2013 年版,第 71 页。

为必须。

可见,司法公共服务的供给中存在着激励和调节机制。如果诉讼成本过高,接近司法就会出现障碍;但相反,如果诉讼成本过低或司法服务太容易获得,司法的负担就会过重,司法服务成本也会上升。诉讼成本机制发挥了调节民事诉讼数量的功能,不合理的诉讼成本将引起民事案件数量的挤出效应,通过替代性方法解决纠纷也就成为当事人的理性选择。

(二)社会化司法服务供给的途径与模式

社会化的司法服务可分为三个层次:法院为司法服务的第一部门;替代性纠纷解决(ADR)等社会机构,构成了司法服务的第二部门,是弥补正式审判制度供给不足的替代性反应机制;社区组织及志愿者组织属于司法服务的第三部门,[①]提供诉讼内外的法律服务。与以往的司法管理相比,司法服务主体的变化体现在以下两方面:第一,法院既要"自行生产服务",又要"购买服务",充分发挥社会组织在解纷服务上的供给作用,从纠纷解决和司法服务的直接提供者,转变为纠纷解决与司法服务的管理者、购买者;第二,司法服务领域出现了不同供给部门联动化、混合化和网络化的部门合作模式,如同行政公共服务领域的变化,通过公私部门协同合作改善所提供的公共服务的品质。[②]这些社会化服务在送达、速记、司法鉴定服务等方面运用最为广泛,"服务外包"是通常采用的模式,在很大程度上改变了司法辅助事项对司法服务资源的过多占用。而且,通过分离司法公共服务生产和提供环节,法院与社会部门之间建立起了合理的服务分工体系和合作伙伴关系,使法院能够更专注于案件审理与裁判,提升司法质量。典型的事例是鉴定服务,过去法院多自设法医鉴定机构,现已转向社会化服务,使鉴定成为"用者付费"的市场行为,而法院则集中精力选任与监督鉴定人和鉴定机构。再如,司法送达的市场化以"司法专邮"形式为表现,法院将需要送达的诉讼文书交由邮政机构,以法院专递方式送达,产生直接送达的效力。[③]诉讼外调解中也有"服务收费,自负盈亏"模式试水,表明我国极有可能发展出以收费为主的调解服务,实现其社会化转型。

总体上,我国司法公共服务的供给主体分为以下几种模式:(1)司法供给模式;(2)社会(市场)供给模式;(3)志愿者供给模式;(4)综合供给模式。

---

① 陈振明等:《公共服务导论》,北京大学出版社 2011 年版,第 111 页。
② 李蕊:《公共服务供给权责配置研究》,载《中国法学》2019 年第 4 期。
③ 《最高人民法院关于以法院专递方式邮寄送达民事诉讼文书的若干规定》第一条、第二条。

前三种模式系由法院、第二部门、第三部门分别单独提供司法服务,第四种模式由法院、第二和第三部门组成司法服务的网络系统,协同合作,联合提供司法服务(例如案件分流与替代性纠纷解决)。相比较而言,我国司法服务的社会化供给主体主要是事业单位。参与司法公共服务的律师事务所、法律援助中心、公证处、司法鉴定机构、仲裁机构、司法所、人民调解委员会等事业单位,相当于公共服务理论中的"第二部门"或"第三部门"。有的由公共财政资金支持,例如对商事调解机构的资金支持;有的则是通过法院购买"司法服务"(例如委托调解)或给予补助(例如志愿者服务)的方式参与司法服务;个别的情况还可以是非资金的政策支持(例如对仲裁裁决的执行)。

二、供给主体社会化的特点

司法服务的社会化供给,增加了司法服务的供给量,也满足了社会对司法服务的低成本需求,体现出以下特色。

(一)法院在司法资源供给中的角色

以法院为代表的司法机关在服务中承担指挥角色,是建立完整的司法服务生产线和运营体系的领导者。

在司法服务供给机制上,法院作为"第一部门"提供司法服务的基础,在于司法管理权和案件管理权;调解与仲裁等机构作为"第二部门",基于政府安排、服务合同或市场机制提供纠纷解决服务;诉讼志愿者服务等"第三部门"提供司法服务的基础,则是建立在共同价值观或共同信仰之上的社群网络机制,提供咨询、导诉、审判辅助等服务,提升法院的服务品质,同时使志愿者开阔眼界、提高声望、锻炼问题解决技能,为广阔的社区之间培养和睦友好的关系。①同时,法院还是社会化司法服务的监督者,有责任纠正社会部门错误的外部行为,例如不予确认错误的人民调解协议;纠正送达不合法行为;监督鉴定机构的鉴定行为等。监督措施则包括:制定司法服务标准,包括服务产品的准入资格、价格、服务质量、公共补贴等。

(二)司法公共资源供给的非排他性和非竞争性

不同类型司法服务所具有的非排他性和非竞争性程度存在差异,其社会化程度也不尽一致。一些司法公共服务的司法性较强,例如案件受理服务、财产及行为保全,属于司法基础性服务,须由法院垄断和管制;有的服务

---

① [美]德博拉·L.罗德:《为了司法、正义:法律职业改革》,张群等译,中国政法大学出版社 2009 年版,第 321 页。

社会化程度则较高,例如委托调解、司法鉴定、送达甚至强制执行,可完全或部分地从法院业务中剥离,通过"委托外包"交由社会化(市场)部门承担。至于介于两者之间的替代性纠纷解决方式,根据案件的性质及案件分流的需要可由法院及社会机构联合进行纠纷解决,例如,法院附设调解或委托调解,就属于联合的司法服务。

区分司法资源供给责任与司法公共物品的生产责任,可以明确法院在公共服务供给方面的政治责任,将作为公共物品的纠纷解决服务交由调解或仲裁等第二部门去生产。尽管这些机构具有"私人机构"的特点,但由于其纠纷解决活动附属于法院,其最终解决方案(例如调解协议)也就具有了公共属性。

(三)公共司法资源供给的协作模式

协作模式是司法服务主体间理想的关系模式。传统司法服务的中心是法院,法院与其他司法服务的供给者是"指挥—服从"或"配合—互补"关系。受新公共服务思维影响,司法服务也在向着释放社会(市场)力量的方向发展,让民间调解与仲裁机构尽可能多地发挥作用,我国法院近期倡导并贯彻的"非诉讼纠纷解决机制挺在前面"理念,[1]就是法院与社会机构探索"合作、协议和伙伴"新型关系的努力,以期建成多层次、多面向的公共服务提供体系,让当事人有更多机会选择适合的司法服务类型和品质,例如选择调解、小额程序或督促程序等程序解决纠纷。与此同时,促进调解及仲裁等社会化司法机制向高水平发展,增强司法服务的回应性。

从国家角度,司法机构解决民事纠纷面临着越来越大的压力,因而需要关注成本。在这样的背景下,有必要将部分纠纷交付"准商业"机构解决,尤其是将那些服务提供与接受服务过程可以分开的服务事项,交给社会机构完成,诉讼文书"司法专邮"实践已提供了有益经验。[2]进一步的问题则是改革司法公共服务供给机制,引入竞争机制,合理吸收与应用市场因素,降低成本,提高司法公共服务质量。

---

[1] 《从立案通知书到多元调解告知书——北京法院"多元调解+速裁"工作纪实》,载《人民法院报》2019年5月13日,第1版。

[2] 《最高人民法院关于以法院专递方式邮寄送达民事诉讼文书的若干规定》。

三、替代性纠纷解决机制(ADR)与司法公共服务

(一)替代机制的意义

从公共服务角度,替代性纠纷解决方式是一种简化的以市场为逻辑导向的,不经正式审判程序而解决纠纷的机制。按卡佩莱蒂的观点,替代性争议解决机制可向更广泛的公民提供接近司法的途径,其对于司法公共服务的重要意义在于,在供给方面,替代性纠纷解决在以下几个方面显著地改善了司法服务质量——提高纠纷解决的有效性(效率);当事人利益与社会效益高度结合(实体正义);促进当事人之间形成共识(双赢结果)。此外,替代性纠纷解决方式还拓宽了纠纷解决渠道,以美国为例,除了传统的调解与仲裁之外,社区司法中心、租赁法官(rent-a-judge programs)、司法和解会议及小额法院都是新发展出来的司法公共服务项目或机构,其积极效果已初步显现。其次,从反向角度,替代性纠纷解决方式(私人司法)实际上已成为验证国家解纷制度的试金石。如果替代性纠纷解决机制存在问题,那就意味着司法服务在整体上存在问题。因此,案件是否分流以及如何分流,都要由法院根据解纷机制的有用性、有效性进行评估,以增加当事人程序选择的空间,满足他们的解纷需要,这是司法公共服务的必要内容。

与此同时,案件分流虽是缓解审判压力的策略,但必须保证司法服务的质量。理论上,审判工作越可靠、越有效、成本效益越高,当事人就越没有理由逃离诉讼途径,转而利用调解与仲裁等社会化(私人)纠纷解决机制。[①]相反,简易程序及小额程序的设立,以及对于裁判外纷争解决之强调,在欠缺法社会基础下之扩大法官裁量权及减缩上级审职务,均系对于司法无能及国家未尽心尽力于法治国建设投资之屈服。因此,司法公共服务的社会化过程中必须保障服务质量,保障人民群众的基本诉讼权。即便案件分流到审判外渠道,也要处理好司法服务与审判职能之间的关系,充分认识到替代性纠纷解决机制的局限,杜绝"质次价廉"的司法服务。

(二)替代机制的局限性

调解与仲裁等替代机制固然可以拓宽司法服务的渠道,但却无法像判决那样成为正式司法公共产品,为社会提供明确的行为标准,对此我们应理性认识。以调解为例,由于缺乏程序保障,虽最终解决了争议,但却可能损

① A. Uzelac C. H & Van Rhee, *Public and Private Justice*, *Dispute Resolution in Modern Societies*, Intersentia Antwerpen, 2007, p. 12.

害当事人合法权益,使纠纷的重要性及其蕴含的价值问题无法进入诉讼程序,造成司法公共性的流失与衰减。因此,替代性纠纷解决机制进入司法服务领域必须符合一定标准,其底线是有责性(accountability)、可利用性(accessibility)和效率性(efficiency)。有责性,指纠纷解决方式与当事人的需要能否保持一致,以及纠纷解决责任应否与解决质量相关;可利用性,则意味着将多元纠纷解决作为诉讼外的一种选择;效率性,则意味着多元纠纷解决成本要低于诉讼,且诉讼当事人可以以较低的耗费使纠纷得到最终解决。

第三节　司法公共服务的供给机制

国家实行法治原则,禁止自力救济,并独占审判权。与之对应的义务则是国家应负司法行为义务,通过诉讼制度提供人民实现权利、解决纠纷的服务。这种义务可被分解为两个维度的服务:一是司法服务供给的规模,二是司法公共服务供给的用途。前者体现司法公共服务供给数量上的要求,后者则体现司法公共服务供给质量上的要求。国家司法的给付量,可通过国家总的司法经费与国民生产总值的"司法经费比率"来衡量。从公共管理的角度,复杂的案件(特别是涉及重要的法律问题的案件)肯定具有潜在的法律意义,理应获得更多的司法资源。相反,常规案件(特别是法律价值要低得多的案件)则应通过简易化程序处理,以实现司法产出的最大化,提升司法效率。

一、刚性供给

司法的"公共物品"定位,构成了主张在当事人和国家之间进行诉讼所需费用负担再分配的背景之一。[①]由于司法本身是一种接受公共资助的解决纠纷方法,而公共资金的投入水平将极大影响司法介入的力度及范围。因此,从反向角度,司法必须在争取公共资金的政治竞争中占据一席之地,这一现象在西方国家尤为突出。

(一)刚性供给的作用

公共资金对于司法质量的保障作用是显而易见的——在资金支持下,人们才有可能充分地接近司法。对此,安德鲁·桑德斯(Andrew Sanders)

---

① 　王亚新:《社会变革中的民事诉讼》,中国法制出版社 2001 年版,第 284—285 页。

尖锐指出了公共财政支持的重要性:无论司法公平和民主多么重要,同样重要的是,其他公共服务,例如保健、教育和住房,也应以类似的价值观为基础。不能无条件地追求司法的公平和民主,否则就没有足够的资源来为其他公共服务做到这一点,"无法为正义定价"只是一个伪命题。①总之,在卫生和教育主导了公共支出的背景下,司法面临着如何向社会阐明自己的公共服务属性,以获得公共资源支持的任务,此即司法公共服务的刚性供给问题。

有调查表明,公共服务水平的差异与公共财政的投入直接相关,基本公共服务的财政投入不足直接导致公共服务供给不足,②这一规律也同样适用于司法公共服务。法院被定位于公共服务部门,意味着它必须参与争取财政支持的竞争,证明其对财政资源的主张是正当的,这一问题带有共性。事实上,法律工作者也一直致力于阐明和发展国家资助法律服务的逻辑。③这种投入的效益非常直观,诉讼对于减少民事活动交易成本具有积极作用,财政支持还可有效提升司法服务质量。

(二)刚性供给的局限

在司法服务争取公共资金支持方面,我国同样面临着困难。由于财政预算将法院算作公共安全的支出部分,将其与武装警察、公安、检察、司法、缉私警察并列,法院获得的公共资金的比例并不高。与所有财政支出类别相比,法院和司法部分的排名在 45/160 左右。④事实证明,简单地通过数量供给存在困难,或者不可持续。法院数量及法官人数的增加都受到财政资金的制约,中外司法都是如此。尽管在员额制改革后,我国法官规模已由 21 万压缩至 12 万名左右,但法官占全国总人口的比例仍高达 12000 人/法官,远高出日本(46928)和我国香港特别行政区(37937),表明在量上增加司法公共服务的空间极其有限。然而,司法公共服务并不能因为资金有限而降低标准,提供低劣的服务。

总之,司法资源的刚性供给方式的限制性条件同样是刚性的,供给的有限性与正式实现的无限性之间存在着巨大的差距,如何解决两者的关系至

---

① A. Sanders, Core Values, The Magistracy and the Auld Report, *Journal of Law and Society*, Vol. 29, 2002, p. 227.

② 项继权:《基本公共服务均等化:政策目标与制度保障》,载《华中师范大学学报(人文社会科学版)》2008 年第 1 期。

③ Richard Moorhead and Pascoe Pleasence, Access to Justice after Universalism: Introduction, *Journal of Law and Society*, Vol. 30, Number 1, 2003, p. 10.

④ 傅郁林:《重大变革中的法院管理》,载《2017 年世界诉讼法学大会论文集》。

关重要。一方面,在不降低服务内容适正及公平水准之前提下,如何谋求迅速处理,且如何降低诉讼的成本,就构成了重要的课题。①完善司法公共服务的财政投入机制,合理分担司法公共服务成本是一条可行的路径。另一方面,在公共财政紧张,刚性供给有限的背景下,通过诉讼程序改革可在一定程度上减轻人民群众接近司法的障碍,这就是司法公共服务资源的柔性供给问题。

二、柔性供给

司法服务作为一种公共服务,要向受益者收取费用。但是,对以福利国家的意识形态武装起来的这些权利要求,很难以利用者的支付能力为理由加以拒绝,而面对日益增加的案件不得不在提高处理效率上作出更大的努力。②在刚性供给受到外部因素制约的条件下,转向柔性的司法服务供给是增加诉讼资源的有效策略。这意味着要着眼于诉讼制度的改革,提高诉讼行为的有效性,从司法服务的供给侧进行调整,使司法产出最大程度满足司法需求。

(一)诉讼信息公开

当事人获取诉讼信息的多寡不仅决定着对司法的信赖,也事关程序选择,因此信息公开对于司法服务的重要性是不言而喻的。近些年来,我国司法机关已非常重视扩充自身的宣传咨询职能,通过互联网平台提供了大量综合司法信息。例如,在立案阶段对诉讼风险的提示已经涵盖起诉不符合条件、诉讼请求不适当、逾期改变诉讼请求、超过诉讼时效、申请保全、证据提交等全部诉讼阶段,起到引导当事人诉讼的作用。审判流程、裁判文书及执行信息、破产信息,也都通过网上诉讼信息平台的方式完成公开,有效引导了社会及公民理性地利用司法资源。此外,通过政府、律师与公证机构及消费者权益保护团体等窗口,提供诉讼综合信息。律师职业作为公共服务的重要领域,有责任通过提供义务性的咨询以及法律援助为当事人提供公共服务,帮助他们接近司法。

(二)便利化诉讼设施的构建

当事人期望的民事司法制度,除符合程序公正和诉讼效率等抽象价值

---

① [日]新堂幸司:《新民事诉讼法》,林剑锋译,法律出版社 2008 年版,第 701 页。
② [日]棚濑孝雄:《纠纷的解决与审判制度》,王亚新译,中国政法大学出版社 2004 年版,第 249 页。

标准之外，制度有效且易于操作也同样重要。很大程度上，当事人对司法制度的体验，取决于诉讼制度的"用户友好性"及诉讼设施的便利化程度，这些因素决定了司法服务的效能。首先，从公共服务角度，横向的司法制度特别是基层法庭、小额法庭和互联网法院的设立，法律服务实体平台的建设，对于实现社会政策具有特殊意义。①通过便民利民诉讼设施建设，多层级、官僚型的审判变成了一站式、扁平型的审判。②相较而言，法官把精力和时间集中在一种特定类型的案件，能够有更多的机会接触在其核心能力范围内的案件，摆脱处理不同类型纠纷的麻烦，"服务型司法"专门化处理更是如此。其次，便利化诉讼设施的构建重点是普通案件的司法服务，这类案件的程序往往有着特别的救济手段和救济方法，具有相当的针对性，简单案件与小额纠纷案件都可被归入其中。此外，家事纠纷解决的便利化也非常重要，家事审判、家事调解、家事咨询业务必将成为我国司法服务的责任重点，便利化设施的构建势在必行。再次，可以考虑引进与扩大夜间服务及节假日服务的方案，照顾"被遗忘的中产阶级"的司法需要。在双方当事人都有夜间出庭需要，及法院服务可能性的基础上，拓宽获得司法服务的渠道。最后，有必要优化诉讼管辖制度。根据人口、交通及案件多少来重新审视基层法院及相关专业法院设置的必要性，充分考虑法院辖区人口及案件增减趋势、管辖区域面积及交通情况变化，从便利当事人的角度出发，在整体上优化法院配置。

（三）拓宽审判外服务渠道

我国不像西方国家那样，将诉讼外纠纷解决活动定义为"私人司法"，而是将其纳入国家公共司法系统，两者仅是诉讼程序上"审判"与"非审判"、"正式"与"非正式"的差异。基于如此划分，司法服务就必须涵盖两个领域：一是以审判为中心的资源配置，例如专业化审理与集中管辖，扩大陪审制与独任制的适用范围，以及综合运用督促程序、司法确认程序、小额诉讼程序、简易程序、普通程序等，从简从快审理简单案件等措施。可考虑建立小额程序法官，专门处理小额案件；或设立类似德国的非讼法官（Rechtspfleger），在法官的监督下协助法官或独立审理专业非讼案件。二是审判外的资源的

---

① 2021年1月10日中共中央印发《法治中国建设规划（2020—2025年）》，明确要"探索扩大小额诉讼程序适用范围""加快建设公共法律服务实体平台、热线平台、网络平台有机融合，建设覆盖全业务、全时空的公共法律服务网络"。

② 汤维建：《最高人民法院关于建设"一站式"多元解纷机制，"一站式"诉讼服务中心的意见》，载《人民法院报》2019年8月2日，第3版。

配置,特别是诉讼外纠纷解决服务,如调解与仲裁,都是法院司法服务的延伸,是公共服务的组成部分。①传统上,我国非常重视人民调解、行政调解、律师调解、行业调解、专业调解、商会调解等调解制度的诉讼服务作用,但在拓宽审判以外服务渠道上至少还要改进以下两方面。首先在理念上宜将司法服务的概念扩展到替代性纠纷解决机制,使之成为司法服务的重要组成部分;其次还要加强替代性纠纷解决机制的专业化构建,在消费、环保等扩散性利益保护领域构建简便易行的纠纷解决服务机制,使审判外的司法服务真正惠及人民群众的日常生活。

(四)信息通信技术的运用

互联网时代,公共服务中技术、法律与官僚部门之间呈现出交互影响趋势,司法服务对信息技术和互联网平台的依赖也越来越重。与司法服务相关的程序事项、事务处理、信息提供都有引进信息技术的必要,特别是让送达和证据的提交更为便利。由于当事人和法院可通过网络互动永久连接,司法公共服务更容易获得,也更经济。在这方面我国已走在世界前列,初步构建起案件受理至审判终结全过程的互联网司法机制。最高人民法院也正实施构建多功能、集成性、智能化、线上线下融合的一站式诉讼服务的方案,提供一站式"智慧诉讼服务",实现信息资源的互联互通、自动关联,为人民群众提供标准一致、数据同源的诉讼服务,等等。②通过更新传统诉讼服务模式,贯彻"数据多跑路,让群众少跑腿"的便民服务理念,满足人民群众在信息化时代的司法需求。当然这方面存在的问题也还很多,典型者包括:电子信息技术如何与诉讼原则及程序规则相契合,防止技术冲击司法价值;如何关照不能掌握技术设备使用的老年人等弱势群体,克服"数字鸿沟";如何保护个人隐私等,都是司法服务技术应用需要进一步解决的问题。

(五)预防机制

司法预防也是司法服务。司法预防是社会主义司法制度的传统,审判人员被赋予广泛的任务,预防纠纷是其职责之一。我国民事司法一直秉持着预防纠纷传统,最高人民法院提出建立诉讼服务站、法官联络点,加强巡回服务、上门服务,为辖区内基层自治组织解决纠纷提供培训指导,从源头

---

① [日]小岛武司、伊藤真:《诉讼外纠纷解决法》,丁婕译,中国政法大学出版社 2005 年版,第167 页。

② 《最高法:一站式多元解纷,一站式诉讼服务》,载《经济日报》2019 年 8 月 1 日。

上减少矛盾纠纷的构想,可视为这一司法责任的延续。①一定程度上,纠纷与疾病一样,人们可从经验中学习而预先防治,因此在司法服务体制中应当为预防机制保留一席之地。这与司法的被动性(reactive)并不违背,因为既然司法可被定位于公共服务,那么它就不应当绝对地被动下去。

在实体关系领域,针对目标社群(target group)提供预防性的法律服务能够让当事人建立与保持良好关系,防止问题最终激化为纠纷,这些方法可以是契约性安排、磋商或建立伙伴关系等。尤其可尝试的是,广泛设立法律咨询机构或社区法律服务等实体平台、网络平台,使人民群众在遇到债务、家事、房屋租赁等纠纷时,能获得服务网络的咨询意见。还可以尝试将律师、民间调解及公证等业务统合起来,形成一个纠纷预防机制,帮助求助者了解争议性质和司法解决的可能成本效益,让他们认识诉讼外解决问题的途径,减少不必要的诉讼。

司法的专业化改革有助于提升司法公共服务的供给水平。有关审判的工作当然只宜由法官承担,因为“法定法官”原则事关司法的合法性问题。但对准备程序、非讼案件及诉讼调解等较为简单的辅助事务,由中间角色的人员承担则会使分工更为适当,可兼顾司法服务在量与质两个层面的保障。在这方面,美国一些州设有“治安法官”(magistrate judge),为职业法官分担了大量社区中发生的轻罪、交通事故、未成年事件、小额纠纷等案件,既履行司法公共服务职能,又通过司法与社会发生联系,使司法能够为社区普遍接受和信任,②增进司法的权威。

不容回避,传统司法服务供给机制带有部门本位特点,注重本部门公共服务供给,欠缺整体考虑,我国司法服务也存在这一现象。例如,法院诉讼服务着眼于司法便利化及司法救助,而司法行政机关侧重法治宣传教育、律师、公证、法律援助、基层法律服务、法律顾问、调解、仲裁、司法鉴定、法律职业资格考试等服务。经验表明,在公共服务方面决策的机关愈分散,决策的联系愈不足,提供司法公共服务的能力也就愈低。从改革角度,有必要加强司法公共服务的宏观调控和规划能力,制定司法公共服务政策,合理调整司法与预算之间的关系,改变公共服务部门(法院、检察院和司法行政部门)区隔的现状。可考虑设立跨部门的协调机构,承担起规划、推动司法公共服务

---

① 最高人民法院《关于建设一站式多元解纷机制、一站式诉讼服务中心的意见》(2019 年 8 月 1 日发布),第七条。

② Sophie Turenne (ed),*Fair Reflection of Society in Judicial Systems*,*A Comparative Study*,Springer,2015,p. 3.

的主导责任,代表司法机关与社会展开沟通。

第四节 以受益人为中心的司法公共服务

一、以受益人个体为中心

传统司法管理以程序的操作者(法院)为中心,重心是管理行为,司法服务受益人的需要往往被忽视。还有一种可能,是在耗费了大量资源提供了服务之后,却不能相应提高公众对司法服务质量的评价。此外还可能出现基于不同诉讼事项获利的可能,保留获利多的而将获利少的交由社会机构提供,典型者如采取甩包袱方式将一些诉讼收费较少的案件交付调解机构解决,而将诉讼费用较高的案件留在法院审理。现代司法强调了以当事人(公共服务受益者)为中心的司法理念,即司法系为人民,非为法官、律师而存在;为了保护人民的权利,应继续不断充实、健全诉讼制度,减少人民走向法院的负担、困难或障碍。这应是司法公共服务最核心的理念。

(一)以当事人为中心

以当事人为中心的司法公共服务,是基于接受司法服务者的需求偏好决定如何提供司法服务的。经济学家认为,人们的生活条件、教育背景、政治环境、居住地资源禀赋不同,对公共服务(物品)的偏好会存在一定差异,因此程序选择权与协同主义就有了特殊意义。这一司法服务提供机制的设计角度,是将公民对司法服务的偏好作为设计司法服务提供机制的基础或关键。我们的司法服务供给机制,也应从传统的以提供者(法院)为中心,转变为以当事人为中心,甚至是协同互动模式这样的良性轨道。服务的目标是帮助公民表达并满足他们共同的利益需要,承担提供服务的责任,确保人民平等、有效地利用司法资源。

(二)尊重公共选择

公共选择与制度分析理论,提出以多样化的公共物品提供方式取代单一的公共物品供给方式。司法服务可以通过法院以外的主体获得,也可根据服务事项的不同属性,采取多种不同的服务供给方式,通过适当的案件分流和激励机制,避免通过复杂的诉讼制度解决纠纷。毕竟,案件通过审判还是通过替代性手段获得解决,它们之间的差别在于不同的社会更偏向于使用某种方法。这种偏向通常是由文化因素以及纠纷解决机构的可获取性所决定的。①理论上,案件分流应当是公共选择的结果,公共选择赋予案件分流以正当性。这意味着,替代性纠纷解决机制的发展应当建立在司法活动与社会更加密切的联系的基础之上,这样才会增强公众信心,获得公众支持。

(三)建立司法服务合作机制

新公共服务理论认为,国家更应关注建设政府与公民之间、公民与公民之间的信任与合作关系。②作为公共服务的一种形式,司法服务无疑也有同样的目标。司法公共服务应当展现的前景是,以协商对话和公共利益为基础,在当事人之间、当事人与司法机关之间建立信任和合作关系。诉讼过程无疑是法官与当事人进行合作的过程,随着全球范围的民事诉讼法社会化进程,法官对诉讼及其要素的掌控普遍加强,现代民事诉讼已经演化为以公共服务为目标的公共秩序行为。在诉讼合作框架下,法官的角色是积极的,在案件分流、争点整理、事实发现等方面为当事人提供必要的帮助,鼓励当事人之间的诉讼合作,说他们是"管理型"和"服务型"更为恰当。而当事人除了履行具体的程序性义务外,也要承担协助法院进行案件管理的一般性义务。

(四)建立合理的评价和质量管理机制

司法服务的理想状态,是将诉讼的提供与当事人的需要紧密结合起来,问题的关键在于如何对司法服务质量进行管理。对此,有三种质量管理模式可供选择,法院管理模式、当事人满意度模式以及协同互助模式。(1)法院管理模式,以法院的司法管理为中心,其重心是法院案件审理质量,而非当事人的选择。(2)当事人满意度模式,以接受司法服务的当事人为中心,是一种以"评价—反馈—修正"为内容的评价机制。(3)协同互动模式,以追求司法服务具有更高的可接受性和可行性为目标,以司法服务与接受服务同时进行为前提条件,强调法院与当事人之间的互动,在此基础上评定司法服务的质量。

司法服务涉及咨询、信息提供、诉讼公开、程序回应及诉讼经济等多方面。因此,在司法服务的质量管理与评估方面,有其独特性。首先,司法质量管理要反映诸多法律原则,例如公正、及时、司法可及性和法官中立等司

---

① ［美］史蒂文·瓦戈:《法律与社会》,梁坤等译,中国人民大学出版社2011年版,第204页。

② ［美］罗伯特·B.丹哈特·珍妮特·V.丹哈特:《新公共服务:服务而非掌舵》,刘俊生译,载《中国行政管理》2002年第10期。

法原则,以及当事人平等、程序参与、程序公开和程序安定等具体的诉讼原则;其次,司法公共服务的质量体系是综合的,至少要考虑案件的重要性、社会期望和需要、可利用的资源这三个要素。

质的意义上的司法供给,需要对司法供给质量进行评估与管理。当下,受私营部门质量管理影响,质量管理也进入公共部门的视野,这也促使司法机关着手改善"司法质量"。司法供给质量评价显然要以司法利用者(当事人)的期望和满意程度为重点,从内部与外部分别展开。

首先,外部评价方法(outsiders approach)是司法服务质量的主要评价标准。这种方法不同于从司法组织的角度进行的内部评级方法(insiders approach)。①长久以来,人们担心外部评价方法可能使当事人攻击司法的独立性,然而在司法公信力低下及摆脱司法负担的背景下,司法公共服务则既要考虑数量上的供给,还要考虑供给的质量。可行的办法是制定司法公共服务质量标准,以评估法院司法服务的表现和向社会开放的程度。

其次,司法服务质量评估建立在服务的提供者(法院)与接受服务者(当事人)协同互动的基础上。司法服务的评价标准要实现法院与当事人之间的均衡,包括如下几个方面:(1)协同互动型司法服务不可能单纯依靠法院或当事人各自的完全理性,而必须将司法服务提供过程中的各个诉讼主体的利益要求结合起来,通过沟通机制构建合理的方案;(2)法院与当事人在司法服务中的沟通应是双向的而非单向的;(3)法院与当事人之间的沟通目的是更好地改善司法服务的水平与质量,从而更好地服务当事人;(4)提供司法服务的法院与接受司法服务的当事人之间的双向沟通,可使当事人更好地理解司法服务过程,对司法服务提出更为合理的要求,理性地对待司法服务质量需求。

二、以受益人整体为中心

司法公共服务不仅针对纠纷当事人,更在于追求为更大群体提供法律解决方案,形成惠及全体人民的司法公共服务体系。在当代,不承认当事人主体地位的观点已遭到普遍批判,当事人是诉讼主体,也就意味着民事诉讼制度的设计以当事人为中心,司法服务的效率要由当事人来鉴定,这是民事司法制度的应有之义。

---

① A. Uzelac C. H & Van Rhee, *Public and Private Justice*, *Dispute Resolution in Modern Societies*, Intersentia Antwerpen, 2007, p. 12.

（一）司法服务对象规制的必要性

实践表明,司法服务越方便人民使用,其滥用的刺激性诱因也就越大,此乃亘古不变的规律,解决的办法是对诉讼权利的行使加以合理限制。从实体角度,司法制度是维持社会公共事务(public affairs)和社会福利制度的机制,而非完全为个人利益及实现权利需要所设,如果单纯让当事人而非社会受益,则于社会有害无益。在程序的角度,诉讼又是一种集团现象,诉讼过程与结果不仅影响利用该程序的当事人的利益,而且会对其他当事人的利益产生影响,对将来在其他案件中做出同样诉讼行为的人产生影响。[①]因此,在"案多人少"、司法资源紧缺的背景下,有必要重视民事司法的整体性与公益性,约束与规制接受司法服务的对象(当事人),使司法资源能够为全社会共享。一方面,司法服务意味着国家有义务提供法律援助,促进社会公众平等地接近司法,为人民群众提供更优质、更高效、更贴心的服务。另一方面,适当的规制是防止司法服务资源流失的必要手段,这并非对司法服务受益者的威胁,而是支撑好的司法制度的必要条件。因此,与司法服务的给付一样,司法服务规制也构成了司法服务的一部分。

所谓司法规制,是指根据一定的诉讼规则对某种诉讼行为加以禁止或限制。所关注的并非一般意义上的规制,而是以法院的诉讼指挥权为媒介,对接受司法公共服务对象的规制。司法公共服务的规制包括规则与管制两个方面,前者帮助纠纷当事人做出选择,利用司法公共服务;而后者则是改变纠纷当事人已经做出的选择,并制裁滥用公共服务的行为。作为重要规制类型,秩序主导型(the idea of ordered dominance)司法服务已毋庸置疑地获得理论与实践领域的支持,这完全可以理解为社会本位诉讼观支配的结果。在司法资源供给短缺,难以满足所有民事纠纷当事人诉讼机会需求的情况下,秩序主导型的诉讼程序就格外具有价值。[②]由于司法公共服务受制于国家公共资金的投入,国家不可能无限制地增加司法资源。平衡两者的对策,在于将给付型手段及规制型手段进行政策搭配(policy mix)。具体可从滥诉禁止与费用规制两个角度展开,对受益人实施干预。

（二）诉讼行为规制

西方国家有"社会性规制才是福利国家的开始"的命题,[③]接受司法服

---

① ［日］伊藤真:《民事诉讼法》,曹云吉译,北京大学出版社2019年版,第16页。
② A. Benjamin Spencer, The Restrictive Ethos in Civil Procedure, *The George Washington Law Review*, Vol. 78, p. 372.
③ ［日］武川正吾:《福利国家的社会学》,李莲花等译,商务印书馆2011年版,第19页。

务的当事人受到约束,是司法公共服务的起点。因此在司法公共服务的规制上,最重要的是发挥法院司法管理作用,通过制裁滥诉行为,为大众接近司法清理环境。实践中,受益者对服务资源的滥用通常表现为诉讼权利滥用,主要有两种情况:一是原告的起诉与民事诉讼制度相违背,自己并不抱有真正实现实体权利或解决纠纷的动机,而是以无端加重被告应诉负担,损害对手的程序利益为动机。例如,利用诉讼程序敲诈债务人或者利用法院的审理活动骚扰对方,通过让对方当事人处于被告的立场,使其遭受诉讼中或诉讼外的有形或无形的不利益或负担。①二是当事人所主张的权利或法律关系缺乏事实和法律上的根据,根本不具备权利保护的必要性。例如,以明显不成立的诉讼请求提起诉讼、上诉或申请再审;被告明知其反诉行为缺乏事实根据和正当理由却提起反诉;以及双方当事人恶意串通,虚构法律关系或者法律事实而进行诉讼,等等。对上述权利滥用行为,司法公共服务应秉持惠及全社会,让所有社会成员能够实质性地利用司法的立场,对司法服务受益者的行为加以规制。同时,作为受益人的当事人,自身在道德上、法律上也应恪守滥诉抑制义务,自觉维护诉讼秩序和司法权威。

(三)司法成本规制

新中国成立后很长一段时间里,民事司法不收取费用或者只是象征性地收取费用,在案件数量不大的情况下,司法处于"非拥挤的免费物品"状态,这不会有什么问题。但在改革开放之后,随着中国社会经济转型,民事纠纷持续激增,司法资源的需求逐渐超过供给,这种"开放性进入资源"不受限制地开放,导致当事人很少考虑边际的社会成本(国家司法资源投入)的问题,而权利救济要求泛化或大众化又加剧了这一问题,使民事司法出现"拥堵"。

司法服务资源要能够均衡地为全体公民利用,因此需要对受益人接受服务的行为加以合理限制,维护诉讼公共秩序。例如,按照谁受益谁负担原则,公共服务的供给成本理应由受益者共同承担。但是,对于那些具有非排他性特征的公共服务而言,根本无法排除不负担成本的人对其进行消费,由此引发了"逃票乘车"问题。②例如,滥用法律援助和司法救助的申请权,滥用起诉权,滥用程序选择权等等。因此,有必要明确划定司法公共服务范围、成本构成及费用分担原则,对司法服务受益者进行费用上的规制。可以

---

① [日]新堂幸司:《新民事诉讼法》,林剑锋译,法律出版社 2008 年版,第 192 页。

② 叶响裙:《公共服务多元主体供给:理论与实践》,社会科学文献出版社 2014 年版,第 41 页。

考虑的方案是,对那些公共物品属性较强的司法领域(如小额诉讼程序和诉讼调解)以经济合意性的思维来处理,通过减免诉讼费用实现案件分流,减轻司法压力。

司法资源有效率配置的理想状态,是司法资源的供给与司法资源的需求相等,亦即司法资源的边际收益与边际成本相等。这样就必须考虑两方面:一方面,由当事人按照实际发生的司法成本(诉讼费用、代理费用和其他诉讼费用)支付费用,减轻公共资源的流失;但另一方面,当事人承担过高的诉讼费用(全额费用回收原则)也"不公平和不明智",因为当事人以外的人从司法制度中获得了更广泛的社会福利,也是诉讼的受益者,因此不应将整个诉讼的费用负担放在诉讼当事人身上。① 理想的状态是兼顾上述两者,通过费用规制诉讼行为,防止公共服务资源的流失,保障司法公共服务有效运作。

总之,司法公共服务在全球的兴起,为实现民事诉讼的社会化提供了令人振奋的理论视角,同时刻画出新时代司法需要及司法服务的品质。在"司法为民便民"目标下,司法改革和民事诉讼立法应为民事司法公共服务保留必要位置,使司法服务成为普惠性、基础性、兜底性公共服务的组成部分,在保障群众基本生活尤其在纠纷解决方面发挥作用。通过构建"服务型司法",在幼有所育、学有所教、劳有所得、病有所医、老有所养、住有所居、弱有所扶之外,增加"纷有所解"功能,使公共服务体系化,最大限度实现社会公平正义。

---

① H. Genn, *Judging Civil Justice*, Cambridge University Press, 2010, p.50.

第五章　公益诉讼的社会化

公益诉讼制度发源于西方，[①]兴盛于 20 世纪 80 年代，当今已成为保护共同体利益、推动公共政策和保护弱势群体利益的重要制度，是全球性的司法创新成果。近 10 年，我国公益诉讼制度发展迅猛，引人注目。2012 年修改的《民事诉讼法》确立民事公益诉讼制度之后，2017 年分别修改的《民事诉讼法》与《行政诉讼法》拓宽了公益诉讼领域，形成了民事、行政公益诉讼并重的格局。2021 年 7 月 1 日起实施的《人民检察院公益诉讼办案规则》标志着检察公益诉讼实现了制度化。丰富的公益诉讼实践呼唤着制度理论化，在法律与政治两个层面推进公益诉讼进一步贴近社会和政治生活，形成有中国特色的公益诉讼制度体系。

公益诉讼是国家保护公共利益的程序机制，作为诉讼对象的公共利益的特殊性加剧了程序上的复杂性。众所周知，公共利益广泛存在于公法与私法领域，并且是一个界定困难、适用混乱和目标繁杂的问题，由于难以形成社会共识，时常给司法和公共行政过程带来困扰。很多情况下，公共利益只是被当作不同利益的公分母看待，从而与国家利益、社会利益、公共福利等概念相交错，被复杂化为法哲学问题。这种背景之下，只有从公共利益的属性、结构和规范功能入手，分析其哲学基础、历史发展及在不同时代和社会经济条件下的应用，才可以揭示其本质。同样，公益诉讼制度中也充满法哲学命题。传统的公益诉讼制度研究通常聚焦于谁有资格提起公益诉讼，诉讼范围如何划定，及诉讼流程如何设计等具体而微的问题。

实际上，公益诉讼过程蕴含着极其丰富的法学与政治价值问题，时常引发各种理论冲撞，引起人们在诉讼过程中就生活的原则性问题展开较量，[②]争论时常被升级为"文化战争"（culture war）。相形之下，我国公益诉讼制

[①] 罗马法中即有"大众诉讼制度"，公民是民众的组成部分，可以通过大众诉讼捍卫公共利益及自己的利益。在《沃斯体流斯法》之前，只允许因公益以他人名义起诉，其事由有人民、自由和监护，后来《沃斯体流斯法》把诉讼代理从以涉及公益者为限扩展到兼包公益和私益的情形，例如被俘、为国出差以及这些人的被监护人被盗的情形。被代理的是这些人的私事，但这些人是因为国家的利益不能料理自己的私事的，因此带有公益的性质。参见徐国栋著：《优士丁尼〈法学阶梯〉评注》，北京大学出版社 2011 年版，第 541 页。

[②] Rick Bicwood, *Public Interest Litigation*, Lexis Nexis, 2006, p.123.

度能够最大程度聚集社会共识,使得公益诉讼在立法与实践两个层面顺利推进。尽管如此,有关公益诉讼的源头性问题,例如其价值何在,何种公益诉讼模式才是好的或正确的,公益诉讼制度运作如何获得更多的社会认可等等,这些问题事关制度的正当性和道德性,需要我们在法理层面挖掘其本质。

第一节　公益诉讼的社会化之维

公共利益是一个灵活、动态的概念,其内容主要是在政治和社会层面上被定义,因而作为解决公共利益争议的公益诉讼就必然要在一系列关键理论上回应价值判断的难题,使制度更为贴近社会,追求社会化目标。

一、公益诉讼的社会化目标

在制度目的上,公益诉讼如何兼具程序保障和协商对话功能,在公益纠纷解决中既保护诉权,又促进社会和谐;在审判对象上,公益诉讼如何平衡个人利益与公共利益保护,在质与量两个方面终局地实现正义;在诉讼过程中,公益诉讼如何缓和个人程序与集体程序间的紧张关系,在"零售式司法"与"批发式司法"之间寻求均衡;在诉讼结果上,公益诉讼如何追求法律价值与政治价值的双赢,扩大纠纷解决的社会效益效果和政治效果,等等。

(一)社会化公益诉讼的制度目的

公共利益是一种"模糊、难以察觉但控制一切的考虑因素",其合法性被强制性地证成,这使得公益诉讼制度深陷政治结构之中。[①]就国际经验看,公共利益是社会普遍接受的价值观,公益诉讼解决的是有关价值观的争议,而非单纯的法律事实争议,因此需要接受政治哲学的伦理规范。例如,社会与政治领域的人权保障、扩大公众参与、改善经济条件、鼓励基层赋权、法律改革以及促进政府问责等公益诉讼案件,都是法律问题与政治问题相互杂糅的纠纷。我国近10年的公益诉讼实践也不时呈现出法律与政治两方面特点,案件集中于环境资源、消费者权益保护、食品药品安全、国有资产保护、自然遗迹保护以及特定人事诉讼(青少年、英烈、婚姻无效、家庭暴力、虐

---

① 卢梭(Jean-Jacques Rousseau)在其《社会契约论》论证了普遍意志命题,认为人们之间的广泛的共识并不能产生公共利益,即使他们追求的"利益总和"具有一致性,彼此的利益也会存在差异,因此公共利益的形成是困难的。至于何种利益对全民有益,须由人民做出解释。Jean-Jacques Rousseau, *On the Social Contract*, Dover Publications, 2003, p. 25.

待等)等领域,检察公益诉讼更是被视为以法治思维和法治方式推进国家治理体系和治理能力现代化的重要制度设计。换言之,公益诉讼不仅是解决社会纠纷的途径,还是一种行政活动或者一个贯彻国家政策的过程。①中外经验也表明,司法机关在评估公共利益时,都会自觉或不自觉地将身处的文化背景、意识形态和政治环境投射到其含义中。人们发现,即使是最有道德的人也会将自己的公共利益观点强加于人。这在一个节点反映出,公益诉讼制度是在当代法理学各种思潮相互激荡的背景下发展起来的。法律与政治因素的交错导致了公益诉讼制度构建了多重紧张关系:个人利益保护与公共利益保护;私人诉权与集体诉权;自由主义程序与集体主义程序,等等。可这样比喻,公益诉讼制度像一座冰山,浮于水面上的小部分就是形形色色的公益诉讼实践,隐藏于海水之下的是内涵丰富的制度与理论,前者易于被观察,而后者却易被忽视。

历史上,法学家们一直试图从法学和政治学两个角度来理解公共利益与公益诉讼,阐释其中的社会化机理。在庞德看来,公共利益是"涉及政治组织社会的生活,并以政治组织社会名义提出的主张、要求和愿望",社会利益同样是"涉及文明社会的社会生活,并以社会生活的名义提出的主张、要求和愿望"。②基于其特性,公共利益包含着社会基本价值观的冲突,纠纷的解决也超越了"案结事了"层次,最终的裁判不仅要定分止争,还要针对权利的意义和效果做出价值判断,"政治司法化"和"司法政治化"构成了公益诉讼的双重面孔。总之,公共利益是国家立法的重点,也是具有可适用性的法律规范,作为其保护形式的程序机制——公益诉讼和司法审查也被认为是其内在的组成部分。

从实体角度,公益诉讼制度的目标在于追求实质正义和社会正义。公共利益受到侵害,主要是因为违反宪法和法律规定,对基本权利造成公共伤害。作为权利救济的综合性程序,公益诉讼最为直接的实体目的就是确认、恢复和实现公共利益,维护社会对法治社会及司法制度的信心,以服务社会正义为目标。上述目标又有不同的目标导向:(1)抽象利益导向型。也被称为"纯粹性公益"诉讼,以保护不特定多数人的利益为目标,争议的公共利益具有纯粹性、不可分性,作为诉讼标的之公共利益没有特别指向,典型者如单纯请求恢复生态的环保案件。我国公益诉讼立法规定的就是抽象型的公

---

① [美]伊米尔安·R.达玛什卡:《司法和国家权力的多种面孔》,郑戈译,中国政法大学出版社2015年版,第153页。

② 薛克鹏:《经济法的定义》,中国法制出版社2003年版,第191页。

益诉讼制度。（2）共同体利益导向型。这类公益诉讼也被称为"集合性公益"诉讼，其诉讼标的为"共同利益"，而非纯粹公共利益。诉讼结果虽原则上仅约束共同体内部成员，但利益效果具备一定意义上的不可分性和扩张性。①解决这类纠纷的群体诉讼制度（集团诉讼、团体诉讼和选定代表人），由于对社会大众具有特殊意义或利益，提出了广泛、重要的公共问题，②因此也属于公益诉讼的具体形式。（3）弱势群体利益导向型。这类公益诉讼将目的设定于保护弱势群体的利益，公益诉讼是弱势群体权利保护的武器。当社会公众由于无知、贫穷、恐惧或缺乏有组织的努力而无法获得法律保护时，公益诉讼就成为必需品。③一些发展中国家（例如印度、巴西和印度尼西亚等国）将社会保障、健康、教育等社会经济权利纠纷作为公益诉讼的主要内容，赋予社会经济权利以"可诉性"，意味着公益诉讼范围的扩张。

　　从程序角度，公益诉讼除了具有成本低、回应社会问题迅速和影响力大这样的程序优势外，还具备两个程序功能。（1）程序保障功能。这是公益诉讼制度中最基本的程序功能，通过公益代表和法定诉讼担当机制，为那些没有亲自参加诉讼的个人提供程序保障，使他们受益于公益诉讼的结果，以平衡程序参与和程序保障之间的关系。各国公益诉讼制度都有这样的基础功能。（2）协商对话功能。对话层次建立在程序保障基础之上，不仅将公益诉讼视为一个诉讼请求及诉讼主张的证成过程，还将其作为公共领域看待。诉讼中为诉讼主体及全社会提供充分对话、协商的空间，为社会成员参与重大问题的解决留下充裕的公共空间，借助这样的综合性正义体系实现社会和谐，增进社会团结，凝聚社会共同意志。南亚次大陆国家普遍以这样的理念作为发展公益诉讼的旗号，引发了社会关注。

（二）社会化公益诉讼的审判对象

　　公益诉讼的对象呈现显著的社会化特征。通常诉讼只解决法律争议，然而公共利益争议却倾向于将政治领域中的权利争议转移到司法机关，进入公益诉讼的场域。④无论是审判对象（诉讼标的）的确定，还是裁判的做出，都要严格依据法律，并充分考虑公益诉讼的社会整合和价值重建功能。

---

① 丁宝同：《民事公益侵害阻断程序研究》，商务印书馆 2020 年版，第 104 页。
② Rachael Mulheron, *The Class Action in Common Law Legal Systems：A Comparative Perspective*, Hart Publishing, 2006, p. 449.
③ Ferdous Rahman, *Public Interest Litigation in Legal World, An Analysis and Evaluation*, Lap Lambert Academic Publishing, 2012, p. 13.
④ P Rishworth, Human Rights — From the Top, *Political Quarterly*, Vol. 68, 1997, p. 171.

但是,很少有实体法给出关于公共利益的明确界定,无法逐一列举哪些情形属于公共利益,哪些不是。①这表明公共利益的判断依据并非实体法,或者说主要不是实体法,由此在一个方面加重了公益诉讼原告的论证义务。在起诉时他们就要主张何为公共利益,公共利益受损害的事实以及因果关系,并要举证加以证明。审理这些要件也会加重法院的审查负担,法院必须对公共利益的有无、公益诉讼是否被滥用以及公益受损害的结果进行判断。而判断的依据除了法律之外,还必须重点考虑社会政策、国家机构职能等因素。以消费者保护案件为例,美国仅仅将其视为政策层面问题而非公共利益,欧盟国家同样为司法上应否将这类案件作为公共利益而犹豫不决,多数欧盟国家倾向于将消费者保护作为"次宪法"原则,而非明确的公共利益。②显然,社会化公益诉讼制度的功能着眼于法律价值与政治价值两个层面,能够反映整个社会的期待,满足国家将诉讼置于政治视角之下观察和处理的愿望。这样一来,社会化公益诉讼就具有了双重意义,既是一个诉讼过程,又是一个政治过程。

公益诉讼审理对象的确定过程,是司法机关代表国家进行公共排序的结果。相较而言,纯粹公共利益肯定应被置于最优先地位,由法定的机关、组织乃至个人提起公益诉讼。但非纯粹公共利益也同样重要,民事诉讼法通常为该类利益保护设置代表人诉讼、团体诉讼、集团诉讼、示范诉讼等制度加以解决。③这些程序与狭义公益诉讼的共性是:通过削弱传统诉讼对原告资格的限制,让那些超越诉讼当事人个人利益的公共利益,通过审理和判决服务于更广泛的公众。换言之,公共利益的范围及其排序,决定着公益诉讼制度的内涵与外延,不但不特定多数人的利益属于公益诉讼审判对象,而且那些因同一侵权行为受害的集体利益也应被纳入公益诉讼之射程。各种群体诉讼机制连同公益诉讼制度,在 20 世纪 60 年代被英美国家组合为"公益法"(public interest litigation),用于解决新类型的环境问题、社会问题、产品责任问题、竞争法争议和其他公共利益纠纷。

---

① 公共利益在法律规范中的作用可分为三类:(1)积极性条款,即期待立法者及其他国家权力机构能以积极之作为来促进公益的实现;(2)消极性条款,即将公共利益作为限制人们行为的理由,防止公益受到侵害;(3)中性条款,即不对公益之增进采取积极或消极的态度,而纯粹以中性出现。

② Luboš Tichý, Michael Potacs (ed), *Public Interest in Law*, Intersentia, 2021, p.288.

③ 我国是少有的专门规定公益诉讼的立法例。相形之下,团体诉讼是德国伸张公共利益的主要形式,通过提起不作为之诉,保护一般交易消费者及普通消费者的权利。韩国将消费者团体诉讼视为公益诉讼。

（三）社会化公益诉讼过程的法理

自由主义政治哲学塑造了当事人主义诉讼模式，这种模式以充分发挥个人智力和道德能力，以及尊重个人价值、重视个人自我实现为中心，体现了自由主义价值标准。然而，20世纪60年代之后，全球范围内诉讼制度随着自由主义的退场而变得复杂，公共利益对于秩序的构建和维护具有了重要意义。[1]由于传统个人程序的法理难以应对，无法为公益诉讼提供道德性论证，在传统私益诉讼的基础上形成的诉讼目的论、诉权论、构造论、标的论以及既判力论等，不能当然用以诠释公益诉讼中的相关问题。[2]这样一来，社会化诉讼理念推动了公益诉讼制度的发展，使程序中的个体主义转向集体主义，让"维护法律和平"和"保护整个法律秩序"成为程序法的指导思想，为公益诉讼制度的发展破除障碍。

公益诉讼制度能够贴近社会成为社会化的制度，主要得益于两方面立法的突破。一是，放宽公益诉讼起诉人（原告）的诉讼资格，使没有受到法律损害的组织或个人也可以起诉，以启动公益诉讼。在这方面普通法国家走在了前列，美国联邦最高法院在20世纪50年代开始允许原告为了维护他人的权利进行诉讼，随后采取了更宽松的"特殊或足够利益"标准。20世纪70年代丹宁勋爵推动了英国当事人制度的变革，传统上的原告必须是合法权利受到侵害而遭受损害的人，必须对纠纷有足够的利益，修改后的标准是——只要起诉人有足够证据证明存在诉讼利益，就可以寻求司法救济。我国也采纳了该思路，2015年最高人民法院在民事环境公益诉讼司法解释中，取消了原告必须与案件有直接利害关系的规定。[3]二是，通过缓和程序规则的刚性规定，为公益诉讼清除障碍。各国公益诉讼形成了这样的共识，通过放弃严格的、正式的程序，让司法机关将社会热点问题作为公益诉讼处理。改革方向是简化公益诉讼程序，例如，将检举或申诉状视为起诉状；法院可依职权启动公益诉讼程序；放宽传统管辖规则，以利于弱势群体提起诉讼；公益诉讼判决是否发生既判力取决于诉讼请求的性质及案件事实等，上述措施在公益诉讼构建中被概括为"形式服务实质"原则。

个人程序向集体程序的转变也就是向社会化公益诉讼的转变，适应了公共利益司法保护的客观需要，也折射出自由主义失去对诉讼程序制度的

---

① 胡鸿高：《论公共利益的法律界定——从要素解释的路径》，载《中国法学》2008年第4期。
② 段厚省：《环境民事公益诉讼基本理论思考》，载《中外法学》2016年第4期。
③ 《最高人民法院关于审理环境民事公益诉讼案件适用法律若干问题的解释》（法释［2015］1号）第一条。

支配地位的现实,社群主义和共和主义取而代之。社会化公益诉讼程序具体呈现为:诉讼程序中的个人自治与自我决定要让位于集体程序中的代表机制与判决扩张机制。这样的变化实乃大势所趋,尽管自由主义政治哲学家顽固地反对这样的转变。[①]

(四)社会化公益诉讼结果的法理

传统诉讼采取双方当事人对立的构造,双方当事人在诉讼中对立争执,诉讼结果也仅针对本案的法律关系做出,裁判原则上仅拘束双方当事人,对其他人不发生效力。但公益诉讼打破了这些陈规旧律,不但诉讼范围由法院和当事人共同决定,救济方式也必须具有灵活性、前瞻性和特定性,救济的结果要对相关社会成员有重要意义。以此为标志的社会化公益诉讼具有如下内涵:救济不是强制性的,而是商谈的结果;判决并不意味着司法介入的终止,司法机关在诉讼终结后仍要参与到相关事件之中;司法机关不是被动的,而是积极能动的,其责任不仅在于对事实的认定,还要妥善组织和决定诉讼过程,确保结果的公正和可行性。[②]

二、政治价值对公益诉讼的塑造

公益诉讼制度的复杂性就在于,它突破了传统的程序法框架,是政治价值对程序法进行重塑的结果。这主要表现为以下几点。

(一)公益诉讼及其结果属于公共产品

在政治角度,法院及诉讼制度一直被视为一种公共物品,或者更确切地说,是一种政治公共物品。[③]公益诉讼的公共物品属性更为明显。由于行政机关未必是专业机构,履行行政职能时可能偏离法律原则,公益诉讼作为一种纠错机制具有监督行政机关履行法定职责的功能,这无疑加强了公益诉讼的公共服务功能。

(二)公共事务的公众参与

公益诉讼制度为缺乏参与行政决策过程机会的民众提供参与机会,使他们能够参与行政问责的司法过程,展示自己的社会价值,实现社会正义。

[①] Martin H. Redish, *Wholesale Justice*, *Constitutional Democracy and the Problem of the Class Action Lawsuit*, Stanford Law Books, 2009, p. 89.

[②] 汤欣主编:《公共利益与私人诉讼》,北京大学出版社2009年版,第243页。

[③] Erlis Themeli, *The Civil Justice System Competition in the European Union*: *The Great Race of Courts*, Eleven International Publishing, 2018, p.156.

客观上,公益诉讼过程就是一个公共空间协商的过程,公益诉讼判决则被注入鲜明的公共物品属性,不仅约束公益诉讼的原告与被告,判决效果还会扩张到一般社会成员那里,满足社会全体(或多数人)需要。即使公益诉讼败诉,其裁判仍具有公共物品的价值,至少会使社会成员免费获得有益的诉讼信息,免于再起诉,无疑避免了错误成本的支出。

(三)公益诉讼不以输赢论结果

有观点认为,如果公益诉讼不是以判决结案,而是通过调解、和解或谈判途径解决,会减损该制度的公共产品价值。但实际上公益诉讼在结果上并没有真正的赢家和输家。因为在形式上,公益诉讼各方主体参加公益诉讼是为了参与解决特定公共问题,而非仅争议孰胜孰败。换言之,公益诉讼的结果完全是谈出来的,而不是打出来的。

总之,公益诉讼制度的构建必须建立在社会化法理基础上。一方面,有什么样的法理基础,就有什么样的公共利益判断标准及公益司法保护机制,法理基础对公益诉讼具有决定性的塑造作用。另一方面,战略性运用公益诉讼也会推动实体法和社会政策的及时完善,激发有意义的社会变革,可弥补立法及行政执法的短板,使司法保持对社会问题的敏感,缩小与社会问题的距离。

第二节 个人程序与自由主义

在类型学意义上,诉讼程序可被分为个人程序和集体程序两个类型。个人程序就是严格执行当事人主义模式的诉讼类型,确定审判对象及提供诉讼资料,都是当事人自己的责任,诉讼结果也由当事人自己承担,传统民事诉讼属于这种类型。集体程序则是专门解决大型纠纷的诉讼程序,是保护公共利益或群体利益的特殊程序,包括公益诉讼这一"纯粹性公益"诉讼类型,以及群体诉讼(代表人诉讼)、示范诉讼等"集合性公益"诉讼类型。[1]集体程序涵盖的范围虽广,但有其共性——引入了诉讼代表机制,由法定或

---

[1] 群体诉讼虽由个人提起,但也具有惩罚、威慑和制止被告的违法行为等附带后果,客观上也是保护公共利益的集体程序。当然,群体诉讼与公益诉讼存在差异,例如:(1)群体诉讼是在传统对抗制诉讼框架下进行的,在诉讼模式上既非完全的当事人主义,又非完全的职权主义;公益诉讼则是在诉讼模式上彻底否定了对抗制诉讼模式;(2)群体诉讼的原告一方往往权利受到侵害,此外诉讼中还有潜在的受害者,而公益诉讼中的原告并未受到权利损害,其诉讼目的仅在于为公众寻求法律救济。See Martin H. Redish, *Wholesale Justice*, *Constitutional Democracy and the Problem of the Class Action Lawsuit*, Stanford Law Books, 2009, p. 30.

意定的代表人代表未参加诉讼的群体成员（class of non-parties）提起并进行诉讼；无论是公益诉讼还是各种形式的群体诉讼，其判决都具有扩张效力，对被代表且未参加诉讼的当事人发生法律效力。在法理基础上，个人程序与自由主义理论相对应，集体程序则与共同体主义相映成趣。自由主义诉讼观捍卫着正当程序理念，但其保守性也构成社会化公益诉讼制度发展的羁绊，这为集体主义诉讼观的发育提供了契机，使其在当事人适格、判决效力相对性等关键点上能够挣脱自由主义诉讼观的束缚，为公益诉讼制度的发展提供了理论基础。

一、公益诉讼与个人程序

个人程序契合了自由主义政治哲学思想，深受自由主义规范性主张的支配。自由主义强调了正当程序在诉讼制度中的优先性，这在当事人主义诉讼模式中有着最突出的表现——诉讼利益是个人的，诉讼是当事人自己的事情，诉讼过程中他们自己的诉讼权利居于最优先地位。

（一）自由主义的论证逻辑

至少在民事程序场域中，无论是诉讼的进行还是诉讼资料的提供，都是当事人自己的责任，处分原则和辩论原则被推到诉讼程序的核心位置。前者承认提起民事诉讼的自由，后者则支持在法律案件中提出个人的理由和论据的自由。在这两个诉讼原则的支配下，当事人在诉讼中的作用比法院更重要、更直接，也更具有决定意义。当然，自由主义框架下的个人程序绝非意味着自私自利、不择手段的利己主义，它所强调的是当事人自我决定的重要价值。对此，即便是注重共同体精神和公共利益的集体程序，或者社会主义国家诉讼法，也都必须强调以当事人自治或自我决定为自己的基础。个人程序受自由主义诉讼观支配，强调自我发展、个人的独特性，以及实现个人欲求和目标的必要性，这就是正当程序的法理学基础。在自由主义看来，公共利益和个人利益的区别复杂且细微，当把公共利益提供给某个人时，它必然也同时自动地为同一社群的其他成员所享有。但与集体主义诉讼观相比较，自由主义坚信个人程序已经足以保护个体权利，当事人行使自己的诉讼权利就可以实现个体权利的救济，间接地也会实现公共利益的保护，集体程序只会破坏个人程序中的当事人自治。

个人程序的理念在哈耶克的自由至上主义、罗尔斯平等的自由主义、诺齐克的权利至上自由主义理论中都可找到价值依据。哈耶克认为，真正意义上的个人主义，最终是要维护个人独立的价值和尊严；拯救和捍卫自由的社会秩序,归根结底是要捍卫个人自由。①因此,司法必须奉行中立的自由主义立场,应该扮演被动的角色,让纠纷个体行使他们自己的诉讼权利,以实现私权保护和程序保障。罗尔斯的平等的自由主义,虽然强调了社会分配正义,关注保护弱势群体的基本自由和权利(以机会平等和差异补偿为内容的"第二正义原则"),似乎突破了个人程序,为集体程序的发展提供了机会。但实际上,"第一正义原则"(最大的均等自由原则)仍被置于"第二正义原则"之上,私权保护仍高于公益保护,集体程序仍要服从于个人程序,个人对公益保护过程和结果仍具有决定权。诺齐克的权利至上自由主义则更加保守,"个人拥有权利,有些事情是他人和团体都不能对他们做的,做了就侵犯他们的权利",就是"再分配等于盗窃"理念。②"最小国家"等最少干预的原则,实际上是在否定公益诉讼的正当性。总之,自由主义政治哲学,将正当程序奉为诉讼制度的终极真理,专注于个人而遗忘了社群。尽管马克思主义政治哲学已经迫使西方政治哲学家修正观点,强调应公正地分享资本带来的利益,罗尔斯、德沃金关于资源平等的政治哲学似乎已经发生了这种变化,但在根本上当代自由主义政治哲学仍无力摆脱"形式自由"痼疾。对于公益诉讼制度而言,自由主义理论显然忽略了资源占有不平等对于权利保护的客观影响,削弱了公共利益保护的必要性。一个明显的事实是,在任何一种自由主义正义理论中,弱势群体的权利保护能力低下的事实并不会得到改变。

(二)自由主义的理论局限

自由主义对公益诉讼制度的禁锢来自两个方面。一是僵化的当事人适格理论使公益诉讼难以发动。公益诉讼当事人适格,强调的是对特定的公共利益保护,谁可以以原告的诉讼地位起诉、应诉以及请求法院做出判决,或者依据什么标准将不适格的当事人排除在公益诉讼之外,防止滥用公益诉讼。自由主义政治哲学对上述问题给出的是消极解释,它以保护个人权利为出发点,主张在公共利益受侵害的情况下,个人权利仍居于优先地位,个人诉权优先于集体诉权。亦即,诉讼对公共利益可能产生的任何影响,都必须基于更具体、狭义案件中主张的个人利益。③二是自由主义无法正确阐

---

① 周穗明:《当代西方政治哲学》,江苏人民出版社 2016 年版,第 47 页。
② [美]罗伯特·诺齐克:《无政府、国家与乌托邦》,何怀宏等译,中国社会科学出版社 1991 年版,第 1 页。
③ Martin H. Redish, *Wholesale Justice*, *Constitutional Democracy and the Problem of the Class Action Lawsuit*, Stanford Law Books, 2009, p. 30.

释公共利益中的程序保障机制。在自由主义看来,如果诉讼过程和结果完全由他人(法定组织或团体)主导,公共利益享有者或者特定群体成员们并没有亲自参与诉讼,却让其承受诉讼后果,这显然不符合程序保障原则,尤其与自由主义的核心价值——自治理念相悖,私人强烈维护公共利益的正当动机往往会被认为是有恶意的。①自由主义政治哲学抵制公益诉讼制度,还是自我价值维护的需要。在自由主义理论看来,裁判结果并非在当事人自己的诉讼活动形成,公益诉讼裁决的效力必定会超越实际参加诉讼程序的当事人的范围。②没有参加公益诉讼的社会成员要受到公益诉讼判决的拘束,意味着判决既判力的相对性被突破,诉讼中"个人主义最后的庇护所"将不复存在,这无疑会严重冲击自由主义的诉讼观,因此必然招致自由主义理论的攻击。

二、公益诉讼与功利主义

从古至今,诉讼资格(Locus standi)问题始终是公益诉讼改革的聚焦点。罗马法秉持思想解放精神,推动了"大众诉讼"的发展。然而,5世纪末以后,随着盎格鲁撒克逊法的入侵及严格诉讼资格标准的采纳,"大众诉讼"不复存在,其被抛弃的逻辑为利害关系的当事人标准之下谁有诉权谁就可以起诉,无利益即无诉权,由此,没有一个人可宣称自己对公共利益享有诉权,也就没有一个人可以发动公益诉讼。因此,放宽当事人适格标准成为公益诉讼制度发展的不二选项。

(一)功利主义的论证逻辑

20世纪下半叶,英国丹宁勋爵重新阐释了诉讼资格的内涵,认为"权利受害"的范围很广,不应被限制,所有权利遭受损害而有冤情的人都属于这样的人。③与此同时,随着扩散性利益保护的需要,公益诉讼开始了全球范围的复兴,原告适格的标准从严格走向缓和,这样的革命性变化显然是功利主义政治哲学被重拾起来的结果——公益诉讼制度应该能够给社会带来最大化效益,增加全体社会成员的幸福。显然,公益诉讼的当事人资格难题是

---

① [美]伊米尔安・R・达玛什卡:《司法和国家权力的多种面孔》,郑戈译,中国政法大学出版社2015年版,第275页。

② [意]莫诺・卡佩莱蒂:《比较法视野中的司法程序》,徐昕等译,清华大学出版社2005年版,第413页。

③ Khalid Yahyea, *A Brief of Public Interest Litigation*, *Concept*, *Evolution*, *Procedure*, *Prospects*, Lap Lambert Academic Publishing, 2012, p. 25.

"公共利益"本身带来的，对公共利益不同的界定，决定着公益诉讼制度不同的设计思路。时至今日，人们仍像边沁（Jeremy Bentham）时代一样讨论着公共利益的初始问题：它是否指称大多数人利益或社区利益？是否是一个统一概念？这也注定了公共利益及其保护机制应被作为一个法理学问题看待。

以边沁为代表的功利主义偏爱从个人主义立场来界定公共利益，认为公共利益就是"个人利益的聚合"。他的一句名言就是："社区不过是由其成员组成的虚构团体，社区利益则是其成员利益的总和。"休谟则对公益做出这样的概括："正义之所以得到赞许，确实只是为了它有促进公益的倾向。"①穆勒则把"功利"或"最大幸福原理"当作道德基础的信条主张，认为行为的对错与它们增进幸福或造成不幸的倾向成正比。②在功利主义学者看来，如果一个行为倾向于促进它所影响的可能最大多数人的可能最大幸福，那么这个行为就是善的。③这样的价值判断显然有力支持了公益诉讼的制度构建，相较于个别诉讼或诉讼合并，公益诉讼在社会公共利益保护上显然更能使社会成员或特定群体成员的功利总和达到最大值，能为他们创造最大幸福，其法律与政治价值优势显著。

（二）功利主义的理论局限

马克思主义理论对功利主义提出了批判，认为它将事物本身的"善"作为根据，因此离开了目的论的支持它就无法为道德行为找到根据，全部的道德论证也就无处落实。④中外实践也充分证明，功利主义政治哲学只给公益诉讼带来非常有限的道德性。首先，功利主义强调的是个体权利保障让位于公益诉讼，后者优先于前者，这无疑又会削弱个体权利的司法保护，难以圆满回答如何从制度上保证立法符合公共利益的问题，因此无法为公共利益保护提供思想支持。其次，功利主义将判断公益诉讼能否最大限度提高社会整体的幸福感的权力，交给了立法者或司法者，使公益诉讼按照功利主义原则运作，从而让公益诉讼蜕变为一种"家长式诉讼"——由强势机关、组织或团体代表社会或群体起诉，个人的选择机会则被压缩，个体权利甚至成

---

① ［英］休谟：《人性论》，关文运译，商务印书馆 1980 年版，第 662 页。
② ［英］约翰·穆勒：《功利主义》，徐大建译，上海世纪出版集团 2007 年版，第 7 页。
③ ［英］霍布豪斯：《社会正义纲要》，曾一璇译，商务印书馆 2020 年版，第 4 页。
④ 王新生：《马克思政治哲学研究》，科学出版社 2018 年版，第 105 页。

了工具性物品,其唯一用处是追求整个团队的幸福。①由此可见,公共利益与个人利益保护间的紧张关系,在功利主义那里无从获得根本性解决。

三、公益诉讼中的代表问题

自由主义政治哲学在形式上将"人民意志"奉为共同利益的直接源泉,相应地,直接民主(direct democracy)被视为实现公共利益的最为适当的方式。②但显然,公共利益是一个非常复杂的问题,无法以直接投票的方式来做出决定,只能以代议制途径来解决,多数人决策原则因此被普遍用作确定公共利益的客观基准。

(一)公益代言人的资格难题

在程序法上由谁来代表社会或公共利益也是一个民主问题。公益诉讼中法律规定的组织、机关可以提起公益诉讼,但这样的一般性规定并非意味着这些组织、机关就一定能够成为特定案件的适格原告。首先,在原告提起公益诉讼时公共利益及受损害群体的状况尚不明确,无法判断他们是否为一个统一体以及其群体规模,这意味着法律规定的公益诉讼原告所代表的"群体权益"伸缩性极强,只有在具体事由下才可能界定其性质。③

其次,如果说并不存在一个具体的叫作公共利益的客观存在物,而只存在抽象的公共利益的话,那么由程序法抽象地赋予某类主体代表权利,并不会使他们当然地获得对具体公益案件的代表资格。因此,除了抽象的法定赋权之外,适格原告必须具备代表的适当性、充分性这一条件。代表关系之所以是公益诉讼原告适格的必要条件,乃在于现代社会不可能由所有公民组成庞大集团直接参加诉讼进程,司法中更不会允许全民诉讼这样一种形态,由全体社会成员亲自参与事实诉讼辩论和处分行为。特别是,现代自由理念也不会强迫公民去参与诉讼。那么如何确定公益代表,以及如何改善代表的适当性和充分性就是个问题。

立法上解决代表问题的途径有如下几个。一是由法律授权的公益团体(包括民间及半官方两种类型)代表公益提起诉讼,例如消费者权益保护组织和环境保护公益组织;二是由法律授权行政机关或检察机关代表公益提起公益诉讼,例如美国联邦贸易委员会可就违背反托拉斯法的竞争行为和

---

① Richard A. Posner, Utilitarianism, Economics, and Legal Theory, *The Journal of Legal Studies*, Vol. 8, 1979, p.116.
② Luboš Tichý, Michael Potacs (ed), *Public Interest in Law*, Intersentia, 2021, p.35.
③ 张陈果:《论公益诉讼中处分原则的限制与修正》,载《中外法学》2016年第4期。

侵害消费者利益的行为提起诉讼,再如我国检察机关提起的公益诉讼;三是由具有共同利益的个人提起具有公益性质的诉讼,典型者如诉讼代表人、集团诉讼和示范诉讼中的原告代表其他当事人进行诉讼。

问题在于,立法机关并不参与具体问题的解决,在立法上授权相关组织提起公共利益诉讼,如何保障那些没有团体或组织代表的社会成员的利益(非集团化利益)。这一问题的难点在于,公益的代表必须满足诉讼民主的要求——它们属于"非选举式代表"或"自我授权代表",并没有从被代表者那里获得直接的授权,但却要代表他们,其正当性就成为问题。尽管可用诉讼担当理论解释,赋予非权利主体以提起诉讼的权利,也就是诉讼实施权。但在自由主义看来,诉讼当事人的自我决定(处分权)在诉讼中仍是完全的道德存在,由相关机关或组织强行代表群体利益,便是对自我决定价值的否定,无异于把社会成员当作小孩或者动物,而不是当作共同体中的完整成员。①正如自由主义者所宣称的:任何团体都有权利通过民主方式推进某项议程……但说服自己的同胞是一回事,在没有民主多数的情况下强加自己的观点则是另一回事。②

(二)公益代表的充分性问题

公共利益代表的充分性,决定着公益诉讼结果的正当性;如果原告缺乏充分的代表性,公益诉讼的结果便难言正当。

1. 政治选举模式

法定诉讼担当与公共利益代表是两个问题,仅凭程序法授权并不足以使机关或组织获得对具体公益事项的代表权。发生公益侵权之后,公共利益的代表通常并不是唯一的,谁的代表性更加充分,属政治价值判断问题——国家机关是由民意机关按照民主程序选举组成,表明法定机关完全有权代理本辖区公共利益。但是这仅是抽象规范,并不代表其真正能代表具体的公共利益,因为选民和公益受害群体并非同一群体,政治选举出的代表与公益代表也非同一。换言之,如果将公共利益视为一个"实体",那么被代表的社会成员的个人利益都可能被其吸收,那么诉讼中的个人自治也将不复存在,个人的利益不过是更大有机体中的一个要素而已,这是自由主义政治哲学所无法接受的。因此,群体诉讼的诉讼代表人推举实际上采用的是民主选举程序,公益诉讼或团体诉讼限于被代表人无法选举,故对其代表

①　[加]威尔·金里卡:《当代政治哲学》,刘莘译,上海译文出版社 2015 年版,第 270 页。
②　Rick Bicwood, *Public Interest Litigation*, Lexis Nexis, 2006, p.1.

资格做了限制。一是将人数规模作为确定公益代表的基础标准,以一定的人数规模为基础,然后将案件作为公益诉讼案件并确定代表人起诉;[①]二是要求团体有优良的记录,至少不存在违法情形,这也是增强代表的适当性的举措。

2.代表的诉讼担当模式

法定机构或组织提起公益诉讼,受害个人的诉讼权利的保障也会面临着代表悖论问题。即受害者"既不在场又以某种方式在场"(not present yet somehow present),公益诉讼的原告并非其推举,被代表的社会成员无法对代表人(组织或团体)展开问责。而且,资源和禀赋上的差异又会导致强势群体更能获得这种自我授权的代表,代表也多由精英担任,在表达普通大众的偏好上难免会有扭曲。[②]以消费公益诉讼为例,消费者是否有真正的诉讼意愿,消费者是否愿意选定某个消费者保护组织代表其提起公益诉讼,都不甚明确。但可以明确的是,消费公益诉讼中的代表不特定消费者的消费者组织有其外部边界,一旦超出这个边界,其代表行为就不再有效。实际上,我国司法解释为检察公益诉讼和消费者公益诉讼规定的管辖条款,[③]便是在地域要素上为检察机关和消费者协会确定代表标准,增加代表公共利益的充分性或适当性。

3.家长诉讼模式

家长式诉讼也称为父权诉讼,是由特定的国家机关(检察机关或行政机关)提起公益诉讼,以保护独立于特定个人利益以外的公共利益(public interests)而存在,超越个人而为政府本身的利益的诉讼形式。在这种诉讼中,国家机关作为公益代表就像父母照看家庭成员一样,依职权采取诉讼行动,例如根据掌握的线索立案、依职权调查证据等,同时提供家长式人文关怀。它预设了这样的前提:即使当事人个人有权做出程序选择,但代表人能更好地保护他们的权利,比当事人自己更了解如何维护权利。然而,在自由主义理论看来,家长式诉讼不过是一种外部施加的力量,只能在自由主义框架内存在——每一个正常的成人都应该享有必须被他人尊重的、一定范围

---

① 我国《证券法》第九十五条第三款规定:"投资者保护机构受五十名以上投资者委托,可以作为代表人参加诉讼。"德国法上消费者团体不作为诉讼的团体资格,除由公共财源资助之消费者中心外,则要求社团法人必须有社员 75 人以上。

② 聂智琪、谈火生编:《代表理论:问题与挑战》,广东人民出版社 2018 年版,第 18—19 页。

③ 《人民检察院公益诉讼办案规则》第十四条和《最高人民法院关于审理消费民事公益诉讼案件适用法律若干问题的解释》第三条之规定。

的自我决定,只有在人们无法保护自己利益的情况下,家长式诉讼才具有正当性。正因如此,美国有些法院认为,如可提起私权诉讼以请求损害赔偿时,则不得提起父权诉讼;也有判例见解坚持各州的利益系附着于个人利益。总之,在自由主义看来,由外在的力量按照当事人并不支持的价值去支配当事人,并不会使其生活变得更好,①反而可能创造出一些无意义的诉讼,这可谓西方公益诉讼制度的一种负向示范。一言以蔽之,家长式诉讼可在一定程度上解决公共利益的代表问题,但却不能在根本上解决。

(四)对公益代表充分性的评价

公益诉讼制度中的公共利益、诉讼主体、程序过程、判决效力等问题,都体现着个人主义与集体主义诉讼观念的对峙、排斥和互动。自由主义捍卫了正当程序理念,但也给公益诉讼制度制造了障碍。它揭示了个体诉讼与集体诉讼之间的紧张关系:公益诉讼会使社会成员失去对诉讼过程及结果的影响,进而危及诉讼结果的正当性。社会成员也许对正进行的公益诉讼毫不知情,或者表现出一种"理性的不关心"状态,这些都成为影响公益诉讼效能的重要因素。正因如此,自由主义和个人程序必须在合理限度内消解这样的弊端,例如,缓和原告适格标准,以保证"非集团化利益"的适格代表能够有效参与到诉讼中;再如,尽量保持法定诉讼担当与涉讼群体范围上的一致性,也就是特定群体的公益诉讼应由最具有代表性的组织作为代表,作为适格原告。同时,对于那些本来对诉讼正义不感兴趣的人,能够给予说明,②通过发布公告落实诉讼公开和诉讼参与理念,给他们留下自我决定空间。这些措施在很大程度上保证了公益诉讼中的程序保障,也给我国提供了启示,公益诉讼制度的构建应注重保障社会成员和群体成员的知情权,强化程序保障,以缓和我国公益诉讼制度中个人程序与集体程序之间的紧张关系。

第三节　集体程序与公益诉讼

20 世纪下半叶,伴随着工业化和全球化进程,呈现出大量新型的、社会的、集体的、分散的权利和利益,实体法的保护对象则由个体权利转向集体

---

① [加]威尔·金里卡:《当代政治哲学》,刘莘译,上海译文出版社 2015 年版,第 275 页。
② [意]莫诺·卡佩莱蒂编:《福利国家与接近正义》,刘俊祥等译,法律出版社 2000 年版,第 113 页。

权利。这同时要求司法救济在手段和形式上进行调适。正是在上述背景下,自由主义诉讼思潮不断从诉讼领域退却,甚至在诉讼制度中被视为有害的道德观念。与此同时,在共同体主义(社群主义)的推动下,集体主义诉讼观得以孕育形成,推动了诉讼制度"从个人到社会的正当程序"的转变,社会化公益诉讼由此兴盛。当然也须注意,社群主义和共和主义作为集体程序的法理基础,虽在局部填补了自由主义的虚空,为公益诉讼制度的社会化找到一定根据,但并未摆脱自由主义窠臼,其与自由主义在诉讼领域内的斗争不过是内部的一场辩论而已。对于我国公益诉讼制度的社会化而言,这一理论仅具有参考意义。

一、公益诉讼与社群主义

集体程序是共同体主义政治哲学塑造的结果,也是公益诉讼制度走向社会化的平台。汉娜·阿伦特的古典共和主义、哈贝马斯的社会批判理论以及桑德尔、麦金太尔的共同体主义(社群主义、社团主义)都是共同体主义的重要理论分支。他们倡导,正义原则不仅应从特殊共同体或传统中人们共同信奉或广泛分享的那些价值中汲取道德力量,而且正义原则取决于它所服务的那些目的的道德价值或内在善,[①]也就是"善优先于权利和正义"。这样,国家和社区等共同体价值和公共利益保护的理念就被置于优先地位。"共同体(社会)第一、个人第二"成为支持公益诉讼发展的口号。与此同时,还必须通过商谈来消除人们在维护公共利益时被欺骗的危险,为此,需要将商谈和民主意见作为程序合法化的唯一来源。[②]社会批判理论中的公共领域是公民自由讨论公共事务、参与政治的活动空间等主张,充实了公益诉讼的内容,提出了有别于程序保障的程序理念和框架。

(一)社群主义的论证逻辑

在诉讼发展史上,社群主义政治哲学最早被作为公益诉讼的外援性理论,为其增加合法性论证。尽管社群主义形成于近几十年,但集体程序的政治哲学却可以追溯到罗马法时代,当时即有"任何人都可为他自己,也可为他人起诉……为了人民,为了自由,为了监护"的规定。[③] 17 世纪以来发展起来的代表理论,将代表与代理人、代替他人行动的观念联系起来,为"大众

---

① 王新生:《马克思政治哲学研究》,科学出版社 2018 年版,第 233 页。
② [德]哈贝马斯:《在事实与规范之间:关于法律和民主法治国的商谈理论》,童世骏译,三联书店 2014 年版,第 45 页。
③ 徐国栋著:《优士丁尼〈法学阶梯〉评注》,北京大学出版社 2011 年版,第 541 页。

诉讼"制度(*actio popularis*)开辟了道路——任何公民对损害公共利益的行为都可以提起诉讼,这为构建代表型的诉讼制度,例如公益诉讼、诉讼担当和诉讼代理制度提供了正当性依据。集体程序或大型诉讼的政治价值也被进一步阐释为:人类是社会动物,为了更大的社会利益就必须去维护社会结构,共同体的利益就需要被尊重和保护。

在社群主义看来,诉讼中的个人主义不应是绝对的,当事人做出自我决定存在着前提条件——个人自由与福祉只有在共同体中才得以可能,因此要根据公共意愿限制个人自主决策,最大程度保护公共利益。具体表现为:一是,主张将一般事务的决定权赋予整个社区而非个人,强调决策的民主性,个人自主权不能与社区的决策权相脱节,人们选择行动的动机通常来自社区的经验。①二是,决策在客观上存在着好与坏之分,政府有责任制定政策促进全社会的"美好生活",引导社会走向预定理想目标。为此,个人的偏好就必须受到约束,最大限度追求社会利益。这样,自由主义的"权利政治"就应被"共同利益的政治"所替代,或者,至少前者要得到后者的补充。②基于上述分析,社群主义主张平等重于自由,公益保护重于私权保护,公益诉讼重于私益诉讼。这样的公共排序对于公共利益及其保护方式有着巨大影响,为其注入了价值根据。

(二)社群主义的理论局限

社群主义理论在强调社群价值的同时,忽视了个人成长和发展,这给公益诉讼制度带来道德性论证的新难题。公益诉讼虽赋予团体、组织以提起公益诉讼的合理性,解决了公益诉讼原告适格问题,但也易于忽视个体当事人的权利,往往以公益为名将兼具公私益性内容拒之门外。③因此,社群主义支配下的公益诉讼就必须将诉讼民主作为弥补机制,在程序进行中为个人自治及自我决定留下空间和机会。反之,如果缺乏对个人的基本尊重,那么公益诉讼中的诉讼民主的概念最终都会变得前后矛盾。

二、公益诉讼与共和主义

与社群主义一样,共和主义也是对自由主义政治哲学的矫正,是一种平

① Robert C. Post, The Constitutional Concept of Public Discourse: Outrageous Opinion, Democratic Deliberation, and Hustler Magazine v. Falwell, *Harvard Law Review*, Vol. 103, 1990, p.601, 685.
② [加]威尔·金里卡:《当代政治哲学》,刘莘译,上海译文出版社2015年版,第269页。
③ 张旭东:《环境民事公私益诉讼并行审理的困境与出路》,载《中国法学》2018年第5期。

衡和抑制个人主义的政治哲学理论。

(一)公民共和主义的论证逻辑

据汉娜·阿伦特考证,古希腊的人们已开始区分家庭生活和城邦生活两种生活方式,前者是经济的生活方式,后者是政治的生活方式,前者属于私人领域,后者属于公共领域,①也就是共和主义的雏形。当代公民共和主义理论,则被认为是种族主义、神学主义和反性别歧视等道德原则的混合物。②经过卡斯·桑斯坦(Cass Sunstein)和弗兰克·米歇尔曼(Frank Michelman)的阐释,公民共和主义理论转向致力于通过协商追求公共利益,由此超越了自私、多元化的狭隘个人利益。③概括起来就是"个人利益服从公共利益"。在公民共和主义看来,这是化解公民唯私主义综合症和政治参与冷漠症的途径,通过公民积极参与公共生活,来体现他的公民美德。④

当代公益诉讼制度从公民共和主义中获得了正当性支持,典型者如美国的公民诉讼制度——公民对政府环境等方面的决策有异议,可以根据行政法规对政府官员追究行政责任;在州政府或者联邦政府违反了相应环境法规,或者其他私人违反环境法时,公民和非政府组织有权依据公民诉讼的条款提起诉讼。⑤我国学者的观点也契合了公民共和主义的主张,建议赋予每一个公民保卫公共资产、公共财富不被侵吞的共和权利(republican rights),以共和权利驱动公民参与政治生活,促使公民正视大量公共资产、公共财富被侵吞的严峻事实,呼吁公民积极行动起来,保卫它们不被侵吞。⑥让公民以一种富于参与精神、公共关怀和公民品德的积极角色,参加到公益诉讼之中并发挥作用。在公民共和主义理论看来,公民积极参与公共生活,享有诉求表达的动力和机会,是发展公益诉讼的基本条件。

在西方法理学体系中,共和主义为公益诉讼制度发展提供了有力支持。首先,激发公民参与公益诉讼。在公民共和主义者看来,一方面,公民的政治参与是美好生活的一部分,公益诉讼作为社会参与的一种形式,也构成了

---

① 周穗明:《当代西方政治哲学》,江苏人民出版社 2016 年版,第 72 页。

② Linda Kerber, Making Republicanism Useful, *Yale Law Journal*, Vol. 97, 1988, p. 1663, 1665.

③ Generally Cass Sunstein, Beyond the Republican Revival, *Yale Law Journal*, Vol. 97, 1988, p. 1539; Frank Michelman, Law's Republic, *Yale Law Journal*, Vol. 97, 1988, p. 1493.

④ 任剑涛:《论积极公民》,载《武汉大学学报(哲学社会科学版)》2014 年第 1 期。

⑤ 齐树洁等:《美国公民诉讼的原告资格及其借鉴意义》,载《河北法学》2009 年第 9 期。

⑥ 肖滨:《让公民直面"respublica":当代共和主义塑造积极公民的战略性选择》,载《南京大学学报(哲学·人文科学·社会科学版)》2006 年第 6 期。

美好生活的一部分,这是公民积极身份激励的结果。另一方面,与选民的观点更一致的机关(特别是检察机关)比其他公益组织具有更强的正当性,被视为理想的公益诉讼模式。因为,公民是国家真正的统治者,民选官员则是他们的代理人,国家机关具有更强的公信力。其次,公民共和主义为公益诉讼的参与协商机制提供了正当化依据,它支持了 90 年代初从"以投票为中心"到"以对话为中心"的民主理论转向,在公益诉讼领域倡导了"慎议民主理论"(deliberative democracy)。①这对于公益诉讼制度的构建而言,理论贡献巨大——程序启动要有更广泛的代表;程序进行要有更多的参与;程序结果要体现更多的协商且并非两败俱伤。

(二)公民共和主义的理论局限

作为公益诉讼制度的价值评价标准,共和主义理论同样存在弊病。一是,它主张追求个人利益有害无益,而无论以个人为基础还是以群体为基础。对此,共和主义学者也不得不承认,若要使社区民主正常运作,个人就必须保留自己自治的空间。至少,个人在努力参与民主运作程序中必须拥有自主权。亦即,每个人都是"具有一个应该展示或表达自己的感觉和直觉的独特核心"……群体在很多方面只是增加主权者权力的载体。②二是,公益诉讼中集体主义诉讼观的影响越大,诉讼中的个人主义因素就越弱,个体当事人为自己权利进行辩护的机会也就越少。过度强调公共利益,无疑会威胁甚至破坏自由主义的政治和法律价值观,削弱权利保护与程序主体权。西方国家受意识形态驱动的环保主义者常常滥用公益诉讼资源,造成另一种形式的公益损害,③在很大程度上都是打着公益的旗号,绑架社会和群体,其实质是损害了公共利益。

三、公益诉讼与协商理性

现代社会是人类命运共同体。作为法律概念的公共利益既是一个统一概念,同时在不同学科或部门法中也有相对独立的地位并发挥不同功能,这让公益诉讼实践变得复杂多样,必须考虑公共利益的具体情况,以及不同地区和不同部门的不同立场。这意味着,共同体的各种利益只有在其持续而

---

① 曾纪茂:《共和主义与公民参与——评金里卡〈当代政治哲学〉中关于共和主义的评述》,载《四川大学学报(哲学社会科学版)》2005 年第 5 期。
② [日]小岛武司等:《司法制度的历史与未来》,汪祖兴译,法律出版社 2000 年版,第 17 页。
③ Steven P. Croley, *Civil Justice Reconsidered*, *Toward a Less Costly*; *More Accessible Litigation System*, New York University Press, 2017, p. 2.

有效地参与行政机关与司法机关的决定时才能得到保护,因此行政程序与司法程序都应为社会参与保留通道。公益诉讼作为协作、解纷及完整的司法机制,①承担了价值意识引导与纠纷解决的双重责任,更应该使这一通道畅通无阻。

(一)商谈的内部意义

在诉讼内部,商谈机制提供了一种新型的诉讼理念、程序构造和裁判方法,无论在程序过程还是在裁判结果方面,都有效地增强了公益诉讼的正当化机能。首先,商谈机制对于促进公益诉讼结果正当化,保障社会成员参与、合作和协商具有重要作用。这一机制被概括为公益诉讼的"非裁判主义"特征,即不以非此即彼的判决结果为依归。对此,哈贝马斯的商谈道德和商议民主理论,给人们提供了在商谈过程中自我立法的程序以及这种自我立法的正当性。②其次,公益诉讼中的对话或商谈可为当事人提供充分的提出主张、提供资料和表达意见的机会,并将商谈结果作为程序上合作的成果来对待,在此基础上形成裁判。③经验表明,公益诉讼在一些西方国家和发展中国家的实践,已超越了纠纷解决层面,而以一种司法能动主义来扮演弥补民主制度失败的角色,尽管司法机关既没有这个权力,又无法实现这个目标。④在他们看来,代表虽然是被选举、推举出来的,但必定会远离自己的选民,人们要参与政治就必须亲力亲为,亲自表达和行动,通过公益诉讼中的参与、协商和对话,实现社会的民主参与和治理。

(二)商谈的外部意义

在诉讼外部,商谈主义对于司法权威也具有格外重要的意义。首先,通过公众参与实现社会正义。印度最高法院在 Fertilizer Corporation Kamagar Union 案中首倡了"参与式"公益诉讼模式,不但公益诉讼的原告资格在程序启动时便会得到承认,诉讼中个人也拥有参与实质性集体决策程序的自主权,通过发表意见来影响诉讼结果。美国学者特鲁贝克(Louise

---

① James Fowkes, Civil Procedure in Public Interest Litigation: Tradition, Collaboration and the Managerial Judge, *Cambridge Journal of International and Comparative Law*, Vol. (1)3, 2012, p.239.

② 王晓升:《从实践理性到交往理性——哈贝马斯的社会整合方案》,载《云南大学学报(社会科学版)》2008 年第 6 期。

③ 段厚省:《诉审商谈主义论纲:一种基于法律商谈理论的诉讼构造观》,载《上海交通大学学报(哲学社会科学版)》2011 年第 5 期。

④ Ferdous Rahman, *Public Interest Litigation in Legal World*, An Analysis and Evaluation, Lap Lambert Academic Publishing, 2012, p.130.

G. Trubek，也译为托乌尔贝克）进一步提出了市民正义的观点，认为在关于当事人资格、律师费用、法律服务制度等具体制度背后，公众对"市民正义"（civil justice）抱有热望，所有市民应拥有参加共同生活的充足机会，所有市民必须拥有参加公共领域的充分而平等的机会。而公众参与的难点，在于如何为那些"无代表利益"提供保障，进而将这些利益纳入决策过程之中。公益诉讼在这方面的贡献，就在于通过扩展传统"诉讼资格"解决"无代表利益"的保护问题，为公益诉讼中的民主参与提供途径。其次，通过协商对话实现理性正义。公益诉讼通过扩展传统的诉讼资格，保证"无组织的利益"得到法定组织、团体的代表，实现参与式正义，这是发挥公益诉讼协商功能、实现"参与式正义"的前提条件。基于这一目标，提起并进行公益诉讼的资格应获得认可，不但相关组织和团体拥有代表公共利益的诉讼资格，而且公民的诉讼资格应逐步放宽。此外，协商民主理论也为在整体上保护群体的利益提供了途径，例如劳动者权益保护、未成年利益保护、妇女权益保护等等，都可以借助于民主协商机制获得解决。通过增强代表的处分性，增加协商对话的合法性，以期在司法解决与街头正义（自力救助）的竞争中，使人们倾向于前者，放弃暴力行动，实现理性正义。最后，通过社会参与机制扩大协商效果。公益诉讼中的诉讼参与，就是通过原告、被告及其他诉讼参与人，乃至各方社会力量在公益诉讼中的共同参与，促进司法与社会的良性互动与优势互补，促进实现公共利益的最大化。[1]这样，也钝化了公益诉讼的对抗性，而使之成为商谈的场域。公益诉讼各个主体要共同努力来解决问题，在司法机关的组织下展开对话与协商。所有当事人都应该本着合作、解决问题的精神来进行诉讼，无论在诉前程序还是在诉讼过程中，都要通过协商达到保护公共利益的目的。

第四节　新时代公益诉讼的社会化法理

我国公益诉讼起步较晚，但发展迅速，并很快形成鲜明特色。公益诉讼制度之所以在维护人民权益、增进人民福祉方面取得显著成绩，一方面是坚持马克思主义和人民为中心的发展思想的成果，另一方面也是摆脱西方自由主义道德观束缚和影响的结果。与自由主义和共同体主义等理论相同的

---

[1] Ferdous Rahman，*Public Interest Litigation in Legal World*，An Analysis and Evaluation，Lap Lambert Academic Publishing，2012，p.52.

是,马克思主义也致力于为现实生活及其制度的正义性进行规范和辩护。但与自由主义等正义理论不同,马克思主义立足于超越性的平等理想,站在无产阶级和人民大众的立场上,强调一切为了人民,一切依靠人民,全心全意为人民谋利益——这就是我国民事诉讼法学的根本立足点和出发点。①换言之,在公益诉讼政治价值判断上,马克思主义倡导了不同于自由主义的平等主义理论,坚持自由、自我实现和人类共同体等普遍道德价值理念。

在道德信念上,马克思主义并非与自由主义截然对立,而是继承了启蒙思想家自由、平等、博爱的道德理想,并将它们看作最为基本的道德规范,让"人能够自由地、自主地决定自己的事情"②。但与自由主义的形式主义论证方法又有根本区别,马克思主义强调了以人为本原则、整体性原则、公平性原则。以人为本原则贯彻于公益诉讼,表现为对于侵害公益的行为提供有效司法救济,在根本上保障人的生存与发展;以整体性为原则,表现为在根本上消除原告资格障碍,赋予法定的机关、组织提起公益诉讼的权利,突出国家在公益保护方面的责任,重视各层次的共同体利益;公平性原则,表现为尊重当事人的程序主体权、选择权,强调公益和私益的统一,既要注重公益保护,又要注重个体权利保护,既要保护集体诉权,也要保护个体诉权。③

一、以人为本的公益诉讼

对于我国公益诉讼制度的构建而言,西方自由主义与我国传统民本思想相割裂,无法成为展开政治评价的基本依据。我们需要立足于法治传统和自身国情,在法学理论层面回答公益诉讼制度的道德性追问,推进国家治理体系治理能力现代化,使公益诉讼制度更加贴近社会现实,实现公益诉讼制度的社会化。

(一)均衡处理公益保护中的矛盾关系

公共利益是现代民主政治国家的产物,社会公共利益只有通过民主与法治的途径才能实现。我国新时代公益诉讼的构建,就是将保护社会共同体利益作为目标之一,通过纠纷解决来巩固社会共同体。在这一过程中社

---

① 《民事诉讼法学》编写组:《民事诉讼法学(第二版)》,高等教育出版社 2018 年版,第 6 页。
② 王新生:《马克思政治哲学研究》,科学出版社 2018 年版,第 96、101 页。
③ 《民诉法司法解释》第二百八十八条规定了另行起诉制度:"人民法院受理公益诉讼案件,不影响同一侵权行为的受害人提起诉讼。"《人民检察院公益诉讼办案规则》第九十条第一款第(二)项的规定也充分尊重了受害人的诉讼权利,即"生态环境损害赔偿权利人与赔偿义务人经磋商达成赔偿协议,或者已经提起生态环境损害赔偿诉讼的"应当终结案件。

会共同体的利益与社会政策紧密联系,通过司法资源平等化,发挥其在利益分配、利益增进、利益整合、利益落实等方面的作用,促进人的"自由而全面发展"。

我国公共利益的保护实践一方面着眼于立法环节,在各部门法中明确公共利益的范围与内容,特别是加强了国有资产、民生领域、环保领域、文化遗产保护领域、劳动争议及弱势群体保护等领域的公共利益保护立法。另一方面,在公益诉讼实践中,司法机关妥善处理了各类公共利益与其他利益的关系,按照比例原则合理地平衡"决定性公共利益"与"平行性公共利益"的关系,在公益保护的重要性与可行性之间实现均衡。

(二)注重通过公益诉讼实现公平正义

公共利益的实现通常是若干相互竞争的公共利益之间的妥协,这一过程要以实质平等为取向,而不是以形式平等为目的,这是马克思主义关于平等思想的基本要求,也是通过司法工作反映人民意志、得到人民拥护、维护公平正义、弘扬美德义行、促进社会和谐的社会主义良法善治的基本要求。[①]我国公益诉讼制度的构建,关注了公共利益和个人利益之间的结构性关系,将个人程序与集体程序有机结合,对人们的利益予以平等关照,实现了实质平等。在公益诉讼中贯彻"公民权利优先""弱势优先""多数人得利"原则,具体落实以人民为中心思想,推动公益诉讼向"战略影响诉讼"(strategic impact litigations)方向发展。在程序保障方面,让那些从未实际参与诉讼的人真正享受诉讼利益,进而让司法对全社会的价值做出权威分配,落实发展为了人民、发展依靠人民、发展成果由人民共享的思想。

(三)防止形式主义公益诉讼

坚持以人民为中心的发展思想,强调的是公益诉讼制度的实效性,反对的则是"象征性司法"及司法民粹主义。这可以从以下两个方面解释:其一,防止公益诉讼被异化为"象征性司法"。如果公益诉讼的象征意义大于实践价值,就会造成公益诉讼制度的空转,如果公益诉讼判决无法得到执行,就会损害公益诉讼制度的权威。当下实践中,一些机关或组织提起的公益诉讼虽频频胜诉,但实际的社会效果与法律效果不明显,已经导致了这种风险。其二,杜绝无价值的公益诉讼。西方经验表明,大量的无价值公益诉讼不仅无法造福社会,还可能贬低权利本身的价值,一些有关生命权公益诉讼

---

① 《习近平法治思想概论》编写组:《习近平法治思想概论》,高等教育出版社2021年版,第14页。

的泛滥,导致了包括食物权、教育权、健康权、住所权等一大批所谓社会权利的公益诉讼的出现。这些诉讼欺骗了西方公众,误导了相当多弱势群体,反复制造从众效应,浪费了司法资源。我国公益诉讼制度的发展尤其要引以为戒,避免这种司法民粹主义倾向,明确区分公共利益和"公众关心的事情"之间的界限,不为迎合社会热点而发动或受理缺乏诉讼利益的案件,避免制度空转,维护司法权威。

二、社会化公益诉讼的制度展开

与社会公共利益的保护一样,保护群体或团体的"共同体"利益,是公益诉讼制度的重要领域。我国公益诉讼制度简化了诉讼关系,由法定机关或组织代为起诉,体现了公益诉讼的整体性。如上所述,共同体主义中的社群主义和共和主义以"共同的善"为出发点,论证了共同体价值对培养公民德行,增强公民意识,激发爱国主义起着重要的指导作用。①我国的社会利益与共同体利益具有一致性,共同体并不是外在于社会而存在着的。因此,对共同体价值的保护,是我国公共利益保护的重要组成部分,也是公益诉讼的目的所在。

当代社会,人们多元共生、相互依存,公益诉讼制度当然要指向增进社会共同体意识,保障人民民主,维护社会公平正义,保障人民平等参与、平等发展权利,充分调动人民积极性、主动性、创造性。②基于此,我国公益诉讼制度要进一步落实命运共同体思想,实现全社会和谐共处和共同发展。

(一)扩大公益诉讼的受益面

扩大公益诉讼制度的受益面,就能使其惠及整个社会。扩散性利益属于社会利益,是最为典型的公共利益,很难通过私法手段获得保护。③因此,一方面,要扩大公共利益的可诉范围,将目前公益诉讼案件的受案范围,例如生态环境和资源保护、食品药品安全、国有财产保护、国有土地使用权出让、未成年人保护、自然遗迹和风景名胜保护等,进一步拓宽到新权利的伸张与保护领域,例如,社会保障权、居住权、网络平台监管等,让公益诉讼提供实质的、真正的平等和社会正义。另一方面,扩散性利益保护的难点在于

---

① 马俊峰、马乔恩:《构建人类命运共同体的历史性研究》,人民出版社2019年版,第35页。
② 中共中央党史和文献研究院:《十八大以来重要文献选编》(中),中央文献出版社2016年版,第789页。
③ 汤欣主编:《公共利益与私人诉讼》,北京大学出版社2009年版,第186页。

缺乏适合的诉讼代表或不能被充分地代表。①因此,与扩大公益诉讼案件的范围相适应,公益诉讼的渠道也应拓宽。参照国际惯例及我国司法实践需要,代表人诉讼、团体诉讼、示范诉讼程序都应被纳入集体程序范畴,整体性地由个人主义为中心的诉讼机制转向"以人为本"的集体程序,实现扩散性利益救济的多元化。

(二)坚持全民共享并推进公众参与

当代中国公益诉讼发展的基本逻辑是,通过合作、共识为基本要素的协商民主,实现公共利益保护,让全社会共享公益保护的成果。一是贯彻"全民共享"理念,切实保护不特定多数人的利益,最大程度聚集人民群众的个人利益,形成公共利益的整体性、多元化保护,让公益诉讼惠及全体人民。二是通过公益诉讼贯彻"全面共享"理念,保障人民各方面合法权益,发挥公益诉讼在社会生活方面的整合和规范作用。尤其是重点发展民生类公益诉讼(健康医疗、教育等)和环境公益诉讼,把人民对美好生活的向往作为目标,服务全体人民生活状况的改善。三是通过贯彻"共建共享"理念,推动人民群众参与公共利益保护过程,共同维护公共利益,共享公益保护的成果,充分调动人民群众的积极性,使之参与国家与社会事务的管理。

(三)加强弱势群体保护

新时代,有必要发挥公益诉讼制度在平衡社会利益方面的功能。建立公益诉讼制度保护弱势群体合法权利,实现社会正义,已经成为一些发展中国家公益诉讼的首要任务。②我国在首部《民事诉讼法》制定之前,就开始坚持社会化诉讼观念,如果有权利的主体因无力、不愿、不敢或其他原因不起诉,或是国家、集体或公民个人的正当权益受到侵害却无人起诉,检察机关可以提起诉讼。③自我国《民事诉讼法》与《行政诉讼法》规定公益诉讼制度之后,公益诉讼的实践也始终围绕着弱势群体保护这一重点展开,正义不是"强者的利益",不能对弱势群体的诉求无动于衷,去放任"限制性正义"。我国在实现社会公平正义及建设法治国家、保障人权的进程中,让所有公民接近司法,让社会弱势群体享受公益保护的红利,这构成了社会公平正义的一个重点。

---

① Stefan Wrbka, Steven Van Uytsel, Mathias Siems, *Collective Actions*, *Enhancing Access to Justice and Reconciling Multilayer Interests*? Cambridge University Press, 2012, p.9.

② Ferdous Rahman, *Public Interest Litigation in Legal World*, *An Analysis and Evaluation*, Lap Lambert Academic Publishing, 2012, p.7.

③ 常怡主编:《新中国民事诉讼法学研究综述(1949—1989)》,长春出版社1991年版,第96页。

三、社会化公益诉讼的伦理标准

公益诉讼并非诉讼的常规状态,更多地介入了政策制定等政治因素。正因如此,它在西方国家饱受诟病,背离传统的法律权威的司法能动主义,以及公众将法院视为处理政治议题的机构,使得人们担心公益诉讼制度威胁到了议会乃至民主制度,因此学者们谴责法庭无法无天,公众也在抱怨"将精英阶层所支持的决议强加给所有人"①。这一问题的实质,是公益诉讼如何恪守政治伦理的问题。亦即,公益诉讼制度的最低标准在于合乎法理原则。一方面,宪法或政治结构要为公益诉讼提供依据、解释和支持;另一方面,公益诉讼要落实宪法所蕴含的社会正义精神。总之,政治伦理在公益诉讼制度的发展中应发挥规范诉讼主体的作用。

(一)恪守权力分工原则

公益诉讼制度建立在政制基础上。实现公共利益是行政机关的宪法义务,司法机关也是协助者,能够帮助行政机关破解管理难题,提高治理能力,完善治理体系。②西方国家通常将公益诉讼作为司法审查的手段,体现司法审查强度。我国立法将行政公益诉讼作为督促行政机关正确履职的手段,具有辅助性、补充性特点。即便检察机关提起行政公益诉讼,也要以行政机关履职行为不能有效维护公益为前提条件。而且从执法效能角度,检察机关督促行政机关履职以及提起公益诉讼,肯定是最费时费力的一种,并不符合经济与效率原则。尤为重要的是,如果公益诉讼过于频繁使用,也会造成行政机关懒政和惰政的后果。因此,如果存在有效的替代救济措施,公益诉讼就不应轻易启动;如果行政部门已着手处理,司法机关就不应展开平行调查。总之,公益诉讼制度的构建必须遵循权力分工原则,体现分权和制衡原则,司法机关不能越界干涉立法及行政活动。

(二)充分发挥司法能动作用

与通常诉讼不同,司法机关在公益诉讼中扮演着司法能动的角色。在诉讼进行方面,《民事诉讼法》及相关司法解释规定了司法机关要履行诉讼告知、释明并变更诉讼请求、诉的合并等义务,采职权进行主义。在事实发现上,则采行证据调查中的职权主义,强化庭审中的诉讼指挥权。司法能动

---

① Rick Bicwood, *Public Interest Litigation*, Lexis Nexis, 2006, p. 101, 104, 105.
② 最高人民检察院法律政策研究室编:《公益诉讼指导性案例实务指引》,中国检察出版社 2019
年版,第 23 页。

使公益诉讼成为全新的诉讼模式,并体现出如下技术特征:案件的审理不应受过去特定事实的限制,可对当前问题展开调查;不采对抗式诉讼模式,司法机关在组织和塑造公益诉讼上发挥能动作用;案件处理结果,采用具有前瞻性、灵活性和补救性的救济方法。此外,还宜将行为保全制度与公益诉讼结合起来,由法院依职权裁定被告为一定行为或不为一定行为,例如关闭污染企业,或让合规企业重新开放,等等。救济方式则可由当事人协商,而不限于损害赔偿。即便是公益诉讼案件判决或处理完成后,司法机关也要"回头看",继续发挥行政司法作用,形成可持续的公益司法保护机制。

(三)增强检察机关代表公益的充分性

检察公益诉讼属于公共执法机制。中共中央于2021年8月印发的《关于加强新时代检察机关法律监督工作的意见》将人民检察院定位于保护国家利益和社会公共利益的重要力量,突出了公共执法的特点。显然,立法明确了何为公共利益,但也为司法机关(尤其是检察机关)提供了"宣布公共利益是什么"的权力,司法机关的知识、经验以及职责值得这样的权力托付。问题在于,在本质上任何通过代表方式的表述都不能被视为社会意愿的真实表达,公共利益的判断需要社会公众的参与。基于客观需要,我们宜借鉴政治代表的标准,增强法定授权与代表公益之间的关联,使检察机关的权力建立在社会基础之上。此外,还可通过一定的协商机制解释公益代表的合理性。例如建立人大监督与检察公益诉讼协调工作机制,通过代表与选民的对偶代表关系,提升公益诉讼代表的充分度。在此基础上,建立有效的衡量机制;确保公益诉讼必须能够满足法律目的(必要性);确保公益诉讼与法律制度相一致(适宜性);确保公益诉讼结果的负面影响小于积极结果(经济性)。至于有多少人支持公益诉讼,或者其影响有多大,都不那么重要。

(四)弱化刑事手段在公益诉讼中的作用

检察公益诉讼属于"公共执法",实践中这种公权力在公益诉讼中扮演了极为重要的作用,刑事追诉成为推进公益最重要的手段,刑事附带民事公益诉讼发展十分迅速。[①]相形之下,由相关组织、团体提起的民事公益诉讼寥寥无几,也表明公益诉讼的社会途径不够畅通的现实状况。按照立法设

[①] 据统计,2017年7月—2021年6月检察机关处理了19695件公益诉讼案件,包括民事公益诉讼17356件(含刑事附带民事公益诉讼15320件,占全部民事公益诉讼案件的88%)。参见《检察公益诉讼:以诉的形式履行法律监督本职——最高检第八检察厅负责人就检察公益诉讼起诉典型案例答记者问》,载《民主与法制时报》2021年9月17日,第2版。

计,检察机关只应是发动公益诉讼的补充性角色,①在没有"私人执法"资源的情况下检察机关方可以提起公益诉讼。基于法治原则,上述角色定位不应被改变,将公益诉讼的实施权还给社会,这由诉讼民主价值与诉讼效率价值决定。一是通过公民诉讼提升公民管理社会事务和参与公共事务的基本技能,通过提起、参与公益诉讼,使他们能够以协商和妥协的理念,采取兼容性的参与行动,拒斥对峙性的参与,②促进社会和谐。二是借助公民诉讼机制弥补公益诉讼制度空隙。当下的检察公益诉讼虽具有制度优势,但也具有行动迟缓、缺乏灵活性和效率、成本高昂等问题。为此,有必要一方面发挥社会组织、团体在实施诉讼方面的作用,尝试公民协助检察机关提起公益诉讼的做法,推动社会自我救治功能的完善。另一方面考虑我国社团制度不甚发达的现实,立法上宜增加"私人执法"机制,将公民诉讼纳入公益诉讼体系。③通过上述两个途径,在根本上弱化刑事手段在公益诉讼中的威慑作用,营造良好的营商环境,更多地体现公益诉讼的社会化特点,促进社会和谐。

---

① 《民事诉讼法》第五十八条第二款规定:"在没有前款规定的机关和组织或者前款规定的机关和组织不提起诉讼的情况下,人民检察院可以向人民法院提起诉讼。"《人民检察院公益诉讼办案规则》(2021 年 7 月 1 日起施行)第二条规定:"人民检察院办理公益诉讼案件的任务,是通过依法独立行使检察权,督促行政机关依法履行监督管理职责,支持适格主体依法行使公益诉权,维护国家利益和社会公共利益,维护社会公平正义,维护宪法和法律权威,促进国家治理体系和治理能力现代化。"
② 任剑涛:《公共的政治哲学》,商务印书馆 2016 年版,第 518—519 页。
③ 我国立法并未完全排除"公民诉讼"。《信托法》规定公益信托应当设置信托监察人,信托监察人有权以自己的名义,为维护受益人的利益,提起诉讼或者实施其他法律行为。其中就包括了公益信托诉讼,这也是公民诉讼的一种具体形式。

第六章 民事司法成本的分担

司法成本在政府、个人、社会与市场之间合理分散并最终实现,在学理上被称为司法成本分担或司法成本转嫁。[①]对于中国而言,司法成本的分担更是关系到如何在一个人口大国合理分配司法资源,这是让人民群众在每一个司法案件中感受到公平正义的基础条件,也是社会化民事诉讼体制构建的经济性要素。可以肯定的是,在这一高度复杂的作业中,国家基于纠纷解决和发展法律方面的责任,要负担审判成本;作为正义购买者的纠纷当事人,因讼争法律关系的私法属性也须支付相应成本。对当事人而言,如果无法实现司法成本的减少,那么能够将司法成本转移到诉讼外第三方那里,通过成本的转嫁实现司法成本和诉讼风险的最小化,也是一种理想状态。

可以这样比喻,成本机制对于司法体系运转而言犹如齿轮系统,国家、当事人和市场与社会之间要高度连续啮合,使民事司法持续运行获得动力。这里的司法成本,指具体民事诉讼中以货币来衡量的总耗费,它涵盖了以下几个部分:司法预算意义上的法院运营成本、当事人支付意义上的公共成本和私人成本,以及国家与社会基于分担司法成本而支付的司法救助成本和法律援助成本。因司法成本是影响纠纷当事人是否寻求司法救济的经济因素,他们的生活状态和整个社会秩序都可能受到司法成本因素的冲击。用消费心理学来解释,就是当事人在诉讼中自己实际支付的比重越大,对司法成本就越敏感,寻求权利救济的动机越弱;反之,如果他们支付的成本比例越小,对司法成本就越不敏感,进行诉讼的动机也就越强烈。因此,对于一个社会而言,在民事司法总成本恒定、诉讼程序稳定不变的情况下,如果个案成本能够转嫁或减少,司法将更具可持续性,权利保护的受益面也将扩大,社会正义水平将有效提升。

第一节 国家与当事人间的成本分担

民事诉讼要由当事人提起而由法院审理、裁判。与之相伴,正义实现过

---

① [日]棚濑孝雄:《纠纷的解决与审判制度》,王亚新译,中国政法大学出版社 2004 年版,第283 页。

程是一个劳动密集型活动,时间和资源耗费必然要以货币度量。这些成本包括了项目繁杂的法院费用、天文数字般的律师费用、琐碎的证据调查费用,以及其他难以穷尽列举的费用支出。这些问题可归结为如何计算以及由谁来支付两个方面。法院审理案件的耗费属于审判成本或"公共成本",包括国家为解决私人纠纷而设置司法系统所投入的资金、设备、人员等司法资源耗费。[①]与之对应,由当事人自己支出的诉讼耗费,则属诉讼成本或"私人成本",包括纠纷当事人为权利伸张或防御而支出的必要费用。这部分费用一旦被法律确认,便成为民事诉讼费用。在民事司法程序固定的前提下,不同司法成本的分担机制将导致国家或当事人负担的成本的总量发生变化,具体取决于成本如何在国家与当事人之间分配,使两者都能够接受司法成本负荷,从而在司法活动与司法投入之间实现最优配置。国家与当事人的成本分担有以下两个向度:一是,为降低公共事业成本,而将本应由国家负担的审判成本转化为诉讼成本,由当事人负担,即"审判成本诉讼化";二是,为扩大司法公共服务职能,而将本应由当事人负担的诉讼成本转化或转嫁为审判成本,即所谓"诉讼成本审判化"。

一、诉讼成本审判化

既然国家禁止自力救济,当然要保障人们使用法院以解决纠纷的机会。正如劳伦斯・M. 弗里德曼(Friedman)所评论的那样:正义是待价而沽的,但是在一个公正的社会中,它并不应当全部都是用来出售的。[②] 为此,国家不但负有设立法院的责任,还要以来源客观化、标准化的公共资金支撑法官及法院辅助人员的工资以及法院设施、设备的运营。后一种责任意味着,法院要由国家财政而非诉讼费用全额供养,哪怕是间接地借收取诉讼费用盈利也不合理。近 30 年来,不使审判活动包含法院经济利益的努力,构成了我国司法改革的一个侧面,从最高人民法院 1999 年通过的《人民法院诉讼费用管理办法》明确的"收支两条线"原则,到 2009 年《人民法院第三个五年改革纲要(2009—2013)》提出的"明确责任、分类负担、收支脱钩、全额保障"的经费保障体制,都可以看到法院公共经费与诉讼费用相分离的改革努力。当然,这一原则的落实还须处理一系列细致的技术问题,这是由民事司法的复杂性决定的,民事诉讼中公法与私法关系、法院职权行为与当事人诉讼行

---

① 傅郁林:《诉讼费用的性质与诉讼成本的承担》,载《北大法律评论》2001 年第 1 期。

② 转引自[美]史蒂文・瓦戈:《法律与社会》,梁坤等译,中国人民大学出版社 2011 年版,第 298 页。

为相互交错,辨别哪些活动该由国家付费、哪些活动该由当事人付费是困难的。

(一)司法成本分担的界限

如果认可民事司法的目的在于权利保护和实现正义,那么,司法成本分担的界限就会变得清晰起来。首先,民事司法以权利保护为目的,这意味着确认和实现权利是当事人自己的事情,他们当然要给予法院以成本上的补偿。其次,民事司法还具有维持私法秩序功能,国家自己也会通过司法做出民事裁判,输出具有示范效应以及法形成和秩序维持功能的公共司法产品,国家同样是民事司法的主要获益者,负担相应的公共成本理所当然。至于两者负担的比例,则取决于诉讼结构。相比较而言,英美国家的司法在社会管理中扮演的角色更积极,民事司法担负着发展法律的责任。这也是美国让国家和各州负担绝大部分公共成本的原因,当事人负担的案件受理费尚不足司法公共成本的 2%,仅具有象征意义。与之相对应,大陆法系国家以制定法为司法依据,民事司法活动的获益者主要是纠纷当事人,当事人承担了更多的司法公共成本。[①]除法国等少数国家外,欧盟国家的法院费用收费水准相对较高。这样看来,如果赋予民事司法以公共服务属性,司法总成本就要尽可能多地转化为审判成本,国家要尽可能多地负担。可以观察到的状况是,现代国家向福利国家的转变过程,也加速了诉讼成本审判化趋势。尤其是现代司法"均一性司法"(uniformity)与"普享性司法"(universality)理念的盛行——司法不应差别对待当事人,只应与纠纷当事人的实际需要联系,在成本分担方面给国家施加了更大的责任和压力,法院费用不仅要低廉,适当降低对原告的费用威慑,法院还应成为福利的管理者,为缺少经济能力的人提供司法救助,分散弱势当事人的风险。[②]

(二)我国司法成本负担的问题

在权利保护需要的角度,国家也应充分保障当事人的司法请求权,使他们能够实际利用司法,满足世俗需要和利益,履行国家责任。尽管我国并不通过宪法途径落实诉权保障,但从《宪法》第一百二十三条"中华人民共和国

[①] 廖永安:《民事诉讼理论探索与程序整合》,中国法制出版社 2005 年版,第 205 页。

[②] 我国《诉讼费用交纳办法》第四十五条将准予免交诉讼费用的情形列举为:(1)残疾人无固定生活来源的;(2)追索赡养费、扶养费、抚育费、抚恤金的;(3)最低生活保障对象、农村特困定期救济对象、农村五保供养对象或者领取失业保险金人员,无其他收入的;(4)因见义勇为或者为保护社会公共利益致使自身合法权益受到损害,本人或者其近亲属请求赔偿或者补偿的;(5)确实需要免交的其他情形。

人民法院是国家的审判机关",以及《民事诉讼法》第六条第一款有关"民事案件的审判权由人民法院行使"的规定,都可以解释国家应担负的司法责任。接近司法的公平,与医疗、养老、教育、就业等民生问题一样,是人民"获得感"的组成部分。历史上看,我国通过 2007 年《诉讼费用收费办法》的制定,明显降低了一般案件的诉讼成本,诉权行使的经济障碍被局部消除,这在国际上获得非常好的评价。当然,对社会最具吸引力的司法成本政策莫过于免费诉讼,将全部诉讼成本转为审判费用,由国家负担,这样可以实现接近司法、促进社会团结、加强社会凝聚力的司法理想。但问题是,司法免费以过多耗费公共财政资源为代价,往往与司法财政赤字相伴。法国的经验已证明,司法免费仅具有象征意义,其中有诸多限制。例如,只免除公民的法院费用,法人仍要交纳法院费用;免除法院费用,但律师费等项目仍要由诉讼当事人负担,等等。

作为公共成本,司法成本的分担取决于自然、经济与社会条件等多种因素,因此在整体上,我国并不具备免费司法的基础条件。尽管如此,根据民事司法中的公共服务事权划分,国家仍有必要明确自己的财政支出责任。例如,应将因履行国家司法责任的诉讼活动而发生的诉讼费用纳入公共费用,非讼案件和公益诉讼要免费提起。前者以无争议的权利保全为审理对象,基于法律政策上的考虑要迅速解决,审理结果也不区分胜诉当事人和败诉当事人;至于后者,由于公益诉讼以维护所有公民的共同利益、国家与社会公共利益为目标,因此有必要为公益组织诉权行使清除费用障碍。此外,因法院依职权实施的审理行为而产生的成本,也应列入公共经费支出范围,法院依职权传唤证人、指定鉴定人、聘请专家,则相应的费用应由法院资金支付,这样的成本分担,既可以体现国家公共服务的职责,又可体现诉讼中的自我归责原则,将法院职权调查的权力限定在必要范围。

二、审判成本诉讼化

(一)审判成本负担的法理

与诉讼成本向审判费用的向度转化相反,审判成本向诉讼费用转化,是国家将部分审判成本转嫁给当事人负担,这是国家负担成本最小化的策略。对应在我国诉讼费用立法中,审判费用的诉讼化就是《诉讼费用交纳办法》第二条规定当事人交纳的"案件受理费及申请费"。一个比喻是,审判(法院)费用是当事人进入法院的入场费,但严格说,这笔费用应当是当事人为国家的司法行为支付的对价或报酬。

　　几乎所有立法例都确认了这种成本分担方式,让部分审判成本变成诉讼费用。苏格兰是个极端例子,他们将大部分审判成本转化为诉讼费用,诉讼费用覆盖了法院运营成本的 $80\%\sim90\%$,①也因此有效弥补了司法公共经费的不足。对所有司法辖区而言,这种成本转嫁的正当性在于,绝大多数民事诉讼的受益者是当事人自己,国家不应也无法完全包揽全部诉讼成本,这是不言自明的道理。问题的实质在于,按照什么样的标准确定"司法入场费"? 答案应当是明确的。首先,成本核算标准应当取决于国家与当事人间诉讼成本分摊比例、权利救济的难易。在成本分担上,国家的责任要重于公民,因为,国家要为其国民的生存、发展、安全、健康、幸福生活和可持续发展承担和履行责任,司法成本的负担则要在力所能及的范围内。其次,将审判成本转嫁给当事人存在着合理限度,诉讼费用标准不能太高,也不能太低。如果诉讼费用过高,生产正义的成本就会太高,阻碍纠纷当事人寻求司法救济,不利于司法在法治统一和维护公益方面的作用发挥。但费用也不能过低,民事司法的运作成本需要得到补偿,方可维护可持续司法,这就需要收取一定的法院费用来维系民事司法的正常运作及提升其品质。

(二)审判成本负担的类型

　　在分担比例上,审判成本被划分为免费型(free access)和全部成本回收型(full cost recovery),分别代表司法免费与当事人负担审判成本两种诉讼费用类型。免费型将审判成本视为"司法入场费",数额通常较低,少到可以忽略不计,法国和瑞典甚至免收。英美法系国家则只象征性地收取审判费用,这与他们的诉讼构造密不可分——是当事人的律师,而不是法院担负收集事实和证据交换的责任,案件事实主要通过律师之间的对抗而得到发现。相比之下,法院的工作强度并不大,费用支出也相对较少,这让英美国家有条件实行低廉的审判费用收费制度,并营造了这样一种效果——法院像国家博物馆或国家公园一样易于进入。相形之下,大陆法系国家却多采行审判费用"准商业化"模式,以市场为导向来分配诉讼资源。这种模式虽然也视民事司法为公共服务或公共物品,但更重视民事司法资源的供求关系,法院费用理所当然地成为资源调整的价格工具,以最终收回全部成本为目标假定。不难预料,这样的改革建议会招致诟病——过高的法院费用增加了利用司法的难度,让人们接近正义的希望变得渺茫。尽管如此,与之相对的观点也不可取——降低诉讼费用与正义的实现紧密相关,当事人成本最小

---

① 　Brian Main and Alan Peacock,*What Price Civil Justice*? Hobart Paper,2000,p.25.

化就等于法律制度的公平。研究表明,尽管民事司法是一种无法分割的服务,对其衡量不可能采用市场价格体系,①但民事司法资源的分配确实应考虑市场分配和诉讼定价机制,通过费用筛选机制,只把那些对抗激烈且重要的案件放入法院,②控制社会的司法总成本。

从诉讼收费标准看,我国显然属于全部成本回收型或市场导向型的成本模式。但就改革基础而言,我们已具备或接近具备了向福利型费用模式转变的物质基础。有了财力保障法院的运营,就应逐步摆脱对诉讼费用的依赖,诉讼费用只应用于补偿特定案件的审理耗费,或在不同案件之间流动使用,但却不允许以此供养法院。不仅如此,国家还有必要逐步将诉讼费用纳入国家福利计划,扩大司法福利受益面,增加免费案件范围,以"供给侧结构性改革"优化司法资源配置,满足社会需求。以劳动争议收费为例,世界已普遍实行免除原告的诉讼费用;③土耳其和巴西等国还免除了群体消费案件的诉讼费用。相形之下,我国劳动争议案件每件按照 10 元收取诉讼费用的规定既不优惠,也无实际意义。与之类似,小额诉讼、婚姻家庭、消费纠纷案件也宜象征性收取费用,体现民事司法的福利性。

三、成本分担的限度

法院预算制度改革是诉讼费用改革的前提。我国目前的诉讼费用"收支两条线"制度,虽在外观上切断了法院直接从当事人那里获取资金的渠道,但改革的任务并未完成。法院靠诉讼费用获得财政拨款来维系自身运营的状况并未根本改变,只不过由过去直接收取诉讼费用,转变为间接地从财政部门获取,"明补"变为"暗补","收支两条线"被"上缴返还"架空。④诉讼费用经过财政部门的预算外资金财政专户,又返还给法院。某些法院的商业动机依然强烈,背离审判成本的收费情况并不罕见。例如,根据中部某省高级人民法院发布的 2014 年部门预算,案件审判支出尚不足 25%,执行费用不足 3%。法院部门预算中的大部分为社会保障和就业、医疗卫生、人

---

① [美]皮特·纽曼:《新帕尔格雷夫法经济学大辞典》(一),许明月译,法律出版社 2003 年版,第601 页。

② Joseph Franaszek, Justice And The Reduction of Litigation Cost: A Different Perspective, *Rutgers Law Review*, Vol. 37, p. 338.

③ 各国对救助贫困者和社会保障受助者都有特殊的费用政策,免除原告承担诉讼成本的义务,例如西班牙的公共律师制度、希腊的特别限制收回成本制度,以及土耳其对现役士兵和外交人员的诉讼费用豁免制度,等等。

④ 刘哲玮:《"减半交纳案件受理费"的诉讼法考察》,载《法律适用》2008 年第 6 期。

员支出、日常公用支出,及物业管理、法制宣传、重点课题调研及法官培训、网络运行维护等一般行政管理事务支出。再如,西部某省高级人民法院2015 年的法院部门预算表明,一些审判成本被不合理转嫁给当事人,该法院直接用于案件审判的费用仅占全部预算的 8.56%,执行费用则不及 1%。某直辖市高级人民法院 2014 年的办案经费支出也不足部门预算的 4%。仅从诉讼费用本质属性出发,这种以税费名义筹集和分配的司法资金,仅应用于补足民事案件的审理耗费,它应当与公共资金分离。来自普通纳税人的公共资金才可以用于法院的运营。

审判成本的诉讼化的限度,是立法上确定合理收费项目和精确的计算标准,使收费标准反映实际办案成本。[①]在这方面,我们存在的问题是诉讼收费项目过于模糊,案件受理费、申请费用和其他费用的收费标准没有与审判成本挂钩,大部分商事案件的收费更是大幅超过实际审判成本。[②]与发达国家相比,我们现行的收费标准与经济发展水平和国民收入水平明显不符,企业诉讼负担沉重。对此,方流芳教授早指出,让法院收取讼费而补贴预算不足,是不恰当地转移了国家本来应当承担的"审理成本",其代价不但是诉讼当事人承担过高的诉讼成本,而且是损害司法公正。[③]改变上述收费背离成本的状况,就应考虑贯彻如下原则。

(一)符合实际耗费原则

理论上,财产案件标的额越大,基于慎重司法的考虑,应适用慎重且复杂的程序审理,投入的司法资源似乎也越多,案件受理费就应越多。但实际上,案件标的额的高低与处理案件的消耗之间并非成正比例关系,而且,由于我国的法律没有设定诉讼费用上限,导致大中型民商事案件收费偏高,诉讼费用超过百万元、千万元的商事案件屡见不鲜。例如,2017 年 1 月 25 日"常州毒地"公益诉讼案在常州市中级人民法院宣判,原告北京市朝阳区自然之友环境研究所(简称"自然之友")与绿发会败诉,案件受理费人民币189.18 万元,由两名原告共同负担,法院审理的成本与收取的诉讼费用显

① Brian Main and Alan Peacock, *What Price Civil Justice?* Hobart Paper, 2000, p.56.
② 在大型商事案件中,中国的法院费用的收取标准至少高于奥地利、捷克、丹麦、爱沙尼亚、德国、希腊、立陶宛、波兰、葡萄牙、俄罗斯、西班牙和瑞士。Christopher Hodges and Stefan Vogenauer, *The Costs and Funding of Civil Litigation: A Comparative Perspective*, Hart Publishing, 2010, p.57.
③ 方流芳:《民事诉讼收费考》,载《中国社会科学》1999 年第 3 期。

然不成比例。这种"高度有偿主义"收费标准,已大幅超过韩国、日本。①可能的结果是,涉讼企业背负过重的诉讼成本压力,市场竞争力下降。②在这个方面,德国经验值得借鉴,他们以诉讼标的额为基础按照比例收取法院费用,设置费用上限,以杜绝"天价"诉讼费用。细化收费项目是收费正当化的必要条件,一方面,要将审判费用细化为案件受理费、申请费、送达各种文书所花的费用以及调查证据等费用,这部分费用仍可以延续以案件标的额为基础按照一定比例收费的政策,但应设置上限(例如 100 万元)。另一方面,《诉讼费用交纳办法》还应对当事人费用(非案件受理费或申请费)的范围和负担问题做出规定,并将其详细列举为当事人取证和制作文书所花的费用、差旅费用、误工损失等项目。

(二)计算方法优化原则

在诉讼费用计算方面,《诉讼费用交纳办法》已经规定了按照诉讼标的额依率收取诉讼费用,但仍存在优化的必要。纵观各国,诉讼费用计算方法有两种:第一种方法是以诉讼标的额为计算标准,包括我国在内的多数国家采用了这种方法。计算公式通常为:法院费用=计算基数×规费费率。这一标准建立在这样的假定基础上,案件的复杂程度与诉讼费用成本成比例,诉讼标的额大的案件诉讼成本也相对较高。问题是,这种假定的逻辑过于武断,实际情况往往是,标的额少的案件消耗的审判成本未必低,标的额高的案件也未必占用法院更多的时间和资源。第二种计算方法以单位审理时间为计算标准,这种方法更能反映实际成本。以挪威法院费用的收取方法为例,他们首先为法院费用设定了计算单位(R),法院一天的费用为5R(每R为860挪威克朗,相当于110欧元),审理增加一天则额外收取3R,审理期间逾5天的案件则每天收取4R,上诉法院收取的法院费用为24R。③相比之下,后者以单位乘以系数的计算方法更为合理,能更精确体现审前、开庭和作出判决不同阶段诉讼活动的成本耗费,更易于为当事人和社会接受。

---

① 按照 2007 年《诉讼费用交纳办法》确定的标准,以 5000 万元人民币的财产争议案件为例,我国法院要收取案件审理费 29 万余元;日本同等数额的案件要收取费用 10 万余元人民币,仅是中国标准的 1/3;而法国则免收个人的法院费用,对企业法人则有条件免收。

② 方流芳教授在《诉讼费用收费考》中的研究表明,20 世纪 90 年代,诉讼费总额达到数十万元、上百万元的案件并非个别情况。进入新世纪后,随着诉讼标的额动辄几十亿元、上百亿元的房地产纠纷及融资纠纷案件增多,一、二审诉讼费用合计为数千万元的案件也开始屡见不鲜。

③ Alan Uzelac(eds),*Goals of Civil Justice and Civil Procedure in Contemporary Judicial Systems*,Springer International Publishing,2014,p.120,267.

（三）程序正义及程序保障原则

诉讼费用评定程序和异议程序是司法成本分担机制的必要组成部分。尽管对诉讼费用进行"精算"是一种理想，但让诉讼费用尽量反映本案、本审级的审理成本仍是必要的。横向看，多数立法例都有诉讼费用评定、裁判与核算程序，具体由书记官完成成本核算。我们在未来修改《诉讼费用交纳办法》时，宜引入这种专门的附随程序。具体可设计为：在诉讼终结时，法院应当依职权在裁判文书中对该审级的全部诉讼费用作出裁判；上诉法院在变更第一审裁判时，应当对诉讼的总费用作出裁判。而且，裁判仅针对法院费用（已按照标准预交）和当事人费用的负担，而不涉及当事人费用数额；在法院对诉讼费用的裁判发生执行力之后，根据当事人的申请，由法院专门的财务人员加以确定。对法院核定诉讼费用金额的决定，当事人有权提出异议救济，这也是必不可少的程序保障。

第二节　当事人之间诉讼费用的分担

司法成本的第一次分担机制为国家与当事人的司法成本负担划定了界线，一定程度上解决了正义生产与司法资源分配问题。但问题只解决了一半，当事人之间由谁负担诉讼成本的问题还悬而未决，诉讼成本还必须经历"第二次转嫁"，使诉讼费用（法院费用和当事人费用）能够在当事人之间转移。

一、目的性价值

诉讼费用在当事人之间转移的方法林林总总，典型者如败诉者负担、过错方负担、原告负担及双方当事人共同负担等。但所有的方法都不得不对诉讼费用中的"莎士比亚选择困境"做出回答——转移还是不转移？对此，美国和英国给出了不同对策：败诉者负担诉讼费用就是费用转移情形，即英国规则；而当事人各自承担自己的诉讼费用，则是诉讼费用（主要是律师费用）不转移规则，这也称作美国规则。

（一）败诉者负担诉讼费用的正当性

通常，相对于实体裁判结果，民事诉讼费用负担问题只是一个从属项，以裁判结果为前提并与判决结果相一致，这是在诉讼成本分担上遵从正义的结果，败诉方负担费用原则最典型地反映了这种正义追求。这种方法占据了民事司法世界的主要版图,在大陆法系国家(尤其是中东欧、北欧、南欧及拉美国家)更是一统江山。其特征是:第一,实行败诉方负担诉讼费的费用转移原则。在这一原则之下,诉讼费用负担问题就像是判决主文的影子,胜诉者通吃,败诉者全输,连同诉讼费用。这样,诉讼费用最终由谁负担,与谁预先垫付了费用、或谁为诉讼付出了精力等因素无关,而与诉讼请求是否正当、最终得到法院的支持有关。第二,转移给败诉当事人负担的诉讼费用限于法定数额,通常包括经核定的法院费用与当事人费用。大多数立法例还将合理的、必要的律师代理费用纳入当事人费用之中;即便是不将律师费用纳入诉讼费用的国家,通常也允许法官在个别情况下对律师费用的转移做出判断。我国就属于后者,认可的双方诉讼合理支出中包括了合理且必要的律师费用。①在这点上,我们的做法与日本和美国接近。

败诉者负担诉讼费用是以实体权利为中心,旨在平等分配诉讼负担的方法。其优势在于:第一,真正享有权利的人不负担成本,他们可以在没有经济、精神负担的情况下起诉和应诉。从制度经济学的角度,合理的、标准化的费用负担制度确实能降低权利人的权利救济成本,让人们更好、更平等地利用司法解决纠纷。第二,败诉者负担诉讼原则的可预测性较强,原被告双方可据此采取理性诉讼策略。对于原告,如果诉讼成本过高且无其他替代途径,他们利用司法程序的动机就会变弱;在被告方面,也会基于"风险—效率"的成本考虑决定抗辩或做出认诺。第三,败诉者负担诉讼原则还是挫败不适法债权请求的有效手段,道理很简单——败诉者不仅要负担自己的诉讼费用,还要负担对方当事人的诉讼费用,支付的是双倍的成本,它实际在警示原告谨慎对待起诉,从而对草率诉讼、虚假诉讼及诉讼欺诈行为形成费用威慑。

(二)败诉者负担诉讼费用规则的局限性

由败诉者负担诉讼费用原则的优势也是相对的。首先,从终极意义上讲,由败诉方当事人负担诉讼费用的制度目的,是以一种摩擦系数几乎等于零,无论怎样微小的权利侵害都能得到立即克服的社会为理想境界的。②但它又有残酷的一面,一方面它使当事人在胜诉时不支付任何费用,另一方面却威胁当事人在败诉时将承担巨额诉讼费用。其次,诉讼费用由败诉人负

---

① 现行司法解释规定,人身损害赔偿、名誉侵权、交通肇事案件和法律援助等九类案件由败诉方承担胜诉方的律师费,其余案件的律师费应当由诉讼当事人各自负担。
② [日]棚濑孝雄:《纠纷的解决与审判制度》,王亚新译,中国政法大学出版社 2004 年版,第290 页。

担原则体现的是结果责任,并不预先确定哪一方可以胜诉,哪一方必然败诉,但这也带来权利本身的不确定性。尤其是在现代社会,由于案件的复杂性,当事人越来越难以预计案件的结局,会出现明明有理却败诉的情况,有人会忌惮双重成本负担而不敢提起诉讼或抗辩,合理的权利主张可能受到压制。而且,纠纷的发生并非一方当事人对另一方的法定权利进行了侵害这样简单,所谓"哪一方拥有权利,哪一方负有义务"只是通过审判才得以暂定形成的一种利益分配或利害关系调整的格局。[1]专利案件最典型地呈现出费用难以预测的特点,专利维权周期长并不是一个独立的问题,其产生和形成的原因错综复杂,需要从法律制度本身、制度设计、权利配置、法律运行、程序、社会环境等方面加以全面分析。过低的可预测性,带来权利保护的盲目性,给当事人选择纠纷解决方案、做出正确决策制造了困惑。最后,败诉者负担诉讼原则既然可以鼓励那些胜诉希望极大的当事人去起诉,也可能让他们过分乐观,为诉讼增加赌博色彩,弱化败诉者负担原则的抑制与威慑功能,最终被吓跑的只是那些害怕诉讼风险的当事人。连锁的反应是,由于赌注变高,在原告败诉没有足够的财产支付对手的当事人费用时,被告的总体支出也随之增加。[2]

　　将具体的诉讼收费制度仅归于公正性或工具等单一的目标,都会过于简单。尽管败诉方负担诉讼费用能够体现正义精神,但如果诉讼费用分担只考虑目的性价值和结果正义,那么很有可能导致普遍正义与个别正义之间的冲突。例如,尽管公益案件原告败诉,但其起诉未必是违背正义之举,让他负担诉讼费用却是真正的违反正义。再如,费用的负担还必须考虑实质公正因素,如果双方当事人经济实力相差悬殊,就有必要做出差别性处理,让经济能力强的一方当事人按较大的讼争标的金额计算当事人费用,而让经济能力弱的一方当事人按较低的讼争标的金额计算当事人费用。总之,诉讼费用制度须带有开放性和弹性,来缓解费用负担原则完整性与开放性之间的矛盾,唯有这样才能够让诉讼费用负担制度具有"回应性"功能,保护公共利益及特殊群体的利益。

　　我国民事诉讼中当事人费用转移的正当性,在实体法和诉讼法两个层面都应有所体现。在实体法层面,有关法律和司法解释就某些特定领域纠纷的律师费承担的规定,也是实体法层面有关诉讼费用请求权的规定。这

---

[1]　王亚新:《社会变革中的民事诉讼》,中国法制出版社 2001 年版,第 288 页。

[2]　[美]德博拉·L.罗德:《为了司法、正义:法律职业改革》,张群等译,中国政法大学出版社 2009 年版,第 203 页。

种私法上的债权请求权,是败诉者负担诉讼费用的诉权根据。具体体现于我国《著作权法》第四十八条、《商标法》第五十六条和《反不正当竞争法》第二十条的规定中,亦即,侵权人的赔偿数额包括权利人为制止侵权行为(反不正当竞争行为)所支付的合理开支;最高院《关于适用〈中华人民共和国合同法〉若干问题的解释(一)》也规定,债权人行使撤销权所支付的律师费、差旅费等由债务人承担。但需指出的是,律师代理费没有实际发生,没有实际损害结果,债权人在追偿债务时,还不可以在同一诉讼中向债务人一并主张其律师代理费支出。在民事诉讼法层面,特定情形下当事人根据民事诉讼法的规定,对对方当事人享有费用求偿请求权。例如,《民事诉讼法》第一百零五条以及《国家赔偿法》第三十一条规定,采取财产保全措施发生错误,给被申请人造成经济损失的,应当对被申请人进行赔偿。民事诉讼法这样规定,既是对被申请人合法权益的保障,又是对申请人滥用权利的限制及制裁,体现了保护双方当事人合法权益的原则。

二、工具性价值

除了正义性价值,诉讼成本负担中的工具性价值也必须得到重视。诉讼费用制度的工具性,将费用的分担作为实现正义的手段,重在以费用机制作为杠杆调节诉讼资源分配,引导当事人选择实施诉讼行为。从工具价值角度,诉讼费用机制无异于阀门装置,能够影响、调节和控制当事人的程序选择,有助于促进诉讼公正与诉讼效率目标的实现。在诉讼外的程序选择上,诉讼费用可以鼓励或压制当事人选择使用民间调解、仲裁等诉讼外纠纷解决方法,分流案件;在诉讼内程序选择上,则可以激发或消解当事人撤诉、上诉、诉讼调解及和解的动机。总之,费用工具性价值的终极目的,在于追求用最少的司法资源生产出更多的正义,提高司法的边际收益。2007 年《诉讼费用交纳办法》大幅降低了劳动争议案件、调解结案和简易程序案件、反诉案件的收费标准,都是诉讼费用机制工具性价值的外在表现。

(一)抑制滥诉或鼓励诉讼

诉讼费用分担的美国规则,最典型地体现出鼓励人们通过诉讼实现社会政策的制度目的。当事人负担自己诉讼费用的设定,在很大程度上建立在实体法规定的高额赔偿及惩罚性赔偿的基础上,当事人对自己的诉讼经济风险往往心知肚明,他们可轻易地对自己的诉讼策略以及诉讼投入作出判断。因此,这种自掏腰包的费用规则在客观上鼓励了原告开展诉讼,无论是胜诉把握较大的原告,还是胜诉把握较低的原告——只要诉讼不是完全失去胜诉希望,他就可以继续战斗,无须考虑负担对方的诉讼成本。反过来看,对于一个好讼倾向严重的滥讼社会,美国规则就不是适合的费用政策工具。这样的结论,在美国、希腊和韩国的司法实践中都已得到证明。[①]相反,英国规则强调的是败诉者负担包括对方律师费用在内的诉讼费用,诉讼费用则具有抑制滥诉的作用,除了零成本的权利救济正义理念之外,也贯彻了这样的思路:败诉的当事人是侵害他人权利的人,应该承担双重诉讼成本,这样才会达到抑制权利侵害或不经过诉讼就可以实现权利的目的。

在我国《民事诉讼法》及司法解释中,也很容易找到诉讼费用工具性的作用空间,尤其体现在诉讼费用对滥诉的规制上,具体包括:一是,在那些不必要的诉讼中,当事人即使胜诉也无法收回诉讼费用。《诉讼费用交纳办法》第三十四条规定"民事案件的原告或者上诉人申请撤诉,人民法院裁定准许的,案件受理费由原告或者上诉人负担……",以及该办法第三十五条规定"当事人在法庭调查终结后提出减少诉讼请求数额的,减少请求数额部分的案件受理费由变更诉讼请求的当事人负担"。上述条款都是诉讼费用惩罚性规定。二是,因当事人故意或重大过失致使发生无益的诉讼费用时,法院可以做出偿还该费用的命令。2015 年 2 月 4 日发布的《最高人民法院关于适用〈中华人民共和国民事诉讼法〉的解释》第四百零一条规定"当事人提交新的证据致使再审改判,因再审申请人或者申请检察监督当事人的过错未能在原审程序中及时举证,被申请人等当事人请求补偿其增加的交通、住宿、就餐、误工等必要费用的,人民法院应予支持"。这一新规定表达出我国费用政策的新动向——当事人不得滥用诉讼权利,损害对方当事人的程序利益。同时,该规定还提升了诉讼成本的可预测性,当事人在进行诉讼时就能够明确可能的费用支出,促使当事人及时提出证据。

(二)鼓励调解(和解)

对于纠纷当事人而言,如果诉讼费用过高又不确定的话,通过替代性方法解决就可能成为现实选择。作为普遍性的诉讼政策,中外民事司法实践都将诉讼费用作为鼓励调解(和解)的手段加以使用。大陆法系国家的做法是,通常情形下以败诉者负担诉讼费用为原则,同时采取"风险倒置"的方法,以诉讼费用的特殊规则鼓励当事人达成调解协议。甚至在特定情形下,以命令负担诉讼费用来制裁拒绝和解的一方当事人。类似的费用政策迎合了当事人这样的诉讼心理:很多胜诉希望不大的原告,是在知晓无须向对方

---

① Mathias Reimann, *Cost and Fee Allocation in Civil Procedure*,Springer,2012,p. 164,201.

支付诉讼费用之后才试探着去起诉的,他们的策略就是尽量与对手达成和解,以妥协的结果终结诉讼。我国《诉讼费用收费交纳办法》第十五条有关"以调解方式结案或者当事人申请撤诉的,减半交纳案件受理费"的规定,就表达出这样的导向:既然胜诉没有十分把握,与其继续投入诉讼资源争取胜诉,不如通过调解或和解来减少自己的成本支出。德国诉讼费用制度则以一种量化方式精确地呈现工具性,按照其诉讼费用规定,法官在确定律师费用时必须符合实体法且与诉讼阶段挂钩,即诉讼开始的律师费为一倍系数,诉讼到初步预备听审阶段为两倍系数,庭审认证阶段后为三倍系数。这样的费用计算是不利于促进和解的,因为律师为了牟利会将诉讼进行到底,以获得三个系数的律师费用赔偿。为形成积极的费用激励,德国修改了律师费用的核定标准。规定在预备庭审之前达成和解,律师有权获得两倍系数的费用。这样,德国通过诉讼费用杠杆有效地激励了当事人及其律师的早期和解行为。

(三)案件管理

近十多年里,即便是发达国家在司法资源投入方面也普遍露出捉襟见肘之疲态,大多无力解决法官数量与案件数量之间的紧张关系,案件积压成为民事司法的梦魇。在这种背景下,学术界和司法界开始转向诉讼费用的工具性,寻求解决弥补司法资源短缺的对策。由于财政投入往往恒定不变,甚至被削减,剩下为数不多的工具就是案件管理,通过对司法进行集约化管理来提高效益,提高司法效率,控制正义生产的成本,合理分配人们使用诉讼程序的机会。[1]管理需要资金投入,资金则全部或部分取自诉讼费用,这部分资金成为资助替代性纠纷解决制度发展的基金池,超额收取的诉讼费用被用于反哺其他司法系统,或者用于激励创新诉讼外纠纷解决机制的发展。[2]长期以来,我国民事案件中收取的诉讼费用就一直在补贴刑事司法与行政司法,以及诉讼外纠纷解决机制,这对维系司法整体均衡发展而言是非常重要的支撑。

(四)激励使用小额诉讼程序

通常的民事诉讼中当事人所负担的诉讼费用,以及诉讼外的支出往往

---

[1] Joseph Franaszek, Justice And The Reduction of Litigation Cost: A Different Perspective, *Rutgers Law Review*, Vol. 37, p. 344.

[2] Alan Uzelac(eds), *Goals of Civil Justice and Civil Procedure in Contemporary Judicial Systems*, Springer International Publishing, 2014, p. 27.

数额不菲,甚至超过胜诉所得,小额纠纷或者中等数额纠纷尤其如此。因此,成本的缩减构成了小额诉讼程序的正当性基础。对此,2006 年制定《诉讼费用交纳办法》之时尚无小额诉讼程序的规定,2012 年新《民事诉讼法》规定了小额诉讼制度之后需要与之相配套的诉讼费用制度。《诉讼费用交纳办法》第十六条规定了"适用简易程序审理的案件减半交纳案件受理费",作为简易程序之一的小额诉讼程序的诉讼收费只应再低于这一收费标准(例如按照简易程序收费标准的 1/4 收取)。采纳这种分类定额的收费制度是必要的,这样才会激励社会使用这一程序。低廉的收费也是在立法上缩减当事人审级利益的对价,因为,一审终审对小额纠纷当事人而言似乎是不公平的,他们失去的审级利益,必须"通过某种补偿或再分配使一个社会的所有成员都处于一种平等的地位"①。当然,当事人使用小额诉讼程序获得的补偿是多方面的,既包括小额法庭提供的人文主义关怀,又包括诉讼费用优惠和诉讼效率,等等。

三、律师费用转移:目的性与工具性的交错

当事人费用应否包括律师费用,与民事诉讼代理制度的关联最为密切。如果实行本人诉讼主义,未必由律师来代理诉讼,那么当事人在委托律师时就要支付代理费用,在立法上这笔费用可以不划入诉讼费用。反之,如果民事诉讼中实行律师强制代理,就必须将必要的律师费用纳入费用,结案时法院要对包括这笔费用在内的诉讼费用做出判定,由一方当事人(通常是败诉方)负担。败诉方负担对方当事人的合理律师费用,是被称作"赢家取得一切"的诉讼成本政策,它体现了诉讼费用目的性价值,追求的是权利人在成本为零的状态下实现权利的理念。这里有个前提,唯有合理的、必要的律师费用才属于诉讼费用,而合理与必要的标准则取决于收费标准的客观化,以固定费率为计算标准,且在诉讼程序最初阶段就已明确,继续进行审理活动所投入的任何精力都不会增加其报酬。②

尽管将部分律师费用纳入诉讼费用已经成为主流观点,但反对的观点也颇有力量。其理由包括:将律师费用纳入诉讼费用是极度危险之不合理制度,在律师费用不可预测、缺乏行政规制的情况下尤其如此。在这一成本机制下,当事人除了不断加大投入就别无选择。总之,将律师费用纳入诉讼

① [美]约翰·罗尔斯:《正义论》,何怀宏等译,中国社会科学出版社 1988 年版,译者前言第 8 页。
② 黄宣:《德国民事诉讼费用制度述评》,陈刚主编:《比较民事诉讼法》(第 8 卷),中国法制出版社 2012 年版,第 83 页。

费用,尽管有固定费用率和法院核定诉讼费用的约束,但诉讼不经济的后果也显而易见,因此,即便支持必要的律师费用由败诉方负担的立法例,也不得对律师收费标准加以限制。例如,为律师费用的转移设置数额上的标准,以防对败诉方当事人造成经济负担上的不公平;胜诉方只能从败诉方那里获得部分律师代理费用的补偿,法院也只是可以判决责成败诉方在合理的限度内支付胜诉方代理人的服务费,等等。

至少对我国而言,将律师费用排除在诉讼费用之外体现了费用政策的工具性价值,从民事诉讼法及《诉讼费用交纳办法》都可以看出这样的思路。但律师费用不转移,并非代表所有案件中都将律师费用排除在诉讼费用之外,例外和变通也相当常见。在侵权责任的意义上,律师费用在本案中不转移到败诉方那里,并非意味着胜诉方诉权的丧失。我国立法明确了在个别情况下可以将律师费用转化为实体问题,赋予胜诉方以诉权,允许当事人对利用诉讼损害自己权利的行为提起损害赔偿诉讼。例如,知识产权诉讼中的"滥用诉权的反赔"就以追索诉讼费用的诉权为根据。在诉讼法方面,民事诉讼法及司法解释也允许民事保全中的被申请人以诉讼方式对滥用保全申请的行为,提出赔偿诉讼。总的来看,我们与美国、日本一样,将律师费用排除在诉讼费用之外,更注重诉讼费用工具性价值的发挥,尽管制定费用政策时未必十分明确这样的价值理念,但在实践中却一直发挥着为原告减轻经济压力的效果。打算起诉的原告们不必担心败诉可能导致的负担对手律师费用的压力,可以以较轻松的心理进行诉讼。当然,排除律师费用的诉讼费用政策也有法律职业博弈的考虑,毕竟,没有法官监督的律师收费,就意味着律师职业的自治性得以被尊重。[①]

第三节　市场和社会分担司法成本

一种观点认为,人们无法接近正义的关键因素并不在于诉讼费用制度,而是因为市场在配置诉讼资源中出现了问题,以至于只有那些能支付得起诉讼成本的人才能够提起诉讼。[②]如果这种观点成立,那么市场同样可以解决这样的问题。特别是在多数国家无法向司法中投放更多财政资源,司法开支整体增速又高于 GDP 的增长的背景下,几乎所有国家都在面向国家和

---

① Mathias Reimann, *Cost and Fee Allocation in Civil Procedure*, Springer, 2012, p. 199.

② Joseph Franaszek, Justice And The Reduction of Litigation Cost: A Different Perspective, *Rutgers Law Review*, Vol. 37, p. 338.

当事人之外寻求分散诉讼成本的方法,注重市场要素的作用。这种"私有化"的司法成本分担方式,对中等收入阶层的权利保护最具意义。他们介于穷人与富人之间,法律援助和司法救助都可能向他们关闭大门,处于接近正义的边缘。①基于这一背景,将诉讼费用分散到市场或社会组织那里,可以减轻这类群体的诉讼风险。

一、向市场分散成本

(一)律师成本的分散机制

律师职业具有高度市场属性,他们参与诉讼注定会扩大当事人的诉讼成本,通常国家也会以市场规律来对待律师职业,降低对于商品和服务的立基于市民身份的分配的重要性,而倾向于给予基于市场的分配和国际竞争力以优先性。②这样一来,律师法律服务就出现了与公共需要相脱节的可能,而诉讼代理活动的商业化,又不可避免地导致当事人诉讼成本的高企。对这类成本,如果我们能够找到以律师费为主要构成的司法成本的分散办法——无论是时间上的分散,还是空间上的分散,那么高昂的律师费用给当事人带来的经济痛苦就可能得到缓解。

在大多数国家,由律师为当事人提供代理资金是悠久且普遍的现象,这种费用风险转移的典型方式就是胜诉取酬(contingent fee)。对于律师群体而言,这种转嫁不但可以接受,甚至备受欢迎。对其而言,诉讼是充满机会和诱惑的博弈过程,可以容忍委托人事先不支付服务费,而等待案件胜诉或执行后按照预先约定比例分享胜诉利益或者执行到位金额的做法。这种风险代理,在客观上为那些起诉时根本无力承担律师费用的当事人提供了接近司法的机会,律师承担了可能无法得到诉讼代理费用的风险,同时也获得了积极代理案件的事后费用激励。

在我国,胜诉取酬也已有广泛运用。2006年由国家发展和改革委员会、司法部联合发布的《律师服务收费管理办法》确认了这一制度的合法性,这也标志着中国采用了通常被认为是英美法系特有的律师风险代理制度。多年运作表明,它确实有助于分散律师费用及增加诉讼代理资源供给,也增加了律师群体的收益。对于当事人的益处则在于,它能够发挥经济学上的

---

① ［日］小岛武司:《自律型社会与正义的综合体系》,陈刚等译,中国法制出版社2006年版,第115页。

② ［美］杰拉尔德·汉隆:《律师、国家与市场——职业主义再探》,程朝阳译,北京大学出版社2009年版,英文版序第5页。

有限借贷功能——当事人预先得到法律服务,待胜诉且财产执行到位后,再按约定的比例支付律师费用,这就在时间上实现了律师代理成本的分散,先接受代理服务,而后以胜诉利益支付费用。如果胜诉方当事人败诉,未能从诉讼中索回任何金钱,则代理律师的胜诉酬金也为零;对败诉者而言,在承受败诉结果之外他也不必再负担对手的律师费用。

尽管这种成本分散方法难以适用于刑事诉讼、行政诉讼及民事公益案件,否则会对公共利益保护造成冲击,但它能够对大多数有财产争议内容的案件在时间上实现律师代理成本的分散,降低当事人的诉讼总成本。特别在疑难复杂案件中,它明显有助于胜败双方当事人处理自己的诉讼财务风险,因此在经济上、感情上易于被当事人接受。毕竟,让律师分享胜诉战利品的结局,总比当事人败诉且支付律师费用的结局更好一些。诉讼实践也证明,没有胜诉酬金制度,许多人就不能在人身损害或者过失案中得到救济。[①]当然,对律师胜诉取酬制度中的道德风险也毋庸讳言,这也是大陆法系国家忌惮这一成本分散方法的主要原因。与之相关的风险在中国的诉讼实践和律师职业发展中也时有出现,例如,律师出卖当事人利益、不择手段胜诉、律师借胜诉取酬制度牟利以及损害社会公共利益,等等。这些风险大多由律师的经济利益受制于诉讼结果的因素造成,例如,将胜诉取酬应用到离婚案件,律师受胜诉动机的驱动就可能阻止当事人双方和解,成为瓦解婚姻的帮凶。在一般的案件中,律师在经济利益的刺激下也会迅速与对方当事人达成和解协议,以尽快拿到实在利益,并不为进一步的诉讼活动付出精力。这明显与律师应按照成本效益进行收费的原则相悖。[②] 不仅如此,胜诉取酬还会强烈刺激律师们将大额民事纠纷案件起诉至法院解决,并让这些纠纷失去诉讼外途径解决的可能性。正因这些顾忌,欧洲大陆法国家(如法国和德国)都对胜诉取酬抱着极为慎重的态度。即便是对胜诉取酬最为宽容的美国对此也保持着警惕,在对其的判断中贯彻着职权主义思维——如果胜诉取酬不恰当地推动了离婚,那么法官就可以宣布它无效。

但如果禁止律师胜诉取酬,无论是对分散当事人的成本风险,还是对律师服务市场发展而言都是无益的。问题在于如何规制,以避免胜诉取酬带来的不正当竞争及损害当事人的合法权益等负面效应。为其划定适用范围

---

① [美]彼得·G.伦斯特洛姆主编:《美国法律词典》,贺卫方等译,中国政法大学出版社 1998 年版,第 235 页。

② Michael Horowitz, Making Ethics Real, Making Ethics Work: A Proposal for Contingency Fee Reform, *Emory Law Journal*, Vol. 173, 1995.

排除它对特定社会政策的干扰,也许是一个可行对策。换言之,有必要为胜诉取酬制作一个负面清单,将公益案件排除在胜诉取酬适用范围之外。我国《律师服务收费管理办法》第十一条的规定,已经排除了适用胜诉取酬的案件,包括:婚姻、继承案件;请求给予社会保险待遇或者最低生活保障待遇案件;请求给付赡养费、抚养费、扶养费、抚恤金、救济金、工伤赔偿案件;请求支付劳动报酬案件。如果在立法的范围基础上,再进一步从诉讼程序及法律和职业伦理层面进行规制,像美国那样赋予法官针对律师胜诉取酬的司法监督权,那么,我国的胜诉取酬制度完全有可能克服道德危机,成为诉讼成本分散的好办法。

(二)诉讼费用保险

诉讼资金制度是第三方资助诉讼机制的创新形式,在澳大利亚、美国以及欧洲都有发展及运用。在丹麦,几乎所有公民都能够被诉讼费用保险和法律援助制度覆盖,诉讼成本转移也就普遍具有了商业化和社会化特点。这个制度能够被创造出来,是因为能满足特定群体需要,因为国家的司法福利资源不能满足所有人,诉讼费用保险为那些收入刚刚超过法律援助标准无缘得到国家资源的中等收入群体带来了新型的诉讼成本分散方法,为这一阶层寻求法律救济提供了可选择的资金来源。

诉讼费用保险最初并非以独立险种出现,而是在汽车保险等领域作为附属险种而得以开发。随后,在医疗过失事故、产品责任事故、学校事故等纠纷中拓展、应用,成为相对独立的险种。它在分散诉讼成本上的机理是:由个人预先支付保险费,当保险事实发生即实际涉及法律纠纷时,由保险机构支付包括律师报酬在内的诉讼费用。在功能上,它更类似于储蓄,潜在的纠纷当事人把金钱存储起来以备诉讼的不时之需。诉讼保险为每个可能遭遇官司的人提供预付款。这样,诉讼成本被转移到保险公司那里,通过保险公司将先发生诉讼的当事人的诉讼成本分散给后发生诉讼的当事人,全部或部分的诉讼成本由被投保的潜在当事人平均分配。所以说,性质上诉讼保险则具有以商业活动为基础来达到公共目的的复合性质。[1]

随着私人保险越来越精确化,投保者往往也被划分为各种风险类型,因对保险事故的约定不同,保险费也有所不同,由当事人选择。在诉讼保险合同中,诉讼保险既可以作为一个合同条款(例如汽车保险、业主保险和专业

---

[1] [日]小岛武司:《自律型社会与正义的综合体系》,陈刚等译,中国法制出版社 2006 年版,第119 页。

损害保险合同），又可以是一个独立的合同；既可以在纠纷发生前订立，又可以在诉讼发生后订立。但不管何种方式，"胜诉保费"（success premiums）构成了诉讼费用保险最有价值的部分，其最大的意义在于：如果当事人在接近律师法律服务的道路上存在障碍，那么法院的门开得再大，接近正义之路也行不通。而有了它，当事人便可以在面临诉讼之时仍然处之泰然，获得他们原本负担不起的司法正义。而且，与胜诉取酬等律师费用分散方法相比，诉讼费用保险是一种划算的成本分散方法，保险费相对低廉且风险较小。

我国《保险法》有关于诉讼费用保险的间接规定，该法规定："被保险人因给第三者造成损害的保险事故而被提起仲裁和诉讼的，除有合同约定外，被保险人支付的仲裁费或诉讼费以及其他必要的合理费用，由保险人承担。"在法解释上，被保险人给第三者造成损害的诉讼中的律师费，当然属于必要、合理的费用。当然，和所有的商业活动一样，诉讼保险也有负面效应，例如，会刺激纠纷当事人利用法的动机，并在市民之中引发平等武装的竞赛，助长滥诉倾向，等等。为消弭诉讼费用保险制度的负面效应，我们有必要在民事诉讼法中采取必要的诉权审查措施来抑制滥诉。综合正反两个方面，进一步的改革则可以考虑以《保险法》为基础，一方面推进这种保险制度的开发与普及，使其在侵权诉讼领域有所作为；另一方面，鉴于这种保险并非十全十美，相关的滥诉抑制措施也须同时跟进。

二、向社会分散成本

当事人应该承担诉讼成本，这不应成为问题。但对那些贫穷者或者小型企业法人而言，诉讼成本却可能构成进行诉讼的经济障碍。给予那些最穷困的当事人以必要的财政资助，是国家的责任，司法救助和法律援助就是分别从法院费用和当事人费用两个角度展开的费用救济措施。但现实表明，和其他国家一样，中国的司法救助和法律援助都面临着资源短缺的问题。以法律援助为例，尽管国家投入的财政资源逐年上升，但由于我国人口基数大，法律援助的人均资源尚不及发展中国家的平均水平，法律援助也需"援助"。而且，资金制约仅是问题的一个方面，法律援助的质量也同样堪忧——当然，这是全球现象——由于律师缺乏相应的激励，受援的穷人通常只能获得年轻律师或缺乏经验律师的帮助。就改革方向看，国家履行相应的法律资源供给责任、财政责任，实施和监管责任是必要的，但鼓励法律援助的社会参与也同样重要。如果诉讼有来自外部投资的支持，当然会减轻当事人的成本负担，也能为当事人及"投资者"提供共享胜诉成果的机会。

社会资金进入诉讼的形式及其组合形式多样，可分为诉讼外资金和诉讼信托两种。

（一）半官方的法律援助——诉讼外资金资助

诉讼外资金资助自 20 世纪 90 年代开始在澳大利亚起步，然后迅速拓展到其他英美法国家，再后来荷兰、奥地利和德国等大陆法系国家也着手试水，而在澳大利亚和英国，诉讼外资金自助诉讼已经成长为一项产业。这类成本分散的方法有两种具体形式：一是由诉讼外第三方提供诉讼费用资助当事人诉讼；二是通过社会化的法律援助分担律师费用。诉讼外资金资助诉讼，依旧由原债权人起诉债务人，但由第三方资助原告，并将分享胜诉成果作为回报。域外经验证明，这种成本分散的方法对"小额多量"的群体诉讼或大型侵权诉讼最为有效，这类诉讼往往在诉讼伊始就要付出较高费用，但也会带来较多的收益回报。

本质上，诉讼外资金资助诉讼非常类似于股权投资和胜诉酬金制度——如果胜诉，投资者将按照约定的比例从胜诉利益中获得收益。一旦败诉，原告也不必支付诉讼费用。但诉讼外资金又与传统的胜诉取酬不同，其投资者不是原告的律师，而是独立的商业企业。这对于那些反对律师直接从案件中分割利益的国家而言，有经济实力的人或组织负担诉讼费用的方案是可以被接受的。因为诉讼外资金的资助给原告带来了显而易见的利益——即使败诉，他们也不必支付潜在的巨额诉讼成本。这对于那些自己没有财力进行诉讼，或者无法忍受大规模诉讼及高风险诉讼案件的财务风险的当事人（如小型企业）而言，接近司法的障碍在一定程度上被消除了。

诉讼外资金资助诉讼是寻求社会资源，弥补诉讼资源短缺的必然结果。2008 年全球金融危机之后，各国出现的经济紧缩，使他们减少了向民事司法领域注入司法救助资金，英国、澳大利亚、比利时、美国、加拿大等国都纷纷削减法律援助经费，法律援助的范围变窄，适用标准普遍提高，"法律援助制度的危机"由此成为一个社会问题。在这种背景下，寻找司法福利的替代品已经迫在眉睫，重新认识法律援助的性质被提上议程。随之，法律援助的官方性质也发生了改变，结果是，在名义上法律援助是国家强制性利益分配机制，但实际上却是律师或律师执业机构负担的一种"社会公共责任"（pro bono）。而且，这种由半官方或民间共助组织承担的法律援助似乎更具实效性，在诉讼成本分散上更胜于公共的法律援助。在欧洲，这样的变革已经经历了百年的发展过程，1919 年前的德国，1949 年前的英国，1972 年前的法国，以及仍延续至今的诸如意大利等国的改革，走的都是将无偿代理穷人的负担转移至法律职业者的路径,原因是自由主义国家本身不愿意承担这样一种社会负担。①美国和日本与欧洲法律援助社会化的思路也是如出一辙,从律师公共责任的角度,强调他们应基于宗教上的理由、慈善或基于市民责任,免费或者低价向有需要的人提供法律服务。② 值得肯定的是,在全球范围,诉讼外非营利组织已经成为司法公共服务的伙伴。

在当代,半官方的法律援助已经构成了一幅世界性图景。大学法学院法律诊所、律师协会、各种非政府组织、工会等都成为法律援助资源的供给者。③和公共法律援助的作用相仿,半官方的法律援助的形式多种多样,包括了提供法律意见、提供免费法庭代理等方式。此外,在国家财政无法巨额投入的情况下,社会基金也可以有效减轻诉讼当事人的负担。通过接受企业单位、个人捐赠,以及基金会的存款利息、基金会的各项收益等来资助诉讼,为贫穷当事人提供诉讼费用救济基金,不仅分担了国家在法律援助和司法救助方面的负担,还促进了纠纷解决领域慈善事业的发展,企业履行社会责任的动机也得到激励。我国《工会法》第四十二条也间接肯定了诉讼外资金资助诉讼的方式,该条规定的"工会经费主要用于为职工服务和工会活动",为将工会会费用于维护职工合法权益而开展的法律服务和劳动争议调解工作,甚至提供诉讼费用,提供了法律依据。这样,相当一部分诉讼成本就被这些有法律服务能力的半官方机构吸收,有效分散了贫困当事人的诉讼成本。

当然,和其他成本分散方法一样,诉讼外资助诉讼同样有风险,它在化解复杂民事诉讼带来的高成本风险方面的实效性尚待观察。其未来发展的走向,取决于立法支持的力度,是否存在替代它的制度资源(例如群体诉讼制度的诉讼费用制度),以及如何解决由信息不对称和权利不对称带来的监管难题,等等。同时要承认,社会资源资助诉讼在国内外都尚处于尝试期,仅能在诉讼成本分散方面充当补充的方法,不能指望它在根本上解决法律援助资源短缺的问题。而且,这种资金来源有限,捐赠人难以监管诉讼过程,还可能出现任意第三人包揽诉讼冲击律师职业的情况。也正因如此,尽管现代各国民事司法已经放松相关的禁止性命令,但规制措施也如影随形。例如,扩大法院审查的权力,第三方有合理理由资助诉讼的情况以司法允许

---

① [意]莫诺·卡佩莱蒂:《比较法视野中的司法程序》,徐昕等译,清华大学出版社 2005 年版,第327 页。

② [日]森际康友:《司法伦理》,于晓琪等译,商务印书馆 2010 年版,第 200 页。

③ Mathias Reimann, *Cost and Fee Allocation in Civil Procedure*, Springer, 2012, p. 38.

为限,不允许以经营诉讼为目的资助诉讼,禁止对违反社会公共利益的案件提供资助,等等。

(二)诉讼信托

诉讼信托,委托人(原告)出于诉讼的目的而设立信托,将债权等实体权利及相应诉讼权利转移给受托人,由受托人以诉讼当事人的身份,为实现实体利益进行诉讼,产生的诉讼利益归于受益人的一种信托制度和诉讼当事人形式。[①]诉讼地位上,诉讼信托中的受托人是适格当事人,以自己的名义进行诉讼,享有当事人的诉讼权利义务,对其依法行使诉讼权利,委托人不得任意干涉。在委托人兼受益人的情况下,胜诉的利益归属于委托人;在委托人指定他人为受益人的情况下,诉讼利益归属于指定的第三人。诉讼信托之所以可以成为诉讼成本分散的方法,与其有偿性相关。在这种信托关系中,委托人让渡信托利益给受托人,从而避免了自己的诉讼财务风险,受托人则承担诉讼风险,并以获得部分胜诉利益作为酬金,由此在委托人和受托人之间达成了一种诉讼成本分担的方案。

对诉讼信托的合法性,以及在何种程度上具备合法性,各立法例的态度有所不同。多数国家不容许诉讼标的法律关系主体以进行诉讼为目的,将争议法律关系的诉讼实施权授予第三人,这与我国类似。但在当代诉讼资源短缺的背景下,普通法系国家已经开始解禁诉讼信托制度。尽管如此,仍会对人身损害赔偿案件的诉讼信托给予严格限制,防止给权利人的身体、情感及名誉等方面的利益造成损害,通常只允许这类案件的受害者本人提起诉讼。总的来看,各国法律制度在关于普遍允许还是例外允许诉讼信托方面,也有很大不同。

至于我国,《信托法》虽然在第十一条第一款第(四)项规定"专以诉讼或者讨债为目的设立信托无效",但如果从目的上进行解释,这里的禁止"以诉讼为目的的信托"则应理解为以诉讼权利滥用和骗取判决为目的的"诉讼信托"。尤其应注意的是,除了上述为信托法所禁止的"诉讼目的信托"之外,民事诉讼中还包括了以拓宽当事人适格范围为表现的诉讼信托形式,即诉讼担当信托和公益诉讼信托,这两类诉讼信托应属合法,也具有成本分散意义。对于前者,如果有信托的法律事实,而后由受托人以当事人的地位进行诉讼,这仍然属于本人诉讼,没有必要再对当事人适格进行特别规定。[②]对

---

① 徐卫:《论诉讼信托》,载《河北法学》2006 年第 9 期。
② 汤维建、刘静:《为谁诉讼,何以信托》,载《现代法学》2007 年第 1 期。

于后者,《民事诉讼法》第五十八条规定了公益诉讼制度,对污染环境、侵害众多消费者合法权益等损害社会公共利益的行为,法律规定的机关和有关组织可以向人民法院提起诉讼,这类诉讼信托非但不应禁止,而且应予以鼓励。

第四节 民诉法修改背景下的诉讼费用改革

2022 年 1 月 1 日实施的新民事诉讼法将民事案件繁简分流和诉讼程序简化作为主要目标,实现了对诉讼资源的首次调节。但修法目标能否最终实现,尚取决于对诉讼资源的二次调节,要借助诉讼成本与费用机制工具,激励当事人做出正确的程序选择。在诉讼费用方面,还要最大限度降低利用简易程序、小额程序和在线审理案件的诉讼成本,实行优惠的收费标准;对于普通程序审理的案件,当事人应最大限度负担诉讼费用,以反映实际诉讼成本。同时,还要兼顾诉讼费用的激励功能和惩罚功能,确立"以败诉者负担为原则,以制裁滥诉为辅助"的诉讼费用负担标准,保持司法供给与司法需求两者的均衡。

一、诉讼费用:对司法资源的再次调节

(一)民事诉讼法修改带来的诉讼费用问题

现行《民事诉讼法》于 2022 年 1 月 1 日开始实施,本次修法聚焦于两方面内容:一是为在表述上与民法典衔接一致所做的微调,二是将两年来繁简分流改革的试点经验上升为诉讼制度与程序规则。后者是本次修法主要的、实质的内容,着力点放在了"完善小额诉讼程序和简易程序、扩大独任制适用、健全在线诉讼规则"等程序简化问题上。可以预期,此次民事诉讼法的专项修改有助于缓解"案多人少"被动局面,实现案件繁简分流、提升诉讼效率的目标。

新民诉法实施之后,进入与法律环境、法律制度、法院结构、诉讼过程、诉权保障及诉讼习惯磨合的过程,发生排异反应也并非不可能。毕竟,法院审判效率与当事人程序选择两者间的张力构成了程序运作的基本形态,立法机关在"二读草案"中一改"一读草案"中的职权进行主义思路,转向将在线诉讼、电子送达和二审适用独任制等程序选择权赋予当事人,强调以"经当事人同意"为前提条件,就是对两者诉求的折中。究其原因:简化诉讼程序虽是法院诉求,但作为"理性经济人"的当事人是程序的利用者,总会选择

最有利于自己的程序。如果诉讼程序如果无法满足他们的合理诉求或偏好，他们会弃而不用；即便法律规定强制适用，他们也会"逆向选择"，主张程序转换（《民事诉讼法》第四十三条、第一百六十九条）；以适用独任制和小额程序不当、违反"负面清单"的规定（根据《民事诉讼法》第四十二条、第一百六十六条）为由，提起上诉或申请再审。在这方面，1991 年民诉法增加的督促程序及 2012 年修法增加的小额诉讼程序都堪称前车之鉴。①

　　总之，诉讼规律和立法经验都表明，本次民诉法修法仅是对诉讼资源的首次调节，完成了繁简分流和程序简化的法典化。但对于最终实现立法目标而言，诉讼资源还需要第二次调节，需要借助诉讼成本与费用机制工具，激励当事人选择简化后的诉讼程序。

（一）诉讼成本与费用制度决定此次修法的成效

　　诉讼效率、成本可预测和成本低廉是三位一体的关系，三者构成程序简化的子目标体系。理论上，本次修法所追求的案件繁简分流目标同时意味着要在不降低权利保护和程序保障水平的前提下，迅速解决纠纷。但实际上，程序简化必然在一定程度上牺牲当事人的程序利益。因此，小额诉讼程序、简易程序及独任制的立法优化能否落实，还取决于适合的程序激活工具发挥辅助作用，进一步理顺诉讼与成本的关系。一方面，要让诉讼费用实际反映诉讼成本，实施合理的成本负担机制，增加当事人对成本的敏感度，使其能够预测诉讼的投入产出比，了解诉讼风险和收益，引导其做出程序选择。另一方面，诉讼成本与费用机制反作用于程序运作，使纠纷争议的金额与诉讼成本成比例，"高值诉讼"成本反映实际的诉讼耗费，"低值诉讼"成本则实现最小化，为"繁案精审"和"简案快审"分别定价。

（二）诉讼成本与费用机制调节司法资源的整体配置

　　诉讼费用表面上是国家征收司法费用，但实际上会决定性地影响当事人的诉讼权利义务。从司法资源利用的角度，关于公共物品分配的"林达尔均衡法则"表明：人们愿意为生产某一共用品所支付的成本之和等于为生产这些共用品所需要的成本。这提示我们，此次修法对诉讼程序的优化仅改变了当事人的诉讼权利与义务，并未直接解决司法资源供给的短缺问题，只是在质量上调整了程序标准，而未在数量上增加司法供给。简化程序、缩短

---

①　在我国，当事人普遍不愿选择督促程序，这是因为债务人普遍提出支付令异议，造成反复，浪费了诉讼资源。据统计，全国 2008 年支付令案件仅为 6.01 万件，此后数字更加低迷。与之类似，小额诉讼的适用率也仅为 8％～10％，距立法预期尚远。

诉讼周期和优化审判组织会减少个案司法成本,释放一定司法资源,但如果诉讼成本和费用机制没有及时跟进,腾挪出来的资源便会刺激更多的诉讼案件,使司法陷入"提效—短缺"的循环怪圈。总之,实现诉讼资源与纠纷数量间的良性互动,经济杠杆的调节不可或缺。

(三)民诉法修法之后亟须填补诉讼费用制度盲区

我国现行《诉讼费用交纳办法》(以下称《交纳办法》)实施于 2007 年 4 月 1 日,在其施行的 15 年间民事案件的数量已倍增,以经济杠杆调节司法供给与需求关系已是迫在眉睫的工作。同时,散布于《著作权法》(第五十四条)、《商标法》(第六十三条)及《民法典》(第五百四十条)等部门法中的诉讼费用规则亟待整合。在民诉法内部,2012 年修法增加的第三人撤销之诉、案外人异议之诉、小额诉讼程序、调解协议的司法确认等新程序,也需要对应的诉讼费用规则;本次民诉法修改的二审程序适用独任审理案件的诉讼费用,有必要参照简易程序的收费,等等。总之,本次民诉法修改后,应尽快将诉讼费用制度改革纳上日程,通过成本机制调节促进程序选择,减少程序博弈,避免程序空转,实现程序分化。

二、诉讼成本最小化与诉讼费用最大化

诉讼成本反映货币意义上的诉讼耗费,包括司法预算意义上的法院运营成本、当事人支付意义上的公共成本和私人成本,以及国家与社会基于分担司法成本而支付的司法救助成本和法律援助成本。众所周知,如果诉讼成本过高,接近司法正义就会出现障碍;如果诉讼成本过低或司法服务太容易获得,司法负担就会加重。研究表明,审判效率越高,诉讼成本就越低;律师行业对法律咨询业务的垄断程度越高,纠纷案件的诉讼可能性就越大,[①] 诉讼外解决的可能性也就变小。

诉讼成本是诉讼程序运作的总成本,包括了公共成本与私人成本,而私人成本则包括了当事人向法院交纳的诉讼费用、取证费用、律师代理费等等。当事人承担多少公共成本,在诉讼总成本中占比的多少,将影响当事人做出不同的程序选择,包括:(1)诉讼费用低于诉讼成本,意味着诉讼解决的边际成本低于诉讼外解决的边际成本,当事人进行诉讼的动机会强于诉讼外纠纷解决;(2)诉讼费用与诉讼成本大致相等,意味着诉讼的边际成本与

---

① Christopher Hodges and Stefan Vogenauer, *The Costs and Funding of Civil Litigation*: *A Comparative Perspective*, Hart Publishing, 2010, p. 189.

诉讼外解决（例如调解）的边际成本相等，选择何种方式解纷取决于当事人选择；（3）诉讼费用高于诉讼成本，意味着诉讼解决的边际成本高于诉讼外解决的边际成本，纠纷会被引导到诉讼外途径解决。上述阈值关系表明，实现案件繁简分流除了程序分化外，须从诉讼成本和费用制度着手。

(一)最大限度降低利用简易程序和小额程序的诉讼成本

法经济学认为，法律程序是实现某一目的过程中产生的一种费用，因而程序法的目的是实现费用最小化。[①]费用最小化包括最小化的直接成本和最小化的错误成本（包括发现事实的错误成本和适用法律的法律成本）。实现成本最小化的途径包括优化诉讼程序、缩短诉讼周期等。此次民诉法通过扩大独任制适用范围、扩大小额诉讼程序适用范围和缩短审限、压缩公告送达期间，肯定会降低诉讼的直接成本，提升诉讼程序的效率禀赋，进一步的改革要围绕诉讼费用展开，包括：（1）降低小额案件的诉讼费用，按照简易程序的收费标准减半收取小额案件的诉讼费用，规定一定数额以下的小额诉讼案件免收诉讼费用。而且，小额案件不应实行"费用转移"规则，败诉方不应负担胜诉方的诉讼费用，禁止律师代理小额纠纷。[②]（2）一审适用简易程序的案件，以及二审适用独任制的案件的诉讼费用，按照普通程序的收费标准，减半收取；为促进当事人线上诉讼，对部分或全程在线审理的民事案件，给予当事人适当的诉讼费用优惠，减半收取诉讼费用。[③]（3）建立诉讼费用"蓄水池"机制，减免小额案件和简单案件诉讼费用所加大的公共成本负担，可由大型商事案件的诉讼费用来弥补，通过诉讼费用的"交叉补贴"促进繁简分流。

(二)普通程序当事人应最大限度负担诉讼费用并反映实际诉讼成本

谁利用司法谁就要付费，补偿司法资源的损失，这样的原则适于大中型民商事案件或适用普通程序审理的案件。该成本包括两类：一是当事人成本，包括向法院交纳的诉讼费用，及自己支付的取证费用、律师代理费用等。二是法院成本，即受理、审理和执行程序中支付的成本。从公平性和均衡性

---

① ［美］迈克尔·D.贝勒斯：《法律的原则》，张文显译，中国大百科全书出版社1996年版，第23页。
② 研究表明，律师代理小额诉讼案件，会造成小额程序运转困局，有律师代理的案件诉讼成本会超过标的额50%，中国、比利时、捷克、斯洛文尼亚和瑞士即是如此；在奥地利、芬兰、冰岛、意大利、西班牙和苏格兰，律师代理小额诉讼的诉讼成本甚至超过诉讼标的总额。See Mathias Reimann, *Cost and Fee Allocation in Civil Procedure*, Springer, 2012, p.34.
③ 英国在线审理小额诉讼案件实行诉讼费用优惠，比照线下费用标准减收10～45英镑。See Peter Jarrett, *A Guide to Making a Small Claim in the County Court*, Easyway Guides, 2016, p.95,96.

角度,普通程序当事人应负担如下成本:(1)诉讼的公共成本,也就是法院管理中支出的公共资金,包括法官及法院辅助人员的工资以及法院设施、设备的运营。这一成本通常由国家财政支付,但鉴于其属于诉讼成本,普通程序当事人应承担一定比例的诉讼公共成本或社会成本,相应缩小国家或社会负担的份额。这样,通过市场分配和定价机制将有法律价值的案件放入普通程序,将简单案件分流到简易程序和小额程序中。(2)败诉方应负担对方当事人"合理的"律师费用。现行体制下律师费用原则上"不可追索",但如果胜诉方可追索合理的律师费用的话,对方通过调解等方法解决纠纷的愿望就会增大,以避免更大损失。

总之,有必要在普通程序中建立败诉方负担"合理律师费用"规则,同时构建诉讼费用核算及披露机制,将律师收集证据、提交诉讼资料、参加庭审的合理支出纳入诉讼费用,使费用反映实际成本,增强诉讼费用机制的威慑力。①

三、错误诉讼成本的自我归责

(一)错误诉讼成本的负担机制

民事诉讼中难免滥用情况发生,由此加大诉讼的错误成本,导致诉讼总成本的攀升。法院对成本最小化的追求也会造成错误成本,亦即"倘若有人只想使直接成本最小化,则错误成本可能升得很高"②。避免不必要的错误成本,一方面必须提高当事人诉讼行为的速度及有效性,增加诉讼促进的制度规范,例如各种失权制度;另一方面还必须发挥诉讼费用制度的激励和威慑功能。对于后者,现行民诉法及司法解释已有若干规定,例如对逾期提出证据的罚款(《民事诉讼法》第六十八条),对妨碍民事诉讼行为的罚款(《民事诉讼法》第一百一十三——一百一十七条),此外司法解释也有若干由当事人负担错误诉讼成本的规定(《民诉法司法解释》第一百一十二条、第四百一十一条等),这些费用制裁措施对成本的控制作用是必要的。

避免诉讼错误成本,还以诉讼行为的规范性为前提。如果没有充分的理由,任何一方当事人都不应实施滥诉行为,增加诉讼的错误成本,此即错误成本最小化原则。错误成本的最小化,取决于诉讼费用的威慑功能。现

---

① 德国制定了这方面的费用激励规则:在预备庭审之前达成和解,律师有权获得两倍系数的费用,通过诉讼费用杠杆鼓励当事人及其律师在诉讼早期的和解行为。

② 〔美〕迈克尔·D.贝勒斯:《法律的原则》,张文显译,中国大百科全书出版社1996年版,第23页。

行败诉方当事人负担诉讼费用原则虽然会让权利人在成本最小化的条件下实现权利救济,但也可能形成"隐性激励",客观上鼓励当事人滥诉。例如,可能败诉的一方通常有较强的调解或和解的动机,以避免支付过大的诉讼成本,但胜诉一方当事人却根本无需担心诉讼成本,因此常常拒绝调解、和解,导致诉讼延宕。鉴于此,有必要确立并严格执行"以败诉者负担为原则,以制裁滥诉为辅助"的诉讼费用负担标准。除了胜诉因素之外,诉讼费用制度负担还要考虑善意因素,滥用诉讼权利的当事人无论胜诉与否都应负担诉讼费用。

(二)错误诉讼成本的负担规则

与"以败诉者负担为原则,以制裁滥诉为辅助"标准相适应,诉讼费用规则宜做如下改革:(1)在鼓励与惩罚的双向角度促进案件通过调解等途径解决。现行《交纳办法》第十五条有关"以调解方式结案或者当事人申请撤诉的,减半交纳案件受理费"的规定,是鼓励当事人调解的费用激励措施,如果再增加相关的费用惩罚措施,通过命令负担诉讼费用来制裁拒绝和解的一方当事人,则费用机制的威慑力会更大。因此,可考虑在《交纳办法》中增加"妥协协议"规则,对无正当理由拒绝调解、执意进行诉讼的当事人,予以一定费用的制裁。[1](2)为防止当事人滥用上诉权和申请再审的权利,避免无意义的上诉和申请再审,应适当提高上诉和再审案件的诉讼费用,避免不必要的上诉与再审。同时,允许法院判令上诉或申请再审程序中的败诉当事人负担对方当事人的律师费用。(3)如果当事人规避繁简分流规定,恶意对独任制、简易程序及小额程序的适用提出异议,无理由主张程序转换,也应承担相应错误成本。推而广之,如果当事人滥用诉讼权利,造成对方或第三人直接损失的,还应允许法院根据具体情况对无过错方依法提出的赔偿合理的律师费用等正当要求予以支持。[2]

(三)扩大法官对错误诉讼成本负担的裁量权

除增加当事人负担错误成本制度,还应扩大法官对诉讼费用负担的自由裁量权,至少包括:(1)如果原告提起的是"草率诉讼"或"无价值诉讼",应

---

[1] 在英国,如果双方都拒绝考虑调解建议而继续诉讼,则当事人各自承担诉讼费用,败诉方不承担胜诉方的诉讼费用。在澳大利亚,如果一方拒绝合理的和解要约并受到不比和解要约更有利的判决,则要承担不利的费用制裁。在意大利,如果法官认为胜诉方滥用起诉或上诉程序,即便胜诉也要判令其负担诉讼费用。

[2] 《最高人民法院关于进一步推进案件繁简分流优化司法资源配置的若干意见》(法发〔2016〕21号)第二十二条。

承担诉讼费用,即便胜诉也要自己承担诉讼费用,或决定给予律师费用制裁。轻则可借鉴英国给予律师浪费费用训诫的做法,重则可借鉴奥地利经验,由法官给予相应律师罚款。[①] (2)原告与被告未在诉前协商解决纠纷,或通过诉讼外纠纷渠道解决纠纷,原告起诉后被告在首次应诉后承认诉讼请求的,原告承担诉讼费用;或者原告在诉前或诉讼中拒绝调解,但在判决中并未获得比调解协议更大的利益,可判令原告负担拒绝调解后产生的诉讼费用。

　　法律经济学研究表明,诉讼行为成本过高的诉讼规则将不会生效,因为保持理性冷漠的当事人不会诉讼。[②]反之,这一规律同样成立。在此次民诉法修法完成对诉讼资源的第一次调节的背景下,诉讼费用制度的改革已势在必行,这是对诉讼资源展开二次调节的客观需要,也是保持司法供给与司法需求均衡的需要。理想的状况是:一方面,在原则上保证胜诉当事人收回诉讼成本,让败诉方负担诉讼费用,使胜诉方在成本最小的条件下实现正义;另一方面,要全面发挥诉讼费用制度的功能,兼顾诉讼费用的激励功能和惩罚功能,最终促进案件的繁简分流。

---

① Michele Taruffo, *Abuse of Procedural Rights*: *Comparative Standards of Procedural Fairness*, Kluwer Law International,1999, p. 246.

② Mark Tuil & Louis Visscher (ed), *New Trends in Financing Civil Litigation in Europe*, *Legal*, *Empirical*, *and Economic Analysis*, Edward Elgar Publishing,2010, p. 4.

第七章　程序社会化——以小额程序为样板

小额诉讼程序属于典型的"平民程序",在社会弱势群体权利的保护中可以发挥重要作用,可以说是社会化程度最高的诉讼程序。

2013 年 1 月 1 日,在世界首个现代小额诉讼制度诞生百年之际,[1]小额诉讼程序也开始正式登上中国民事司法舞台,普通百姓多了一种便于理解与利用、与日常生活联系更加紧密、更快捷高效的纠纷解决程序。与此同时,在程序繁简分流试点改革中,小额程序成为关键内容。现行《民事诉讼法》一百六十五条规定:基层人民法院和它派出的法庭审理事实清楚、权利义务关系明确、争议不大的简单金钱给付民事案件,标的额为各省、自治区、直辖市上年度就业人员年平均工资百分之五十以下的,适用小额诉讼的程序审理,实行一审终审。基层人民法院和它派出的法庭审理前款规定的民事案件,标的额超过各省、自治区、直辖市上年度就业人员年平均工资百分之五十但在二倍以下的,当事人双方也可以约定适用小额诉讼的程序。该条款的修改将小额案件的标的额从旧法规定的各省、自治区、直辖市上年度就业人员年平均工资的 30% 提升到 50%,由此使得小额诉讼程序的适用范围大幅扩大,其适用率显著提高。

第一节　社会化视角下的小额诉讼

民事诉讼作为维护社会秩序的制度,其制定与运用都深受社会变迁影响,而社会的发展与变迁,又受政治、经济与文化的浸润,其结果是,每一项诉讼制度必然折射社会实际需要,反映特定目的或动机,小额诉讼程序最为典型地体现了诉讼制度的社会化特点。虽然其社会化制度目的或动机并未直接表述于条文之中,但立法者的主观意思以及程序制度客观意旨,都将其定位于面向普通百姓本人开放使用的、快速且经济地解决小额日常生活纠纷的诉讼程序,使纠纷解决中的国家责任得到充分体现,诉讼社会化特点得

---

[1] 1913 年罗斯科·庞德(Roscoe Pound)以一篇题为"现代都市中的司法管理"的论文,拉开世界现代民事司法小额程序帷幕。随后,首个小额法庭在美国堪萨斯州克利夫兰设立。

以凸显。这从另一个角度说明，倘若司法不能保护这些最通常的权利，那么民事司法的功能就是令人怀疑的。

一、社会政策视角下的小额诉讼

在时代发展的大背景下，每一时代的纠纷解决都包含了特定任务要求，小额诉讼制度同样应具备自己的时代主题。它不仅以诉讼经济和效率目标为制度指向，还应承载着社会服务的责任；不仅着眼于小额纠纷的解决，同时还以面向全体国民服务的普遍的、制度型的国家福利示人。这种"理想型小额程序"不仅是基于对民事案件进行分流处理、减轻法院负担的构想，还在于实现司法服务的大众化，通过简易化的努力使一般国民普遍能够得到具体的有程序保障的司法服务。换言之，小额程序司法尤其要以福利观念为指导思想，体现程序的人文关怀，以此作为当事人放弃上诉权的对价。

从许多角度看，全球民事司法的危机特征都是相似的，而对策也具有相似性，几乎都将小额诉讼程序作为提高诉讼效率、根治诉讼拖延司法的对策加以使用，可以说，这是各立法例将其引入民事司法最为实际的动机。因此，尽管英美法系的"事实出发"与大陆法系的"规范出发"模式泾渭分明，但彼此之间却可以毫无障碍地分享小额诉讼程序带来的益处，应对各自的民事司法危机，这样的共享机制在两大法系诉讼制度中并不多见。至于我国，从最高人民法院 2011 年开始试水的"小额速裁"，到立法机关将其引入现行民事诉讼法之中，也莫不以提升诉讼效率为初衷。

20 世纪 70 年代末以来，福利国家在本质上已成为广义概念，它泛指由政府出面干预私有经济，改善贫困者、少数民族、租房者及从业人员等弱者的经济状况，并代表消费者利益的扩散性利益的社会。[①] 广义的福利国家，不只是社会保险，不只是公费医疗，也不是家庭福利或社会救济计划，甚至不等同于社会保障或社会政策，而是它们的加总。对于民事司法而言，福利国家还意味着提供丰富的解决纠纷的司法资源。尤其是现代民事诉讼普遍实行辩论主义、处分权主义等以个人主义为取向的诉讼原则，形式上的平等忽视了社会的、共同的或集体的福利，即使就程序平等而言，比较富有的当事人有许多优越于比较贫困的当事人的有利条件。虽然法律帮助原则有某些益处，但整个结构极少考虑穷人和社会福利。[②] 小额程序的出现一定程

---

① ［意］莫诺·卡佩莱蒂：《福利国家与接近正义》，刘俊祥等译，法律出版社 2000 年版，第 19 页。
② ［美］迈克尔·D. 贝勒斯：《法律的原则》，张文显等，中国大百科全书出版社 1996 年版，第 424 页。

度上缓和了民事诉讼中强烈的个人主义基调,它通过自身的低成本优势,便利弱势当事人的纠纷解决,改善弱者社会地位,促进社会平等。

在观念层面,小额诉讼程序也契合着福利国家与社会权利观念,早在一百多年前,奥地利现代民事诉讼法之父弗朗茨·克莱恩(Franz Klein)就将这种超越了个人化的或者当事人化的社会性取向概括为"民事诉讼的社会化"——诉讼绝不是供个人仅出于自身利益和为了实现权利而使用的设施,相反国家的行为也涉及保护社会福祉。① 二战之后,民事诉讼的社会化和福利化趋势借助于小额诉讼制度渗透了民事司法领域,使纠纷的解决不再拘泥于法院方面及当事人个体层面,而是通盘考虑,让那些希望实现或保护自己权利的所有的人都有利用司法的机会。小额诉讼制度自身的意义也由纠纷解决提升到普遍性的社会保障措施,成为国家推行司法福利的首选工具。换言之,小额诉讼制度的收益不仅仅为法院系统获得,其更有价值的身份应当是国家投放于纠纷解决领域的司法福利。

小额诉讼制度的社会性至少有以下三方面表现。

(1)小额诉讼制度具有普惠性福利特点。正如邱联恭教授的观点:社会上每一个人均为消费者,其因商品之品质或瑕疵之关系,多少会遭遇零星权利有否受到侵害之纷争问题。此种问题实占整个社会问题之绝大部分,因为一个人一辈子很难得有机会打几百万元的官司,但每个人每天都多少有可能遇到自己所买的东西或所交易的事物有无瑕疵之问题。如果说普通(通常)诉讼程序、简易程序等审理程序是国家对纠纷解决程序初始资源禀赋的自然分配,那么,小额诉讼程序则是国家以维护人们正常生活秩序和幸福状态为动机的诉讼资源再次分配,尽可能多地将小额纠纷纳入司法解决渠道解决,特别是那些每个人都可能遭受到的商品瑕疵及服务质量不合约定等侵害,这样就扩大了国家在解决这类纠纷方面的司法容量。

(2)小额诉讼制度具有补缺型福利的特点。在服务对象上,小额诉讼程序是一种帮助特殊的社会群体,疗救纠纷社会的司法服务。和任何一项福利项目一样,它呈现出国家司法福利的慷慨性一面,在对待社会中处于最弱势的成员上更是显示出司法的价值取向,担当起保护弱者权利的"济贫法"角色,帮助他们依靠诉讼费用的减免及审理中的人文主义关怀爬出小额纠纷解决的陷阱。在中国已现贫富差距端倪的背景下,小额诉讼制度虽不像

① [德]米夏埃尔·施蒂尔纳编:《德国民事诉讼法学文萃》,赵秀举译,中国政法大学出版社 2005 年版,第 90 页。

就业、医疗、教育、养老、公共交通补贴、经济适用房等福利那样能够直接惠及于民,但毕竟日常纠纷的解决与普通公民的生活质量密切相关,对促进社会平等与社会发展具有重要意义,毕竟小额纠纷源于人们琐碎的日常生活,涉及买卖消费、邻里关系、房屋租赁、交通出行等最通常的生活行为,直接反映着人们的生活状态和生活品质。

(3)小额诉讼制度是国家福利。与民事司法中其他的福利,例如诉讼费用保险、律师胜诉取酬制度不同,小额诉讼制度是由国家负担运营成本的制度,小额法院(法庭)代表国家承担着诉讼福利供给者的角色,它们虽位居审判组织体系最低层次,但由于以解决市民日常纠纷为使命,它们也被封为"最高位法院"。由于诉讼费用的减免,诉讼费用向国家分散而出现的"审判费用化",减轻了程序利用者的经济负担。此外,小额案件审理的充实化,例如灵活的审理时间、当事人本人诉讼、法院依职权裁量等规则,也莫不体现着诉讼福利要素。简而言之,在根本性目的层面,小额诉讼制度的立法所暗含的并非诉讼效率问题,问题的关键也不在于以多大的争议标的额来划定适用标准,而是如何在小额纠纷解决中最大限度落实国家对于公民的一些基本的、最低限度的保障责任,确保公民具备通过司法制度解决日常生活纠纷所必需的基本物质条件。

正如福利经济学中对公平有着不同的解读一样,对小额诉讼程序的福利性评价也具有多样性。以庇古(Pigou)的"效用公平理论"为基准,司法资源越多,就代表着司法福利越多,人们的诉讼成本负担也应当越低。受这一理念支配,小额诉讼制度就应当是以国家福利的方式向穷人转移的司法资源,纠纷解决的总效用因此得以放大。而从罗尔斯(Rawls)的"自由和基本物品公平理论"立场出发,福利源于公民权或居住权,诉讼中的福利则具体地源于公民获得司法保护的权利。为境况最差的人群赋予优先地位的理念决定了诉讼应当保障人们的实质平等,小额诉讼制度也就成了面向弱者的公平。在亚马蒂亚·森(Sen)的"能力公平理论"看来,由于人的主观愿望与需求具有历史适应性,越是贫穷的人越容易满足,在他们仅凭自身能力难以应对解决纠纷的资金和诉讼技能时,法院就应当代表国家承担社会福利提供的责任,而小额诉讼制度就是实现能力平等的有效方式,可为社会弱者自由选择适合自己的纠纷解决方式提供机会。尽管上述福利观支配之下的小额诉讼程序有着不同的塑造根据,但异曲同工的是,各种解说都将小额程序作为补缺型的福利对待,以其弥补通常诉讼程序之不足。稍有差异的是诺兹克(Nozick)的"权利公平理论",在这种福利观之下,小额诉讼制度被当作一种旨在解决人们日常生活中发生纠纷的诉讼权利,当然地构成了"普惠型社会福利"的一部分,小额诉讼制度成了人人可以共享的普遍性福利。

福利观对小额诉讼程序的塑造尽管有不同的视角,但共同点则在于肯定了国家福利的根本价值在于实现公平正义,而非其他功利性价值。相应,小额诉讼制度也应以实质正义为首要目标。当然,不同国家、不同时期小额诉讼制度中的公平与效率目标会有不同的组合模式,这取决于一个国家的法治水平与纠纷解决需要。如果社会纠纷解决的需求巨大且国家司法效率低下,那么立法者极有可能将小额诉讼程序首要目标定位于诉讼效率;如果社会中的纠纷解决资源紧缺且社会矛盾突出,那么国家就很有可能以公平性来定位小额诉讼制度,小额纠纷解决中的公平与效率并重。在司法资源并不是特别紧缺,且社会矛盾较为突出的背景下,必然以公平作为小额诉讼程序的适用原则,兼顾效率价值的实现。但整体看,小额诉讼制度虽然具有提高诉讼效率、减轻司法负荷等工具性价值,但并不能代替其福利性而成为它的自证之源。

对诉讼效率与社会公平目标,需要强调以下不同组合的各自背景。某些立法例中,诉讼效率比诉讼福利性更重要,小额案件的"速裁"目标就体现出功利性的一面,甚至会过于性急地推行简易迅速的程序改革,以致没有充分考虑正义实现的效果,直接牵涉其切身利益的一般国民没有被置于考虑的中心,自然他们的关心也不会在政策中得到充分反映。但在理想状态下,小额诉讼制度应当裨益于促进社会福祉,成为一种司法权利供给方式,面向普通百姓提供高效率的、低成本的、最基本的纠纷解决方法。以上两种司法政策对程序运作的影响,在客观上以适用率的高低体现出来。以日本与德国为样本来对比,就不难发现日本的小额程序强调了补缺型福利的一面,立法规定了面向普通消费者的规则,例如限制小额诉讼程序的适用次数,通过定额式的给付及普救主义原则使小额诉讼程序普惠于社会弱者,但其缺陷则是透过扩充小额诉讼的途径来联结国民与司法制度这一观点则被完全忽视。[1] 不言而喻,这种将小额诉讼看作非商品化的社会权利的做法也有其代价,其结果是适用比例非常低,尚达不到简易裁判所受理全部案件的1.5%。相比之下,德国小额程序则强调了普遍性福利的一面,对小额诉讼程序的适用并无主体资格上的限制,同时他们还采取由法官裁量决定适用

---

[1]　[日]棚瀬孝雄:《纠纷的解决与审判制度》,王亚新译,中国政法大学出版社 2004 年版,第270 页。

的措施,其结果是,德国小额诉讼程序的适用率明显高于日本。

二、小额诉讼程序社会化的限度

早在 20 世纪初,社会改良主义者就已经意识到诉讼制度与社会发展协调的重要性,"诉讼是不可或缺的国家福利"观念逐渐深入人心。① 二战后,西方国家更是将诉讼制度纳入"福利设施"范畴,以法律援助、司法救助等措施促进社会正义的实现,从而形成综合性的诉讼福利体系。首先,小额程序更强调了以当事人为中心,这种公共服务立足于小额纠纷当事人的立场,并能够满足他们的要求,因此在诉讼费用负担上会出现如下倾向——如果审判制度中能够按利用者的逻辑来运行并真正满足他们的要求,则利用者本身会自己主动接受成本的负担。② 其次,在当事人负担诉讼费用之外,还有以律师的风险代理(Contingent Fees)以及诉讼费用保险形式表现出来的市场分散机制,以及以法律援助和司法救助为表现形式的诉讼成本向国家分散的机制。多元的诉讼福利组合在很大程度上降低了当事人诉讼成本,这些诉讼成本的分散机制连同诉讼费用的当事人个人负担机制,构成了个人、市场和国家的"诉讼福利三角结构"。

但是,小额程序是一种国家福利,以消耗公共财富为代价,因此受到一定的经济与社会条件的制约。法院代表国家直接或间接承担全部或部分诉讼成本,固然能够分散"零星权利人"的诉讼成本损失,但毕竟国家财力有限,施予的司法福利绝对不能过于慷慨。现实的问题是,国家(由法院代表)要在多大范围内提供这种司法福利? 这个问题的本质可以被还原为小额诉讼程序的适用范围。这个适用范围既不能过大也不能过小,过大会加大国家负担,削弱小额程序的可行性,而范围过小则会造成福利保障和诉讼效率目标的双双落空。通常,在范围的划定上福利与效率之间的平衡难以达成,因为小额程序的适用不可能像其他福利一样建立在资力调查、家计调查基础上。这里不存在绝对的标准,为避免随意性,以案件类型为标准进行划分就是相对合理的选择。

从司法福利的视角,宜采用以下三个标准作为小额诉讼程序适用的基准。(1)在诉的类型上,小额程序的适用以有关财产权的给付之诉为限,而

---

① [德]米夏埃尔·施蒂尔纳编:《德国民事诉讼法学文萃》,赵秀举译,中国政法大学出版社 2005 年版,第 83 页。
② [日]棚濑孝雄:《纠纷的解决与审判制度》,王亚新译,中国政法大学出版社 2004 年版,第 286 页。

不适用于确认之诉和形成之诉。有关财产的给付与日常生活的关系最为密切,但通过普通程序或简易程序解决极有可能得不偿失,通过小额诉讼程序则可简易化解决。(2)在请求给付的内容上,小额程序限于金钱、替代物或有价证券,这些标的物事关"零星权利"主体的日常生活的质量,解决相关争议的重要性显而易见。(3)争讼的数额须低于法定标准,而法定标准须考虑福利因素。无论如何,小额程序的数额标准不是这个程序制度中最为核心的问题,各立法例也常根据通货膨胀率对此限额进行调整。确定数额标准最为根本的原则,是如何特别照顾普通百姓或工薪阶层,如何将这种司法福利覆盖大部分社会群体。

另一方面,即使是普遍的福利也不可能没有边界,否则,只会加重国家财政危机。同理,宽泛的司法福利同样会拖累法院系统,这意味着,小额诉讼程序的适用必须有其确定范围。从负面清单角度,如何将那些不宜适用小额诉讼程序的案件排除在外,必须结合社会政策做出划定。既然小额程序是一种提高福利的方法,哪些人可以得到,哪些人不可以,应与他们的实际需要相关。我国《民事诉讼法》第一百六十五条并没有规定哪些案件不适用小额程序,但在法理上小额诉讼程序属于诉讼福利资源,不能被无限制地使用。正如基本医疗福利制度,政府只能以其目前所能提供的、能支付得起的、适宜的治疗技术来诊治公民的疾病一样,小额诉讼制度作为"起点公平"的诉讼福利资源,应当被合理使用,超出范围它就无能为力,还会对小额程序这种诉讼福利造成透支,增加司法整体成本。

尽管法律框定了小额诉讼程序适用与不适用的范围,实践中仍有个案衡量的必要,以便使解决争议的程序与案件价值、重要性和复杂性成合理比例。与日常生活联系紧密的小额纠纷可以通过国家或地方财政补贴当事人的诉讼费用的小额诉讼程序解决,当事人免费或低偿获得司法服务,这与社会保险福利津贴、抚恤金、养老金、失业补助、救济金及农产品价格补贴类似。而且,与医疗服务一样,司法纠纷解决的质量越高,成本也越高,正因如此,昂贵的治疗项目应被排除在医疗福利之外,与此类似的还有私人品性较强的高等教育,不可与义务教育一样被作为公共福利对待。

当然,除了福利性考量之外,小额诉讼程序的适用还应当考虑公共利益和成本效益问题。以此为基准排除适用小额程序的案件,主要是案情复杂或者涉及公益因素,或者程序保障要求较高的案件,包括:(1)以合同系以欺诈、胁迫的手段订立为由而请求变更或者撤销的纠纷。这类纠纷不单纯是给付之诉,双方当事人对事实的争议往往也大,甚至还存在着刑事责任与民事责任交叉的案件(如合同诈骗与无效合同相互交叉的案件),无法适用小额程序。(2)实体法律关系复杂的案件。如果案件事实处于激烈争议状态,或者在适用法律上比较复杂,案件的争议不是支付金钱那样简单,小额程序的程序保障水平无法达到解决争议的需要。以买卖合同为例,分期买卖合同、凭样品买卖合同、试用买卖合同、互易买卖合同、网络购物买卖合同、电视购物合同等案件都因法律关系复杂不宜适用小额程序。①(3)程序复杂的案件。准用简易程序的规定,小额程序也不应适用于起诉时被告下落不明的案件、发回重审的案件,以及共同诉讼中一方或者双方当事人人数众多的案件。此外,需要评估、鉴定或者涉及集团诉讼及涉及众多当事人权益的案件程序上明显复杂,也不应适用小额程序。(4)涉及公益的案件。例如,某些立法例甚至明确"有关房地产、劳动关系、阻却占有的纠纷,无论价值大小都不得适用小额程序"②,《欧盟小额诉讼程序法》(ESCP)就将自然人的法律地位及民事行为能力纠纷、因婚姻关系产生的纠纷、赡养义务及遗嘱和继承纠纷、破产纠纷、社会保障、仲裁、雇佣纠纷、不动产租赁以及隐私权纠纷排除在小额诉讼程序之外,因为这些案件直接或间接地涉及了公益。同理,有关自然人的身份或法律能力的案件、婚姻家庭关系的案件、有关社会保障方面的案件都因涉及公益,而不宜适用小额程序。我国最高人民法院对小额诉讼程序的适用范围也做了必要的限缩解释,排除其在离婚、收养等人身关系案件中的适用,体现了保障公民基本权利、维护人格尊严的法治精神。

三、小额诉讼程序的社会化与职权主义

如上所述,小额诉讼制度是一种由国家发起并提供的纠纷解决服务资源,对当事人来说只是一种选择性的程序。如果当事人利用它,也是出于妥协的考虑,他们预期能够获得程序利益补偿才觉得程序简化可以忍受。尽管如此,立法上减少了审级,实行一审终审,必须以司法提供相应的福利措施作为对价。例如,建立普遍性、综合性的专门小额法院,程序要具有便利性,程序过程要温暖且富有人性,诉讼过程和结果可预测等等。基于这样的交换,法院与小额纠纷当事人之间的交换才可能达成——当事人放弃"慎重裁判之程序保障",法院则实现了"速裁"。通过这样的交换,公民接近正义

---

① 刘京冬:《我国小额诉讼程序适用的案件类型之规范化探究》,载《法学论坛》2014 年第 3 期。
② Borivoj Starovic, *Civil Procedure in Serbia*, Wolters Kluwer, 2012, p. 157.

的障碍被消除掉了,权利保护请求权被给予实质性保障。在社会公平正义观念上,它消除了受害方当事人认为除了屈服于经济富裕的对方别无选择的看法,①因此也就消除了正义实现的困难性。这样的诉讼福利措施,就是在落实全民福利理念,保障全民均有平等受法律服务以接近正义的机会,实现法律服务普遍化之基本要求。

小额诉讼制度与医疗和教育一样满足着人们的基本生活需求,解决他们的基本司法需求(basic needs),而这又决定了小额诉讼制度中的福利项目与福利水平。这些需求可以被概括为:小额诉讼应当收费低廉,甚至完全免费,能在全国各地平等地获得,应当是对社会公众的生存和发展具有基础性作用的服务。小额法庭节假日审理案件、表格化起诉、诉讼中的法律援助等等,都是在力求程序简化的同时,进行与当事人需求相符的且带有人情味的审判活动。② 对应的诉讼规则也相应存在,如由法院(法官)给予程序性援助,由法官履行监护职能,以及积极而充分地利用调解、和解方法,等等。

程序简易化程度与法官的职权行使程度成正比,③程序越简化,法官的职权越大。但问题是,小额法官过大的职权也极易导致滥权,审理品质相应地成为制约小额诉讼程序运用的关键性因素。理想的状况是,法官既是诉讼福利资源的安排者,又应当成为诉讼中提供人文关照的人。法官要让人们意识到小额程序完全是立足于制度利用者(当事人)的制度,要对实际利用者所处的程序环境予以细微的关注。④例如,在审理中关注当事人的具体需要,决定什么样的案件适合适用小额程序,什么样的案件不适合适用小额程序;在依小额程序不恰当时,适时地将诉讼转轨于简易程序或普通程序;程序进行中,也要更多依职权进行证据调查,更多地行使释明权和指挥庭审活动,更主动地进行调解。在保障措施方面,应为小额诉讼提供"绿色通道",以及采行表格化起诉、采用电子送达方式和利用视频系统询问证人等手段。从道德的角度看,小额程序承诺的福利性,将人文主义精神贯彻审理过程,会使小额诉讼程序良好地运转,使小额诉讼法院成为"人民的法院",且在功能上居于"最高位法院"地位。在这个意义上,小额诉讼程序法官的责任实际上被加重了,他们不但要谙熟法律,而且要具有相当的生活体验,

① 〔日〕小岛武司等:《司法制度的历史与未来》,汪祖兴译,法律出版社 2000 年版,第 208 页。
② 〔日〕小岛武司:《诉讼制度改革的法理与实证》,陈刚等译,法律出版社 2001 年版,第 5 页。
③ 〔日〕棚濑孝雄:《纠纷的解决与审判制度》,王亚新译,中国政法大学出版社 2004 年版,第 275 页。
④ 〔日〕新堂幸司:《新民事诉讼法》,林剑锋译,法律出版社 2008 年版,第 42 页。

深谙当地社情民意。

正如学者们注意到的那样,"司法的专业性越强,社会的疏离感越强"。中国的民事诉讼程序虽不像西方国家那样形式化、专业化,诉讼中法官的职权也一直相对较大,但小额诉讼程序的发展同样面临着如何合理地简化程序的问题,要解决自身环境中的一些特殊问题。一方面,它面临着传统强势程序的竞争,例如,诉调对接、动员撤诉制度与简易程序制度已经运用得相当成熟,法院及法官对操作这些程序也驾轻就熟,甚至已形成路径上的依赖。好在小额诉讼制度在与这些程序的竞争中,其优势在于程序的福利性,否则,小额诉讼程序就完全可能沦为简易程序的翻版,而与简易程序处于同构竞争状态,难以推广适用。另一方面,我国民事司法中的职权主义传统也存有促进小额诉讼程序施行的积极因素,例如,职权主义因素就可以被转化用来协助小额纠纷当事人利用司法,中国的法官更类似于"诉讼监护人"的角色,有着为当事人提供人文关怀的传统,对于落实小额诉讼程序福利性而言,这些都是非常有利的因素。

总之,小额诉讼制度中包含着国家福利的必然性与有效性。不以福利性作为出发点,我们就无法拥有并运营一个好的小额诉讼制度。福利性是小额诉讼制度的本质所在,也是小额诉讼立法与司法的理论支柱。

第二节 小额诉讼程序的社会化目标导向

福利模式须合乎公平正义,执行福利功能的小额诉讼制度也理应在公正理念之下得到塑造。作为"全民性"的纠纷解决程序,它被普通公民利用的有效可及性应当被格外强调。然而,小额程序的有效性颇为复杂,涉及促进公正和基于个人价值两种评价系统。一方面,小额诉讼是一种有限资源,无法不受节制地向社会提供,否则只会浪费司法福利资源,加剧高税收和政府财政压力。这种资源紧张的状况,恰如一艘即将沉没的船上面救生衣的数量少于乘客的数量,那么,如同结果正义一样,程序正义的问题可能立刻就会出现了。[1] 在多大范围内交付这种福利必须符合社会正义。另一方面,如果不加区别地适用小额诉讼程序,未必会促进程序正义价值的实现。因为,双方当事人的诉讼地位在实质上可能并不平等,或者说其平等只是一种运气上的平等,而诉讼当事人在现实社会中所处的位置,系统性、构造性

---

① [英]戴维·米勒:《社会正义原则》,应奇译,江苏人民出版社 2005 年版,第 142 页。

地决定着法当事人能够使用的既定条件,例如,大企业等组织处于资力、人力、经验上的优越地位。① 法院福利承担能力有限,绝对不应过分慷慨地向那些并不需要小额诉讼程序的当事人提供这种纠纷解决服务。从社会正义的角度,还要对企业原告利用小额诉讼制度来欺压公民的企图予以打击,否则,不平等的法律服务就会使购买者在法律面前得到偏袒。

一、面向普通公民的社会政策照顾

从社会政策角度,小额诉讼制度与反贫困政策目标是一致的,其目的在于使贫困者也能够获得最低限度的纠纷解决服务。基于这样的预设,我国民事诉讼法及其司法解释也做出相应的程序安排——减免诉讼费用、一审终审、审理中的职权主义等都是实现福利目标的具体手段。

但仍有令人担忧的问题。从小额诉讼制度的发展史看,其被企业法人滥用的历史几乎与制度本身发展史一样悠久,尤其在美国"小额法院运动"的推进中,人们发现原告往往并不是普通百姓,而是零售商和金融公司,他们将通过法院进行小额索赔当作有效、廉价的讨债方法,甚至不惜一次就提出一百多个债权请求。20 世纪六七十年代的加拿大此类现象也层出不穷,只有少数小额程序是由个人提起的,欧洲小额诉讼程序也具有这样的倾向。② 程序保障危险由此而生,由于被告往往是弱势群体,他们通常不会出庭,法院大多以缺席判决结案——被告的程序参与权无形中被剥夺,但同时,原告利用缺席判决进行诉讼欺诈的可能性却在显著增加,弱者当事人为强者当事人选择利用小额诉讼制度承担着代价。程序利用中的"阶层化"倾向引人深思,它虽不像企业滥用小额程序那样明显违背正义,但扩大了社会不平等也是客观事实,富人与企业利用小额程序主宰着穷人,并导致了对真正的穷人不利的结果——福利国家的受益者并不是广大的工人阶级,而是中产阶级。③ 相反,民事法律中,必要条件原则注意到严苛条件和定式契约问题,它们更可能影响到穷人,而不是中等阶级和上等阶级。④ 这是北美各

---

① ［日］六本佳平:《日本法与日本社会》,刘银良译,中国政法大学出版社 2006 年版,第 77—78 页。
② Pablo Cortés, *Online Dispute Resolution for Consumers in the European Union*, Routledge, 2010, p. 99.
③ ［日］武川正吾:《福利国家的社会学》,李莲花等译,商务印书馆 2011 年版,第 16 页。
④ ［美］迈克尔·D. 贝勒斯:《法律的原则》,张文显等,中国大百科全书出版社 1996 年版,第 425 页。

国限制小额诉讼程序原告资格的重要背景。[①]

对小额诉讼程序原告资格进行限制,建立在这样判断的基础上——经济价值小未必代表权利者的重要性低。小额债权,其价值与权利主体是相对的,与富人及大型企业的巨额债权相比,普通市民的小额债权更为重要。[②] 而小额诉讼程序作为面向小债权者或者是中低下收入者提供的纠纷解决服务,如果被企业商家压倒性地利用,势必对诉讼福利功能造成冲击,损害社会正义原则。因此,如果我们认同小额诉讼制度的福利角色,那么就要在各主体对小额诉讼程序的无差别使用与国家法院慷慨的平等保护诉讼权利之间建立一种平衡关系。如果不对企业和富人利用小额程序加以限制,民事司法领域中的"福利累退"效应将会出现——这种司法福利制度非但不会促进诉讼资源在社会阶层间的平等分配,反而会默认诉讼中的丛林法则,加剧诉讼地位的不平等。因此,小额诉讼制度有必要实行差别原则,这是实质正义的要求。

当然,在小额诉讼发展的初级阶段,其在诉讼效率和分流案件方面的作用往往被国家格外强调,而程序的福利性并不是最优先的目标,法院可能会默认企业的原告资格,由此出现程序规定与制度的根本性目的之间的抵牾,这在英国、美国和加拿大的小额诉讼实践中都可以观察得到。[③] 美国的一些地方,小额诉讼程序甚至还为税收机构以及医院和医疗服务部门收取未支付的账单所使用。[④] 如果企业利用小额程序解决商业利益争议,甚至将其作为便捷的收债工具,就不应当允许。[⑤] 这些问题同样是中国小额程序运作中的主要问题,小额程序俨然以面向百姓的司法必需品面目在民事诉讼法中出现。但由于对其承载的福利功能及社会政策功能认识不足,出现了社会正义难题。例如 2015 年实施的《民诉法解释》二百七十四条(已废止)规定,供用水、电、气、热力合同纠纷,银行卡纠纷,物业、电信等服务合同纠纷,适用小额诉讼程序解决。这些案件的原告是企业法人(或其他组织,下同),被告则是弱小的消费者,两者诉讼能力悬殊,前者在诉讼中明显处于优

---

① ⑤　Christopher S. Axworthy, Controlling the Abuse of Small Claims Courts, *Mcgill Law Journal*, Vol. 22.

②　[日]小岛武司:《诉讼制度改革的法理与实证》,陈刚等译,法律出版社 2001 年版,第 4 页。

③　伍尔夫勋爵在其中期报告中也曾指出,20 世纪 80 年代中期在小额法院起诉的当事人多为企业,而非个人。See Neil Andrews , *English Civil Procedure*: *Fundamentals of the New Civil Justice System*, Oxford university press, 2010, p. 528.

④　[美]杰弗里·C.哈泽德、米歇尔·塔鲁伊:《美国民事诉讼法导论》,张茂译,中国政法大学出版社 1998 年版,第 173—175 页。

势地位,他们比一般公民更容易与法院沟通。而且,企业与法院之间有着较高的认同感,他们有着共同的官场语言,彼此善于法律上的准确表达,且法定代表人也常常面对诉讼,谙熟诉讼规则与策略。而作为被告的公民,则时常被视为吹毛求疵的当事人,或者被预先推定为赖账的人——正是他们欠账不还才导致了审判资源的浪费,至于消费者所提出的各种抗辩理由则极有可能被法院忽略。小额程序其本身就是一个有利于利用者的"原告程序",具有"偏袒"原告的一面。如果原告本身就是强势的企业,其利用小额程序追索债权肯定给人恃强凌弱的感觉。因此,对这一程序的原告资格应做必要限制,始能切合社会正义的要求。

限制企业作为小额诉讼原告的必要性还在于,我国企业与消费者之间的关系虽然没有达到美国那样严重对立的程度,但公用事业的垄断早已饱受诟病,电信、邮政、自来水、电力、煤气、铁路、航空等行业所从事的一般都是与绝大多数人、行业息息相关的公共事业,因服务价格、质量及消费选择权与消费者发生争议的情况时常发生。如果任由企业作为原告提起小额诉讼起诉消费者,众多公民很可能感受到大企业与小额法庭的联手压制。基于这种现状,法院在解释民事诉讼法时就要摆脱一般化的形式标准,将电信服务合同纠纷,物业服务合同纠纷,拖欠水、电、燃气费用引起的供用电合同纠纷、供用水合同纠纷、供用气合同纠纷,以及信用卡纠纷,排除在小额程序适用范围之外。这样做的正当性在于:在利用小额诉讼程序上,企业与公民的需要并不一样,小额程序的运用关系到公民的生存和发展,企业却未必如此,它们完全可以通过普通程序、简易程序去解决与对手的民事争议,也可以通过企业法务人员或律师去追索债权,[①]适用督促程序解决也是个好办法,而完全没有必要与民争利。以"与其屈贫民,宁可屈富民"的福利观念来指导小额程序的适用,关注诉讼制度使用者的立场,更有利于社会正义的实现,有利于节约小额诉讼资源,使其永续发展。

二、对原告资格的限制

为实现小额程序的诉讼福利目标,美国、加拿大和日本等国的民事司法都采取了差别原则,考虑最不利群体的因素,以此作为小额诉讼原告适格的标准,对企业的原告资格给予规制或排除。

---

① 例如在英国爱尔兰地区,禁止商家利用小额程序的规定直接推动了新型的替代性小额赔偿请求机制的发展,例如,律师协会开发出小额赔偿请求的仲裁计划,供那些无法利用小额诉讼程序的小商家使用,避免商家在小额程序的利用上与民争利。

（一）禁止企业利用小额程序

在所有的限制小额诉讼原告资格的方案中，禁止企业利用小额诉讼程序最典型地体现了保守主义福利体制的思维。国家根据企业、公民与小额诉讼程序制度之间的关联性来确定程序服务的对象，为后者提供小额诉讼程序制度的服务，而禁止法人（或团体）利用小额程序。美国纽约州及加拿大魁北克省的小额诉讼司法就推行这样的方案，具体有两种不同对策。

1. 为了体现面向普通公民的政策照顾，一概禁止小额法院受理法人提起的小额诉讼，诉至小额法院的则要被移送到普通法院，或者通过调解和仲裁等非诉讼途径解决。例如，美国布法罗小额法庭就严格限制原告的起诉资格，企业、合伙及团体均不能向小额法庭提起诉讼，同时也禁止债权受让人的起诉。[①]

2. 是否禁止原告利用小额程序，取决于被告的选择，如果被告提出异议，法院就会终止小额程序。前一个方案的优点是易于操作，客观上也能最大限度地防止企业原告滥用程序，例如，可防止企业原告在被告不出庭的情况下申请法院做出缺席判决。这种方法对被告的程序保障较为充分，有利于保护消费者的民事权利和诉讼权利，但其弊端在于，将大量以企业为原告的小额消费案件推向了更高层级的法院，上级法院的案件压力增大，小额程序的解纷功能相应地被削弱了。第二个方案的优点，则是能够体现当事人的程序选择权，即使被告败诉他也能够在心理上接受小额判决结果。但弊端则是作为被告的消费者可能滥用异议权，针对小额程序的适用提出毫无理由的异议。

比较而言，前一种在立法上禁止法人利用小额程序缺乏法律上的根据，方案也过于简单和绝对，并不适合我国。后一种由法院酌情决定法人能否提起小额诉讼则能体现个别正义，可以考虑采行，其正当化根据则在于——法院是分配小额诉讼福利产品的机构，正如医疗保健要通过医院和卫生主管部门配给的道理一样，法院应当有权决定对小额诉讼原告的资格给予限制。

（二）限制使用次数

从社会服务均等化的视角，定额式给付是福利津贴给付的基本原则，满足新中产阶级品位的平等标准的服务和给付，而不是像有些国家那样只满

---

① ［日］小岛武司：《诉讼制度改革的法理与实证》，陈刚等译，法律出版社 2001 年版，第 130 页。

足于最低需求上的平等。①相反,如果诉讼制度使人际关系变得更不可预期,防险成本大幅增加,反而使得那些较懂得"利用"这些机制的人一再"回馈"新的需求而造成司法一片荣景的假象,在不平等接近(unequal access)的结构下,司法可能已不自觉地变成扩大阶层差距的帮凶。

基于上述社会化观念,小额诉讼程序不应当因原告是公民、法人还是其他组织而在适用上有所差别,而应当转向通过使用次数上的限制来规制企业对小额程序的滥用。美国俄亥俄州率先采纳了这种规制方法,作为实现"平民法院"的理想而采用的"非正当手段",②日本紧随其后,其民事诉讼法中规定每位原告每年小额程序的使用次数不得超过 10 次,原告在起诉时就当向法院说明通过这种程序来进行裁判的要求,并应当申报其当年在法院通过小额诉讼要求审理及裁判的次数。

客观上,限制使用次数的方法起到了防止大企业频繁使用小额程序的作用,弱小消费者在小额诉讼程序中所处的不利地位及诉讼状况得到一定程度的改善。其积极效果表现为:在大的方面,这种方法较好地处理了形式平等与实质平等、普遍正义与个别正义之间的关系。一方面,小额诉讼的大门应向所有人敞开;另一方面,这种做法平衡了小额诉讼程序的利弊,特别针对其易于被一些债权人无限制地反复利用的状况进行了规制。在一定的时期内,只允许同一当事人提起一定数量的小额诉讼,防止小额程序异化为"债权人的集资工厂",成为银行贷款机构的债权催收工具。

需要指出的是,这种规制方法也有不足之处,它削弱了法院解决债务争议的能力,将大量商事纠纷推向了其他纠纷解决机构。一个明显的例子就是,与这种规制措施有关的日本小额程序过低的适用率。

(三)基于诉讼诚信的衡量

国家负有司法福利的供给义务,小额诉讼当事人也应当负有抑制滥诉行为的义务。民事诉讼鼓励当事人诚信地进行诉讼,小额程序当事人也要富有诚信地使用这一程序。既然一概禁止法人利用小额诉讼有违形式平等原则,而允许他们利用小额程序又有违实质平等,那么合理的方案就是允许法人利用小额程序,但利用的动机必须合理。

所谓合理使用,是指允许在符合程序目的的情况下使用小额诉讼程序,

① 郑秉文:《福利模式:比较研究与福利改革实证分析——政治经济学的角度》,载《学术界》2005年第 3 期。
② [日]小岛武司:《诉讼制度改革的法理与实证》,陈刚等译,法律出版社 2001 年版,第 138 页。

特别是允许那些诉讼诚信的法人利用小额程序,"清白的"(clean hands)法人完全可以通过小额程序去"光荣索赔";反之,则不允许企业提起小额诉讼。这一规制方法在域外已经有较成熟的方案。例如,美国国家消费者司法研究所在一项调查中就建议,法官应有权力禁止那些滥用小额程序的当事人在一年内提起诉讼。例如,一个原告法人在实施了商业欺诈和不公平交易后又虚构若干被告的名字提起了小额程序,企图从受到欺诈的消费者那里获取利益,法院最终认定该法人的起诉构成了滥用小额程序。① 对处在社会诚信建设阶段的中国司法而言,"光荣索赔"也不失为可资借鉴的规制方法。如果企业实施了利用小额程序恶意催收债权、骚扰或者损害消费者权益的行为,法院就应禁止其在一定时期内再利用小额程序。固然,"光荣索赔"与滥用小额程序行为的认定标准存在模糊的一面,但至少可以借鉴其中的积极因素,法院可以充分行使诉讼指挥权,将违反诚实信用原则、滥用小额程序的企业列入"黑名单",限制其在一定期限内利用小额程序,而对"光荣索赔"的法人、诚实守信的法人则予以鼓励,他们仍可不受限制地利用小额程序去实现债权。

(四)"双轨制"的合理性

小额程序是一种在设置上偏向于原告的审理程序,原告的胜诉率极高,基于这一点,小额法院被人们称作"专门性的原告法庭"。理论上,符合法定条件,任何人都可以利用小额程序,这是该程序所蕴含的普遍正义的应有之义,但在个别案件中适用小额程序确实有可能不利于被告一方。表面上看,这样的程序并无不妥,但问题是,如果原告是市场经济中的强势主体的话,就可以成为这一程序制度的重复性玩家,小额程序就会加剧双方的失衡状态,在市场与诉讼中置被告于双重不利境地——市场的强者在诉讼中又占到了便宜。这显然有悖于诉讼平等原则,违背社会正义精神,也正因如此,小额程序受到人们的怀疑和指责。法院面对企业法人滥用这一程序时,如何在政策上关照弱势群体,以实现个别正义,就成为一个重要问题。对企业重复利用小额诉讼向消费者索赔的案件,立法有必要进行规制,司法也要严格控制,这样才符合程序正义的要求,作为个体的被告也才能体会到尊重,同时也可避免过多适用小额诉讼制度给法院带来沉重的财政负担。

鉴于企业乐于占用小额程序而蚕食大众诉讼福利资源的情况,西方国

---

① Christopher S. Axworthy, Controlling the Abuse of Small Claims Courts, *Mcgill Law Journal*, Vol. 22.

家早有人建议为处理这种小额索赔纠纷开辟新的途径。① 正如山羊与绵羊要分别放牧的道理一样,小额诉讼对不同的原告给予不同的保护,有助于减少小额程序适用中不正义结果的发生。小额诉讼原告的"双轨制",就对法人与个人提起的小额程序加以区别,分别适用不同标准。具体而言,考虑到法官更愿与企业或其他组织打交道(尤其在中小城市的法院),他们也对经常利用诉讼程序的企业更为熟知,而忽视个人被告(如消费者)。为防止法官的这种偏好,可以考虑由企业法人和其他组织提起的小额程序交由商事审判庭审理,适用简易程序或普通程序,而自然人提起的小额诉讼则由小额法院(法庭)审理;如果小额纠纷的原告是公民,被告是企业,或者小额诉讼的原告与被告均为法人,则无需在审判组织和诉讼程序上加以区分。

相较于上述所有的小额诉讼原告适格标准,"双轨制"是适合我国国情的规制措施。在我国,绝对禁止法人和其他组织作为小额诉讼的原告是不现实的。法治建设初期要兼顾形式与实质的平等,不应让任何一方当事人有优于或者劣于对方的诉讼地位。在这个意义上,公民、法人和其他组织都应当有权利用小额程序。而且,从诉讼权利平等原则出发,禁止企业提起小额诉讼也缺乏依据。至于企业法人可能滥用这个程序是另外一个问题,完全可以通过规制措施(如罚款等)来解决。考虑到消费者相对于商家乃弱势群体,其诉讼地位与权利行使状况上都逊于对手的现实,也可对小额程序的原告做出类型化划分,把由公民提起的小额诉讼与法人或其他组织提起的小额诉讼分开,由不同的审判组织进行审理,以体现国家的政策关照。这样的小额诉讼才称得上一个对消费者友好的程序。

由商事审判庭负责审理企业利用小额程序的案件,民事审判庭负责公民利用小额程序的案件,这样的"双轨制"并非简单地将案件分门别类,而是在审理组织和审理程序上都要给予普通百姓"特殊关照",两者按照各自的运作规律审理案件,考虑不同的程序保障要求。对于公民而言,起诉乃是他们享有的基本权利,不因其已向法院陈明不另行起诉,即丧失此项基本权,应当允许他们提出一部请求。在特殊情况下(如后遗症的损害赔偿请求),一部请求还有利于权利人的权利救济。这里需要规制的仅仅是法人和其他组织利用一部请求来向消费者催收债权的情形,解决与小额程序制度目的相冲突的问题。因此,小额程序中应当允许公民利用一部请求,但不应允许

① [美]彼得·G.伦斯特洛姆:《美国法律词典》,贺卫方等译,中国政法大学出版社 1998 年版,第71 页。

企业法人利用这种诉讼策略,这才是正义之举。再如,商家可能通过格式合同滥用协议管辖的权利,借以选择对自己有利的管辖法院,而致使消费者应诉不便。因此,在由法人提起的小额诉讼中,遇有协议管辖效力认定问题时,法院也宜区分原告为公民还是法人,适用"双轨制"给予弱势的消费者特殊关照。在一方当事人为法人或其他组织的小额诉讼中,首先应排除适用协议管辖的规定;其次,还有必要赋予弱势当事人对管辖条款效力提出异议的权利,以排除不合理的协议管辖条款,并由受诉法院根据地域管辖的规则将案件移送给有管辖权的法院。但两造均为法人或商人者,双方经济地位相等,即无排除约定债务履行地或合意管辖规定之必要。[1]

总之,在中国由"小福利"时代迈向"普遍福利"的背景下,探讨小额诉讼制度时应摆脱目前研究偏重程序本身的现状,而应将研究的重点置于社会发展的视角。从关注平民开始,让弱势群体能够利用民事司法制度,享受到普惠于民的司法福利,这样,人民的权利才会完成从形式上平等到实质上平等的质的飞跃。因此,为了公共的目的——社会福利的立法或司法完全可以对法人或其他组织利用小额程序的权利给予必要限制。

第三节 社会化的增进——制度运营中的福利观

国家具有福利传递功能,小额诉讼程序就是国家福利在民事司法领域传递的结果。对小额诉讼的悉心照顾,可使国民与司法在真诚的意义上相互关系,培育国民的司法根基。同时,以小额程序来替代传统的诉讼程序,也体现着国家承担保障公民享有解决小额争议这种基本福利的责任。基于国家对法治与平等的承诺,小额诉讼制度不仅要进行法院组织上的变革,还要在程序规则上改变传统上法院与法官的职权作用,以普通民众为中心,在保障公正的前提下,给予当事人以程序援助,贯彻"程序的简化、低廉的费用、迅速的审判"理念。

一、小额法院(法庭):司法福利的给付者

建设小额诉讼制度,不可或缺的要素是审判组织,也就是小额法院或小额法庭(small claims courts)的设立。小额程序打破了通常诉讼制度为法院框定的限制,在没有或者很少增加法院经费的情况下就可以快速处理小额

---

[1] 杨建华:《民事诉讼法要论》,北京大学出版社 2013 年版,第 362 页。

案件,更主要的是它们可以承担起废除贫穷和促进社会平等的责任,可以做出通常法院缺乏一般权力和手段去做的事情。[①]

(一)社会化小额诉讼程序的正当性

在社会福利意识形态的价值引导下运营的小额法院会赋予小额程序这一传统上被当作"速裁机制"的诉讼程序以道德性,而恰恰是这种道德价值赋予了小额诉讼程序以富勒所称的合法性。一方面,为了方便公民,小额法院努力于降低诉讼费用、设立夜间法庭、由法院职员给予程序性援助等工作;另一方面,在内部程序上,试着对法官履行监护职能、专家进行的援助和缺席审判时的抗辩进行调查。与此相联系,还积极而充分地利用调解、和解方法。[②] 这样不但使小额纠纷的处理更迅速和花费更少,更重要的是帮助了消费者和穷人通过诉讼实现自我救助。而且,以给付国家司法福利为目标的小额法院,应当为处理小额纠纷开辟新途径,在案件的受理上,应禁止或限制零售商和金融公司把小额索赔法院当作讨债的一种有效而省钱的方法,而应让普通百姓在小额法院得到诉讼上的便利。

(二)社会化小额诉讼程序中的人文关怀

在诉讼程序上,小额法院的运作方式也应当体现出司法福利给付人的特点,以便让当事人享受到实体法所带来的利益。例如,以本人诉讼为前提并禁止律师代理;再如,由于小额诉讼程序是针对一般公民日常生活中发生的小额民事纠纷所设置的简便程序,为了避免这一程序被滥用,将那些本不属于小额民事纠纷的案件,分批请求,化整为零,分次利用小额诉讼程序,同时防止给法院造成负担,使被告频繁地被诉,侵害其诉讼权利,不应当允许在小额诉讼程序中提出一部请求,除非当事人向法院明确表示放弃余额请求;判决的宣布原则上要求在口头辩论终结后直接进行,可以口头形式宣告判决的主文,等等。

(三)社会化小额诉讼程序的专业性

在组织形式上,小额法院可专门设置,北美国家(美国、加拿大)通过简易化的努力使一般国民普遍能够得到具有程序保障的司法服务,[③]在人口

---

① [美]迈克尔·D.贝勒斯:《法律的原则》,张文显等译,中国大百科全书出版社1996年版,第425页。

② [意]莫诺·卡佩莱蒂:《福利国家与接近正义》,刘俊祥等译,法律出版社2000年版,序言第2页。

③ [日]棚濑孝雄:《纠纷的解决与审判制度》,陈刚等译,中国政法大学出版社2004年版,第276页。

聚集的城市可设置若干全天(包括夜间和节假日)都可以审理案件的小额法庭。农村的小额法庭则可以灵活设置,适宜设立小额巡回法庭,每月或每周定期审理小额案件。也可以像韩国那样,将小额法院(法庭)设于地方法院内,作为地方法院的分支机构,设置专门的小额法官负责处理小额案件。但无论采纳哪一种设置模式,都要充分考虑小额案件当事人大都是工薪阶层这一现实,在小额法院运营上要便利当事人诉讼,如果双方当事人都同意,可以在非工作时间的夜间或公休日开庭。

(四)社会化小额诉讼程序的低成本性

在小额法院的可接近性上,小额法院的诉讼费用应当比简易程序更低,诉讼费用是调节当事人程序选择的经济杠杆,那么小额程序应免收诉讼费用或象征性地收取少量诉讼费用,这样可以消除普通公民利用小额诉讼程序的障碍,对于贫穷的当事人而言这尤其具有实质意义。当然,在诉讼之外也存在福利改进的必要性,例如可以考虑向小额纠纷当事人提供法律援助等。

二、社会化小额诉讼中的程序适用

(一)程序选择的必要性

在福利主义者看来,福利制度"内生的"问题就是在现有的项目设计与社会需要之间不断产生脱节。[1] 作为福利项目的小额诉讼制度,能否契合纠纷解决及权利保护需要,不仅取决于程序的简化、诉讼费用的减免以及诉讼中的人文关怀,也取决于纠纷当事人的意愿。是否适用小额程序要尊重当事人的自由选择,立法与司法只能鼓励当事人选择对自己最有利的程序去解决纠纷,借助于诉讼费用的经济杠杆促进当事人自觉地选择利用小额程序,实现利益最大化,这样才会赋予小额诉讼程序以正当性。总之,"速裁"效率价值并不能赋予这一程序以道德性,道德性的获得无非以下两个途径:一是,利用小额诉讼程序是原告自愿并能保护被告的诉权;[2]二是强制适用小额诉讼程序,但必须增加程序适用中的福利因素。

(二)程序选择的模式

小额程序的适用主要有强制适用、选择适用以及两者的混合三种模式。

---

[1] [丹]戈斯塔·埃斯平·安德森编:《转型中的福利国家》,杨刚译,商务印书馆2010年版,第13页。

[2] 冷罗生:《日本现代审判制度》,中国政法大学出版社2003年版,第130页。

一是,将小额程序作为强制适用的诉讼程序。例如希腊、奥地利小额程序就是一个强制性适用的程序,没有关于可以转入普通程序的规定,①我国一些地方法院(如上海)与之类似,强制适用小额程序且严格控制向其他程序的转化,除发生特殊情况外,一般不允许程序转化,以保证程序适用的稳定性。② 二是,当事人选择适用小额程序。这种选择通常是双向的,即小额纠纷原告在提起诉讼时有程序选择权,可选择小额程序。被告还可以提出异议,日本和法国都属于这种类型。还有一种做法是,小额程序的适用要以被告无异议为前提(如意大利),允许当事人对适用小额程序提出异议,经审查如果异议成立,则裁定小额程序转为简易程序或普通程序。三是,由法院裁量适用小额诉讼程序。尽管这种裁量权的大小并不一致,例如,有的立法例是小额纠纷原则上适用小额程序,例外情形下排除适用,如英国和西班牙;有的立法例则将程序适用的权力完全交付给法官,例如德国。③

　　强制适用模式有利于发挥小额程序在纠纷解决中的作用,带动诉讼效率的提升,越是强制,小额程序的适用率就越高,而且,小额案件的法定数额规定得越高,小额程序的适用率也会越高。如果两个因素叠加在一起,小额程序的适用率就会急遽攀升。韩国的经验就证明,强制适用、较高的标的额上限与程序适用率之间的关联性,在韩国,2012 年适用小额程序解决的案件已占到了全部一审案件的 75%。④ 但需要注意的是,强制模式似乎并不适合我国的诉讼实际,首先,小额诉讼程序解决纠纷的直接成本(direct cost)最小,这是毋庸置疑的,但它的程序保障水平也低,且由于不实行合议制,不允许上诉,因而纠纷解决中的错误成本(Error Cost)上升的几率也非常大,甚至抵消掉那些节约出来的直接成本。可能的情况是,对小额诉讼判决提起的再审大幅增加,这意味着,小额程序能够"速裁"但却容易导致讼累。其次,强制适用小额程序的规定,在可行性上也值得怀疑。因为,纠纷当事人为规避适用小额程序,完全可以隐瞒事实,或者在起诉时提高诉讼请求数额,从而轻易地绕过小额诉讼程序,出现管理学意义上的"逆向选择"的结果。

---

① 奥地利并无专门的小额程序,其民事诉讼法规定小额案件可向地区法院(Bezirksgericht)起诉。
② 《上海法院开展小额诉讼审判工作实施细则(试行)》(2013 年 1 月 1 日起试行)第二十三条。
③ 德国民事司法中,法院并没有义务强制适用小额程序,即便争议数额低于 600 欧元,法院也可以适用通常诉讼程序。
④ 韩国目前小额案件的标的额上限为 2000 万韩元,相当于 12 万元人民币、200 万日元、1.44 万欧元。由于数额标准较高,大量案件适用小额程序。针对现状,也有韩国学者建议将标的额上限下调至 1000 万韩元。

(三)小额诉讼程序适用的法解释

对小额程序如何适用,我国民事诉讼法并未明确宣示,从 2012 年民事诉讼法立法说明及人大法工委相关人员的解释看,小额诉讼程序应是一个强制适用的程序。① 《民诉法司法解释》第二百七十一条规定确认了强制适用方式,即"人民法院审理小额诉讼案件,适用民事诉讼法第一百六十五条的规定,实行一审终审"。但同时,该司法解释在第二百七十九条规定了异议权,即"当事人对按照小额诉讼案件审理有异议的,应当在开庭前提出。人民法院经审查,异议成立的,适用简易程序的其他规定审理或者裁定转为普通程序;异议不成立的,裁定驳回。裁定以口头方式作出的,应当记入笔录"。在目的解释上,如果将小额程序定位于以程序利用者为中心的诉讼福利的话,程序利益显然应当归属于当事人,而不是为减轻法院负担,那么,当事人就有权利选择适用这一程序,而不是被强迫赶入这一程序之中。最关键的是,选择性适用的优点是可以增进小额程序的合法性,提高公众对小额程序的信服度和接纳度,进而有助于提升小额程序的社会适应性,有利于推广适用。

三、必要的职权探知

小额诉讼制度具有福利性,小额法院的角色也就相应地由中立、消极的裁判者转向当事人的监护人,是否适用辩论主义已经不太重要,因为小额诉讼的福利理念已经彻底改变了传统诉讼中的适者生存的残酷法则。基于这样的理念,采取职权证据调查制就是必要的。例如,为在事实发现方面更为灵活,小额诉讼程序中法官可以不通过口头辩论程序或书面审理程序,而以方便的方法询问当事人,帮助自己形成心证。

当事人讯问制度与小额诉讼程序似乎存在着天然契合关系,是促进小额诉讼审理的一个手段。奥地利早在 1873 年就为配合小额诉讼制度的实施,专门引进当事人讯问制度。当事人讯问对于小额诉讼程序运作而言,至少有以下两方面意义。首先,在小额诉讼程序中采行当事人讯问制度,能够使法院迅速掌握争点,法院通过当事人做出的事实陈述以及对案情的阐明,可以掌握案件真正的争点,同时过滤掉不必要的事实及证据,从而使集中审理成为可能,在诉讼效率方面实现福利促进。其次,当事人讯问制度的采

---

① 季秀平、朱金东:《小额诉讼程序运行现状及制度完善——"小额诉讼研讨会"综述》,载《人民法院报》2014 年 12 月 17 日,第 5 版。

行,能够使法院在小额案件的审理中发现真实,当事人讯问的事实在经过必要的质证程序之后,便可以成为证明案件事实的证据,由法官根据自由心证来判断待证事实的真伪,从而将其作为裁判的基础。基于这样的优势,我们在施行小额程序制度时,可以考虑尝试建立当事人讯问制度。(1)法院适用小额诉讼程序审理案件时,认为有必要的,可以要求当事人到场,就案件的有关事实对其进行询问,其效力与讯问证人的效力相同。(2)当事人无正当理由拒绝具结或者拒绝到场、拒绝接受讯问的,可由法官依自由心证来决定待证事实的真伪,而不应做出不利于被讯问当事人的推定。之所以如此限制,是因为当事人既没有接受讯问的义务,也没有做出回答的义务,如果将不利的后果强加于被讯问的当事人,会背离小额诉讼程序的福利属性以及人文主义取向。

四、和解(调解)法官

一般认为,小额程序在本质上融合了调解要素与裁判要素,实现了调解与审判的一体化。在想象中,小额程序与调解似乎也具有天然亲和性,但遗憾的是,并无证据证明调解之于小额程序具有必然的适宜性,反倒是一些司法数据表明在小额诉讼程序中实施调解(和解)是非常困难的事情,调解率也非常低,韩国的经验证明了这一点。[①] 另有国家小额诉讼程序中的调解则成为摆设,小额程序完全靠自身的技术性取胜,与调解并没有多少关联,西班牙和英国的学者就断言,虽然在小额程序口头听证时法官可能会对各方当事人试行调解,但是,这是一个相当形式主义的尝试,缺乏说服性。日本学界也认为,期待调解能在小额诉讼中发挥其合理的机能则是比较勉强的。[②] 这说明,小额程序自身的技术性规则,远比在小额程序运作过程中单纯强调调解更有意义。

应该说,小额程序中调解的状况只与法院的职权因素存在关联,我国的小额程序最能够说明两者的相关性。由于小额程序实行调审合一,法官在诉讼中既审理又调解,不仅审理中有调解,调解不成还可在调解的基础上继续审理。小额程序与调解互相倚重借力,这是我国小额程序适用率高、调解

---

① 韩国小额程序中当事人的和解率不足 1%,1982 年则不足 0.5%,但由法官依职权提出的"替代和解的判决"结案的则占到全部小额案件的 20% 左右。See O-Gon Kwon, Small Claims Courts in Korea And the U. S: A Comparative Analysis, *The Korean Journal of Comparative Law*, Vol 15, p. 79.

② [日]小岛武司:《自律型社会与正义的综合体系》,陈刚等译,中国法制出版社 2006 年版,第 328 页。

率高的重要原因。据笔者调查,在一些基层法院 7 成以上的小额案件都通过调解解决,撤诉结案也占了相当比例,两者相加的调撤率甚至高达 95%以上,只有不到 5% 的案件是真正通过小额诉讼判决解决的。需要指出的是,小额案件通过调解和撤诉解决,与其说是小额诉讼程序的功效,不如说是调解的逻辑在起作用。由于大量小额诉讼以调解方式结案,小额诉讼程序蕴含的人文主义精神及福利性优势根本无从发挥作用。

当然,小额程序与调解程序不是不可以衔接,但前提条件是充分尊重程序独立性,而且,衔接过程中的程序保障也必不可少。例如,小额程序中的调解一旦失败,仍由曾积极介入纠纷的主审法官主持案件审理,其独立性和公正性就会在随后的程序中受到质疑。① 可借鉴的方案,就是在小额程序中采行大陆法系国家(如德国、法国、日本、韩国等)通行的"和解法官"制度,法院可以将案件移交给指定的不具有决定权的法官(和解法官),和解法官可以采取包括调解在内的一切纠纷解决方式。这样,通过强化小额程序中调解活动的程序保障,可显著增强当事人的程序信赖感。

五、弥补程序利益减损

虽然与其他立法例一样,我国小额程序采取的是减少审级的做法,但与他们不同的是,我国原本就实行两审终审制,再减去上诉审,就形成了绝对一审终审格局,这与西方国家仅仅禁止对小额诉讼判决提起第三审的情况完全不同。

小额诉讼实行一审终审,乃建立在以下假定基础上——小额纠纷的当事人往往是一些小债权者或者中低下收入者,他们在利用普通程序、简易程序解决民事纠纷上存在费用和知识上的障碍,一定程度上阻碍了他们利用司法资源,而且,传统诉讼程序在法院与当事人之间协作关系上的安排也不够充分。为使法院能够以更低廉的费用和更简易、迅速的程序解决纠纷,有必要创立与原来的审判程序不同的小额程序,体现程序比例原则。反之,如果审级过多势必让当事人付出过高的诉讼成本,付出过多的劳力、时间、费用,相应地会减弱他们的诉讼意愿,最终可能使他们放弃权利救济的机会。简言之,为了纠纷当事人的利益,实行一审终审才具有正当性;仅为了法院"速裁",一审终审则不具有正当性。为追求"速裁"而忽略"妥当",则欲速不

---

① Sze Ping-fat, *Some Reflections on the Minor Civil Claims Procedure in the Macau SAR*, Business Law Review,2007,p. 62.

达。因为人们不但关心诉讼的总成本,而且也关心程序公平问题,尽管小额程序的成本低于其他程序,但如果它是一种显失公平的程序,也不会被人采用。欧洲的经验已经证明这一点,审级的简化以及缺少律师代理,连同缺少证据排除规则和程序,以及由禁止上诉所增加的错误判决的风险,这是小额诉讼制度的成本。然而,制度成本也必须被考虑……尽管是不完善的司法,但有总比没有要好。[①]

　　抽掉审级救济的小额诉讼程序,必须以加强程序保障来弥补当事人的利益损失。在一审终审框架下,充实程序保障的方案有两种:一是"变通的上诉模式"。这种模式认可变通的上诉权利,不服小额诉讼判决的当事人可以向原审法院提起"上诉",由原审法院组成合议庭进行复议式的审理。这样做既保障了当事人的审级利益,也减轻了上级法院的案件负担。美国对小额诉讼的上诉也由享有一般管辖权的初审法院审理。二是"例外上诉模式",以德国和英国小额程序为代表。德国原则上不允许针对小额判决提起上诉,但如果法院在判决中许可上诉(控诉),当事人还是可以行使上诉权(德国《民事诉讼法》第五百一十一条第二款第二项规定);英国小额程序也只是严格限制上诉,但并不是绝对禁止,当事人经法院或上诉法院的许可,可以上诉。[②]

　　按照我国新民事诉讼法的规定,当事人对已经发生法律效力的小额诉讼判决、裁定、调解书认为有错误的,虽然不能提起上诉,但却可按照民事诉讼法的规定向法院申请再审。这呈现出我国小额程序审级救济的明显特点——绝对不允许上诉,但却对申请再审持较为宽容的态度。《民诉法司法解释》第四百二十四条第二款明确规定:对小额诉讼案件的判决、裁定,当事人以民事诉讼法第二百零七条规定的事由向原审人民法院申请再审的,人民法院应当受理。申请再审事由成立的,应当裁定再审,组成合议庭进行审理。做出的再审判决、裁定,当事人不得上诉。但很有可能的结果是,小额程序虽然提高了诉讼效率,但由于当事人没有上诉途径,如遇到权利没有得到保护的情形,无奈之下只好提起再审救济。这样会导致再审案件数量的大幅攀升,小额程序适用越多,再审案件可能也越多,这显然不够合理。

　　既然我国民事诉讼法已经明确规定小额程序实行一审终审,那么采纳变通的上诉模式就是一个可行的方案。最高人民法院显然是意识到了这种

---

① Rickect,C. E. F. & Telfer,T. G. W. (eds),*International Perspectives on Consumers' Access to justice*,Cambridge University Press,2006,p.59.

② 齐树洁主编:《英国民事司法改革》,北京大学出版社 2004 年版,第 353 页。

必要性,在《民诉法司法解释》规定了对不应适用小额诉讼程序的案件可以提出异议或申请再审的条文,该司法解释第二百七十九条规定,当事人对按照小额诉讼案件审理有异议的,应当在开庭前提出。第四百二十四条第二款规定,当事人以不应按小额诉讼案件审理为由向原审人民法院申请再审的,人民法院应当受理。理由成立的,应当裁定再审,组成合议庭审理。做出的再审判决、裁定,当事人可以上诉。这样的程序救济,实际上起到了替代上诉程序的功能,加强了程序的正当性。

六、通过执行提升公共服务水平

在大的方面,中国持续的经济增长为普适性的福利计划提供了支持。在这样的背景下,法院在小额诉讼方面承担公共服务的能力肯定是显著增加了。下一步的关键是如何提升小额诉讼中的公共服务的效能,以维护公共秩序和社会安宁,保护个人权利。在所有的改革服务方面,对小额诉讼判决的强制执行是一个重要的环节,因为,小额纠纷当事人对执行成果的担心会波及小额诉讼程序的利用,如果缺乏有效的强制执行手段配合,小额诉讼程序的社会信赖便无从建立。

灵活、便民的执行规定是小额诉讼制度必不可少的组成部分。域外经验证明,可从改革执行体制及增设符合小额诉讼程序特点的执行措施两方面入手。

(一)"审执合一"执行体制的合理性

由于我们的"审执分立"体制严格区分了审判组织和执行机关,小额诉讼当事人胜诉后还要另行申请强制执行,不仅费时费力,还会挫伤人们利用小额程序的积极性。解决这个问题最适合的对策,是建立"一站式"或"流水式"执行简易化模式,在小额判决做出后,仍由小额法庭采取执行措施,将小额程序审理与执行措施结合起来,对小额纠纷当事人权利确认和权利保护的要求给予一体化的解决。在可操作性上,我国基层法庭审理小额案件实际上已经采纳了"审执合一"的做法,1999年最高人民法院《关于人民法庭若干问题的规定》就确立了小额程序与执行程序的融合体制。如果将其落实在实践中,不仅会缩短权利实现的周期,法官在采取强制措施和执行措施时也具有更大的灵活性,一并解决当事人所有的问题。

(二)灵活多样的执行措施

小额诉讼判决的执行措施也要灵活多样,例如,借鉴韩国小额程序中的

"劝告履行"制度,在小额案件审理阶段就建议或劝告被告履行义务,或者在执行阶段给予诚信的当事人以优厚待遇,如免除部分给付义务,甚至可以考虑像美国那样建立公共基金来确保判决债务的支付。现阶段我们可从以下两方面充实与小额诉讼程序相关的执行制度。(1)建立直接劝告被告履行义务的程序。考虑到绝大多数情况下原告的诉讼请求都会得到支持,因而一律要求他们开庭时出庭并没有太大必要,小额程序开始之后法院可以直接劝告被告履行义务;如果被告对履行劝告有异议,法院再决定开庭审理也不迟。(2)建立免除被告义务的制度。让自动履行债务的被告得到实惠,法院在征得原告同意的基础上,在判决中免除其余部分的给付义务,以提前彻底解决双方当事人之间的纠纷。这样操作符合人与人互相容忍、排除暴力的人文主义精神。

　　总之,以诉讼福利性来设定小额诉讼程序的目的,并以人文主义来理解和运用它,才能够克服这个程序制度的固有缺陷,改变其制度优势不明显、当事人接受度低的现状。同时,也会实现小额诉讼程序诉讼效率与公平的最优组合,促进民事司法制度的完善。

第八章　民事诉讼社会化与在线化

中外司法发展进程表明,在经历了在线纠纷解决机制(ODR)、电子诉讼、在线诉讼、智慧司法、互联网法院等实践之后,互联网司法已演化为系统性、统合性概念,描述的是司法制度和诉讼程序从物理环境向虚拟环境、从人类司法决策到人工智能自动化判断的发展过程,以及信息技术(技术系统)与诉讼机制(法律系统)组合集成的各种纠纷解决机制,包括数字技术与智能技术的司法运用而形成的互联网法院、在线诉讼和人工智能司法制度。

在人类社会发展的历史进程中,信息技术给人类社会带来的冲击最为巨大,影响最为深刻。随着信息技术在生产和生活中普遍的深度应用,人类加快了向信息社会迈进的步伐。20 世纪 80 年代中后期,为迎接全球化、信息化、国际竞争加剧的挑战,以及摆脱财政危机和提高政府效率,西方各国相继掀起了政府改革的热潮,民事司法也是这场"新公共管理"(new public management,NPM)的重要领域,追求现代技术与司法相结合的 3E 目标(economy,efficiency,effectiveness,即经济、效率和效能),让诉讼更加贴近世俗社会。而且,随着大数据、云计算、区块链、人工智能等科学技术实质性地融入民事司法过程,互联网与司法的结合达到了前所未有的紧密程度,司法活动和诉讼方式从时间线单一、场景封闭、参与方固定的传统模式,逐步转向时间线开放、场景灵活、多方参与交互的线上线下融合新模式。总之,信息技术不仅推动了线上线下相结合的民事司法保障与服务体系,实现互联网空间的规则治理,也在很大程度上挑战了既有的司法制度与诉讼规则。

第一节　智慧法院:新型司法服务的提供者

2022 年 1 月 1 日实施的《民事诉讼法》第十六条将"在线诉讼"提升为诉讼原则,确立了在线诉讼制度,①勾勒出我国在线诉讼的基本框架。电子政

---

① 该条规定:"经当事人同意,民事诉讼活动可以通过信息网络平台在线进行。民事诉讼活动通过信息网络平台在线进行的,与线下诉讼活动具有同等法律效力。"

务有转变政府服务的潜力,它可促进公共服务行政从传统的官僚范式向"电子政务范式"转变,互联网与司法的结合在促进法院审判办公自动化的同时,通过一网通办、一站通办、一号通办等多元解纷和诉讼服务,减轻当事人诉累,同时提高法官的技术运用能力与案件管理能力,不仅提高了诉讼效率,增加了司法透明度,还可以促进司法的可接近性,以及当事人与法院之间的诉讼合作,进一步提升民事诉讼社会化程度。

一、信息化时代的法院"再造"

我国倾向于将电子法院做狭义理解,将其定义为智慧法院,包括普通法院的智慧化及专门互联网法院的设立。其中,杭州互联网法院的设立目标直指主动适应互联网发展,按照依法有序、积极稳妥、遵循司法规律、满足群众需求的要求,探索涉网案件诉讼规则,完善审理机制,提升审判效能,为维护网络安全、化解涉网纠纷、促进互联网和经济社会深度融合等提供司法保障。可以看出,设立互联网法院的意义不仅在于简化诉讼程序,便捷人民群众,降低诉讼成本,还在于通过互联网法院的设立来带动普通法院利用互联网提供优质的司法公共服务。

究竟何为智慧(互联网)法院、在线诉讼或互联网诉讼,至今尚无确切定义。按照学者列举,网上起诉、远程立案、网上庭审、远程作证和取证、诉讼文书网络短信送达、电子证据采信、庭审视频直播、判决网上公开等诉讼形式都属于在线诉讼范畴。[1]域外也有学者将其描述为将 IT 技术的发展展现于法庭上的一种时代趋势。[2]在概括新技术特征方面,上述概念并无根本上的差异,但解释智慧法院或在线诉讼的内涵、外延和本质属性的任务并未完成。智慧法院或在线诉讼的实质,应当在于诉讼的电子化、数字化和网络化给当事人诉讼行为与法院审理行为带来了哪些实质性改变。换言之,诉讼能否电子化取决于我们能否对其目标设定以及法律许可的限度做出精确估计。

中外的经验都已经表明,智慧法院与在线诉讼制度的构建中一直存在"管理论"与"服务论"的争论,亦即,这一制度究竟是止于内部管理,还是延伸到司法服务层面。"管理论"以内部意义上的智慧法院(Internal e-Curia)为构建目标,将智慧法院与法院信息化建设相等同,倾向于将其重点应用于

---

① 刘敏:《电子时代中国民事诉讼的变革》,载《人民司法(应用)》2011 年第 5 期。
② 杨建文:《韩国民事电子诉讼制度的发展》,载《人民法院报》2013 年 5 月 3 日,第 8 版。

审判质效评估、信访信息管理与案件管理的工具,内部意义上的智慧法院并不改变法院传统的组织结构、司法管理原则(亦即领导风格),这在我国已基本实现。与之相对,外部意义上的智慧法院(External e-Curia)则以推行在线诉讼为目标,将智慧法院的功能定位在以当事人为中心的司法服务上,最终建立一种在方便的时间、方便的地点,为当事人、法律职业共同体乃至社会提供司法信息或服务的虚拟法院,促进法院和当事人的电子法律交往,实现在线起诉、提交电子书证、进行电子送达,甚至建立与物理法庭相对应的虚拟法庭。对此,我国已经展开全面的实践,建成支持全国四级法院"全业务网上办理、全流程依法公开、全方位智能服务"的智慧法院信息系统,一定程度上实现了纠纷解决和诉讼服务模式的创新。

二、智慧法院与在线诉讼制度构建的阶段性

如果承认信息通信技术能够促进法院"再造"与诉讼制度的完善,那么就会将内部智慧(电子)法院与外部智慧(电子)法院的目标协调起来,两者实际上代表了智慧法院构建的不同阶段。内部意义上的智慧法院是保证在线诉讼的工具与形式,是智慧法院建设的初级阶段,也是外部意义上的智慧法院的基础。外部意义上的智慧法院则是使用电子系统实施传统意义上的诉讼行为,或在未来减少传统行为实施方式的一种制度。①如果说前者属于智慧法院基础设施建设范畴,那么后者则是智慧法院构建的终极目的,智慧法院由内部向外部的拓展,也是一个以电子方式由法院内部管理到社会服务的过程。

诉讼是一个信息传递和交流的过程,表示信息的符号和承载符号的物理介质的变化,必然会相应地改变诉讼行为与审判行为的方式。因此,在诉讼方式上因循守旧只能让司法制度丧失社会性,制造司法的疏离感。传统上人们用语言和文字传递信息,相应地塑造了传统诉讼中的直接言词原则与辩论原则,以及相应的书面案卷存档技术。而电磁波传递信息方式的出现,则又将视听资料等证据形式带入司法,电话会议等远程审前程序(或调解)的运用也促使人们思考电子技术与直接言词原则之间的关系。但正如任何信息技术都无法与互联网媲美一样,互联网技术普及后运用电子数据处理系统(electronic data processing systems)处理案件的经济性和迅速性优势凸显出来,数字化的视频会议技术(video-conference or link system)也

---

① Miklós Kengyel & Zoltán Nemessányi(ed),*Electronic Technology and Civil Procedure*,Springer,2012,p. 137.

可以在当事人和法院两个角度被方便地利用,而且还可以消除或缓解面对面诉讼给当事人带来的恐惧感。

与技术进步过程相适应,智慧法院与在线诉讼的构建具有明显的阶段性。首先,是智慧法院的基础设施建设的问题,也就是法院的计算机化,装备服务器、电脑、硬盘、高速扫描仪等硬件连接网络,安装案件信息系统软件等,这些投资和建设是向当事人及其律师开放智慧法院平台的基础。其次,是在立法和司法层面对智慧法院业务功能的设计问题,应当涵盖外部意义上的智慧法院和内部意义上的智慧法院的功能,前者的重点是电子法律交往,即当事人及其律师能够通过电子提交诉状、诉讼文书,法院能够电子送达;后者则为法官在线审理及进行案件管理提供技术上的支撑,包括电子庭审笔录、视频庭审、案件排期及电子证据的审查等。

我国最高人民法院确定了信息化建设的目标,建设网络法院、阳光法院和智能法院,服务人民群众,服务审判执行,服务司法管理。现今,各级法院在信息化基础设施上已经取得很大成绩,内部意义上的智慧法院已比较完备,外部意义上的智慧法院也普遍投入了服务。在国际范围,在线起诉、提交电子书证、电子送达以及与物理法庭相对应的在线法庭技术已经比较成熟,成为各国竞相实验或准备引入的司法辅助工具。我国发展智慧法院的基础设施已走在世界前列,依托平台及其应用方式,当事人可以进行用户注册管理、登录和身份认证、在线调解、在线立案、在线交费、在线材料提交、电子卷宗随案同步生成、在线证据核验、在线举证质证、在线证据认定、在线阅卷和查档、在线庭审、在线送达、在线保全、在线委托鉴定、在线服务咨询、在线审理、在线执行等诉讼活动。显然,这些在线诉讼活动属于公法关系,必须遵循传统诉讼原则和程序制度的规制,在智慧法院网络平台上进行的法律交往要符合程序法的规定,这是在线诉讼机制运行的底线要求。

三、智慧法院与在线诉讼制度构建的理念

(一)当事人为中心是智慧法院构建的绝对理念

智慧法院不是办公自动化的代名词,而是为了实现增加司法供给、促进程序公正与提高司法效率而设计的,在更广泛的意义上,也是改善公共服务的举措。互联网时代,电子商务方式有超越传统交易方式的趋势,交易宣传、订货、报价表、货品信息、电子票据、电子凭证、发货通知、收货确认、商品维护信息、索赔请求等交易过程都以数字方式呈现。一旦涉讼,这些文本、数据与音视频资料如果再以书面方式打印提交,反倒成为证据副本,不但与最佳证据规则相悖,而且费时耗力。对于传统书面证据而言,诉讼中将其数字化而通过电子方式提交,肯定会减轻当事人及其律师的诉讼负担,使他们能够更加容易和快捷地获得诉讼资料。

在线诉讼最重要的意义在于通过改变当事人的诉讼参与方式而增进了诉讼参与的程度,具体表现为:在线诉讼的透明性、过程可回溯性、程序公开性能够让当事人更多地了解审判过程、理由和结果;在线诉讼的开放性、共享性和交互性等优势,能够让当事人双方都便利地提供信息、查阅诉讼资料;由于具有更强的问责性,诉讼的机会平等也有更大的保障。更重要的是,在线诉讼在为当事人和法院提供诉讼便利条件的同时,也改善了法院与社会之间的关系,诉讼的协同性更加明显。

(二)智慧法院的构建过程也是法院的"再造"过程

我国目前的智慧法院服务系统包括法院在线服务、电子诉讼平台、法院调解平台、诉讼服务网、12368诉讼服务热线、电子送达平台、在线保全系统、在线鉴定系统等。这些智慧法院的建设措施是以计算机及网络技术为基本手段进行司法管理、提供审判服务的制度,最直接的目标就是应用信息技术,将审判活动从简单的手工劳动发展到自动化办公,从强调审判流程、层级控制及以管制为中心的审判管理,发展到以信息技术促进程序公正与诉讼效率价值的实现。

这将传统的集中管理、分层结构、在物理经济中运行的司法环境,转变为一种协同诉讼的办案方式。在合理的诉讼分工基础上,在智慧法院平台上,诉讼参与人展开充分协作。例如,主审法官与调解法官的分工,可以更好地实现调审分离,实现程序正义;合议庭成员之间以及法官与法官助理之间,也可以共享文件系统而获得资源共享能力,审理工作的协同性可以显著提高。法院与律师之间也因电子邮件系统提供的通信支持功能而消除或减少了时空分隔的障碍,诉讼的协同性更加明显。因此,在制度初衷上,在线诉讼并不是简单地将传统的审判与司法管理事务原封不动地搬到互联网上,也并非传统诉讼制度、诉讼规则与电子信息技术的简单相加,而是通过审判组织优化、审判职能转变以及审判方式的改革来适应技术的运用,进行法院再造和转型,建立适应信息社会需要的智慧法院和阳光法院,更好地完成国家治理功能。

智慧法院的基础设施建设包括硬件建设与软件开发两个方面,在智慧法院基础设施相对完备的背景下,软件的作用日益凸显。随着信息通信技术的发展,数字在线交流体系将会很快革新法院的基础设施,实现计算机化,开发的应用、安装的硬件连接了网络及案件信息系统。这些硬件让智慧法院具备了向当事人和律师提供案件基本服务的能力,一些高级、中级法院开始建设自己的在线诉讼服务平台,功能涵盖诉讼指引、在线调解及名册管理、在线立案、在线交费、在线证据交换、在线委托鉴定、在线保全、在线庭审、在线执行、在线阅卷、在线查档、在线送达、在线公告、跨域诉讼服务等。从整体看,智慧法院基础设施已经由分布式的分散服务器模式进入云计算模式,云计算、大数据等基础设施在在线诉讼方面,尤其在数据的储存、处理和分析上发挥越来越重要的作用,而大数据、云计算、移动互联、人工智能和区块链等信息技术的运用,使得司法资源得以扩展,诉讼的灵活性和经济性得以提升。

总之,至少在高中级人民法院的层面,有关智慧法院的硬件建设已经足以开展在线诉讼作业,接下来的工作重点将是开发以使用者为中心的应用软件程序(包括手机应用程序),并确保软件的兼容性和统一性。其中,在最高人民法院层面已经建立了统一的国家裁判文书公开系统(案例系统)与司法统计系统。但考虑到中国法院数量众多,地区经济社会发展不够均一,因此应当在高级法院层次上开发适合本地区司法实际的辅助软件,在开发中确保软件的统一性、兼容性和交互操作性,以保证所有包括元数据在内的数据都得到统一和规范。

(三)"功能等价"是法律交往电子化的正当性基础

信息技术能否嵌入民事司法,完全取决于其服务诉讼实践的价值功能。依照书面程序而打造的电子法律交往的基础是其书面程序在形式上的功能等价性,而无须在细节上考虑电子形式的选择如何影响具体的诉讼进程。①

"功能等价"是指这样的状态:当事人向法院提交诉讼文书以及法院的送达行为通过电子方式实施,不会损害当事人的诉讼权利,在线诉讼与传统诉讼在程序保障功能上相同。反之,如果电子法律交往降低或者剥夺了对当事人的程序保障,电子法律交往就会因不具备功能等价而失去适用的正当性。例如,在无法切实保障当事人确实知悉受送达的内容的条件下,就不能适用电子送达;再如,视频庭审如果无法保障直接言词原则,那么它也会

---

① 〔德〕尼古拉·普鲁士:《民事诉讼中电子文书交往的程序法基础》,陈慧等译,载《互联网金融法律评论》2015 年第 3 期。

变得没有意义。①

强调功能等值的必要性在于,信息通信技术只是一种工具,要受到程序公正与效率价值的约束,只宜作为达成诉讼目的的手段。也正因如此,最高人民法院《在线诉讼规则》规定了权利保障原则,即"充分保障当事人各项诉讼权利,强化提示、说明、告知义务,不得随意减少诉讼环节和减损当事人诉讼权益"。这也表明,在线诉讼的发展中不应夸大技术的作用,技术自身并无法自动、自发地发展出有意义和价值的诉讼规则,程序保障与实体正义是技术应用的边界。将诉讼中的技术应用奉为神话,任意突破法律原则与制度,只会损害司法权威。

二、外部意义上的智慧法院:电子法律交往法治化

互联网改变了人们在私法、公法上的交往形式。私法上的电子交易自不待言,在线诉讼中作为公法关系的电子交往关系(electronic legal communication relations)也日益被频繁使用。具体到我国,现行《民事诉讼法》规定了电子送达(第九十条),《民诉法司法解释》规定了视频庭审(第二百五十九条),②除此之外,大量电子法律交往的形式尚有待立法或司法确认。相比较而言,当事人电子提交与法院电子送达所产生的电子法律交往的合法性,是最为关键的问题。我国最高人民法院于2021年制定了《人民法院在线诉讼规则》《人民法院在线调解规则》,2022年1月制定了《人民法院在线运行规则》,从而使电子法律交往的各种形式,如电子送达、案件流程管理自动化、案件登记、案卷数字化、法庭记录自动化、视频会议等诉讼活动明确化与合法化。此外,外部意义上的智慧法院的构建中,一些诉讼原则或诉权保障应当得到切实保障。

(一)诉讼文书的电子提交

我国民事诉讼法对电子送达并未规定具体方式,可理解为立法允许用

---

① 2021年8月1日实施的《人民法院在线诉讼规则》第三十一条规定:"人民法院向受送达人主动提供或者确认的电子地址送达的,送达信息到达电子地址所在系统时,即为送达。受送达人未提供或者未确认有效电子送达地址,人民法院向能够确认为受送达人本人的电子地址送达的,根据下列情形确定送达是否生效:(1)受送达人回复已收悉,或者根据送达内容已作出相应诉讼行为的,即为完成有效送达;(2)受送达人的电子地址所在系统反馈受送达人已阅知,或者有其他证据可以证明受送达人已经收悉的,推定完成有效送达,但受送达人能证明存在系统错误、送达地址非本人使用或者非本人阅知等未收悉送达内容的情形除外。"
② 《民诉法司法解释》第二百五十九条规定:"当事人双方可就开庭方式向人民法院提出申请,由人民法院决定是否准许。经当事人双方同意,可以采用视听传输技术等方式开庭。"

普通电子邮件送达,这就可能出现诉讼文书被第三人查看的可能,出现安全性保障问题。考虑到技术无国界这一因素,德国等立法例的经验完全可为我国借鉴。对书证及电子数据等证据形式的提交方法做特别规定,德国《民事诉讼法》规定:准备书状及附件、应书面递交的申请和当事人的声明,答复、证言、鉴定意见、翻译件以及第三人的声明,均可作为电子文档向法院提交,但这些电子文档必须适合法院处理,联邦政府将通过行政法令的方式对传递与处理所需的技术条件进行规定。[①]在技术安全性欠缺的情况下,可考虑在法律职业共同体之间应用电子法律交往方式,或者借鉴奥地利、巴西等国经验,当事人在智慧法院系统中注册,而后法院才可以向当事人在该系统中的邮箱传送文书。随着电子法律交往的法定化,借助互联网改变法院与社会之间的关系,促成新型的协同诉讼文化,实现诉讼中"合作式的永久对话",也是值得期待的积极转变。

(二)线上线下的转换与程序选择权

法院和当事人之间的电子法律交往会发生法律效果,而且这个法律效果是双向的,当事人通过电子方式提交诉讼文书与法院向当事人进行电子送达一样,都产生法律效力。电子法律交往最重要的机能,在于通过制度和技术措施来降低程序的复杂性,防止暗箱操作。但在何种情况下适用电子法律交往方式,在何种情况下适用书面方式,取决于何种方式最有利于保护当事人的实体利益与程序利益,这是以当事人为中心的在线诉讼的一个基本原则。为此,必须设置线上与线下的程序转换机制,充分尊重当事人的程序选择权,适时将诉讼行为和审理行为由传统的线下现实渠道更改到线上虚拟渠道,或者由传统诉讼转换到在线诉讼。这同时需要智慧法院的特殊阐明方式,例如,澳大利亚通过电子法院论坛(e-court forum)向当事人提供进行电子诉讼的指导,在诉讼由线上转到线下后,法院也同样提供帮助。

我国《人民法院在线诉讼规则》将程序选择作为适用在线诉讼的基础,以切实保障程序的转换。该规则第二条第二项规定了合法自愿原则,即"尊重和保障当事人及其他诉讼参与人对诉讼方式的选择权,未经当事人及其他诉讼参与人同意,人民法院不得强制或者变相强制适用在线诉讼"。该规则第四条又规定法院开展在线诉讼,应当征得当事人同意,并告知适用在线

---

① 周翠:《德国司法的电子应用方式改革》,载《环球法律评论》2016年第1期。

诉讼的具体环节、主要形式、权利义务、法律后果和操作方法等。[1]该规则第五条规定:在诉讼过程中,如存在当事人欠缺在线诉讼能力、不具备在线诉讼条件或者相应诉讼环节不宜在线办理等情形之一的,人民法院应当将相应诉讼环节转为线下进行……在调解、证据交换、询问、听证、庭审等诉讼环节中,一方当事人要求其他当事人及诉讼参与人在线下参与诉讼的,应当提出具体理由。经审查,人民法院认为案件存在案情疑难复杂、需证人现场作证、有必要线下举证质证、陈述辩论等情形之一的,相应诉讼环节可以转为线下进行。此外,《人民法院在线运行规定》第十六条规定了在线调解的程序选择权,即当事人及其他参与人可以应用人民法院调解平台等开展在线调解,进行在线申请、接受、拒绝或者终止调解,获得在线调解引导等服务。

(三) 电子法律交往的安全标准

在线起诉、电子送达及电子提交诉讼文书都存在安全风险,例如,当事人诉讼信息流失,当事人营业秘密由于作为诉讼资料提交而存在被侵害风险,以及当事人身份被盗用而形成的虚假诉讼等。这就提出了在线诉讼应采纳什么样的安全标准的问题。基本的要求是,诉讼文书通过电子途径传输都要求一个可靠的、防伪的与可证明的传送时间系统,防止当事人否认及第三人查看。在所有安全措施中,最主要的措施就是数字签名技术,亦即当事人电子提交或者法院电子送达时要通过数字签名来确保诉讼文书或法律文书的完整性、真实性和不可抵赖性,解决电子文书的证明力,防止当事人否认、伪造、篡改及冒充等问题。

问题在于,电子签名程序繁琐且不经济,是在个案中每个人毫不费力即可完成的形式,即签字就被一种相对于购买和资格认证更为昂贵的形式所取代。[2]要求发送任何电子文档均须附认证过的电子签名,这一繁琐要求无疑阻碍了电子法律交往的普及。[3]相形之下,按照送达文书的重要性,确定分级安全标准较为理想。德国民事诉讼法规定了在送达传票时,普通的电

---

① 该条还规定:"人民法院应当根据当事人对在线诉讼的相应意思表示,作出以下处理:(1)当事人主动选择适用在线诉讼的,人民法院可以不再另行征得其同意,相应诉讼环节可以直接在线进行;(2)各方当事人均同意适用在线诉讼的,相应诉讼环节可以在线进行;(3)部分当事人同意适用在线诉讼,部分当事人不同意的,相应诉讼环节可以采取同意方当事人线上、不同意方当事人线下的方式进行;(4)当事人仅主动选择或者同意对部分诉讼环节适用在线诉讼的,人民法院不得推定其对其他诉讼环节均同意适用在线诉讼。"

② [德]尼古拉·普鲁士:《民事诉讼中电子文书交往的程序法基础》,陈慧等译,载《互联网金融法律评论》2015 年第 3 期。

③ 周翠:《德国司法的电子应用方式改革》,载《环球法律评论》2016 年第 1 期。

子签名即可；在送达文件时，应当要求加重的电子签名。①此外，安全性还要求将在线诉讼中的个人信息、隐私信息的保护置于技术发展的优先位置，明确司法人员的职业伦理责任，加大对虚假诉讼的制裁力度，提高对电子法律交往的法律保护。

（四）在线诉讼集中管辖

关于在线诉讼的集中管辖，两个东亚国家的经验可资借鉴。一是韩国专利电子案件的集中管辖，专利法院的所有裁决部都设置有负责运营专利电子诉讼的系统；二是日本对督促程序实行的集中管辖，由东京简易裁判所与大阪简易裁判所（指定简易裁判所）受理电子督促案件。

2017 年以来，我国相继设立杭州、北京和广州三个互联网法院，集中审理辖区内有管辖权的涉互联网民事、行政案件；2022 年 1 月 1 日实施的《民事诉讼法》第十六条将"在线诉讼"提升为诉讼原则，确立了在线诉讼制度，这两项立法勾勒出我国互联网司法的基本框架。与之相适应，立法机关确立了"网上案件网上审"规则，这通常被视为"专属管辖""集中管辖"或"指定管辖"等诉讼管辖规范。问题在于，民事诉讼法和行政诉讼法并不存在集中管辖这一类型，②互联网法院也非专门法院，其提供涉网纠纷解决服务，受理案件仍需与其有实际连接因素，并受地域管辖制度制约。同时，互联网法院管辖和在线诉讼管辖也并不具有排他性，其他法院仍有权管辖此类案件，管辖权并非来自上级法院指定。

相形之下，将"网上案件网上审"定位于审判权分配规范更为合理，它作为公共司法资源配置规则非常近似诉讼外纠纷解决规范或案件分流规范，重点在于调节司法资源。本质上，互联网司法是在司法需求和供给格局巨变的背景下，将涉网纠纷案件从原有审判体系中剥离交付给互联网法院或由普通法院在线审理，从而使涉网纠纷绕开传统司法体系或诉讼程序，这无疑反映出司法资源配置格局发生的变化。

第二节 智慧法院与司法公共服务方式变革

早在十年前德国学者便预言，电子诉讼将以极不平衡的程度波及法庭

---

① ［德］罗森贝克等：《德国民事诉讼法》（上），李大雪译，中国法制出版社 2007 年版，第 74 页。
② 质疑互联网法院集中管辖的观点，参见刘哲玮：《从"网上审"到"网上案"》，载《互联网法治》2021 年第 4 期。

诉讼程序,包括诉讼形式、法律人和诉讼当事人的行为方式,以及复杂多样的诉前程序、诉中程序和诉后程序。①现今这一预测已成现实,无论中外,以书面诉讼资料为载体构建起来的传统民事诉讼制度越来越多地嵌入了信息通信技术(information and communication technology,ICT),民事司法的电子化已蔚然成风。当今,诉讼活动的数字化和在线化已经不存在技术上的困难,互联网、网络浏览器和电子邮件成为在线诉讼的标配。问题只存在于信息通信技术与诉讼程序在何种程度以及在多大范围上结合。

在线诉讼并非独立的诉讼程序,也不是一种程序标准,它只是强调了信息通信技术辅助下诉讼的虚拟形态。当事人的诉讼行为以及法院的审判行为,可借助互联网、计算机、传真等多样信息通信技术实现与传统诉讼等值的功能。在线诉讼发展初期,人们容易较多地关注技术细节,但在线诉讼制度构建面临的难题主要存在于诉讼理论层面。因为,司法过程固然需要信息通信技术辅助,但后者毕竟要服务于诉讼过程,服从于程序的理性构建。

一、技术合理性及其局限

互联网时代,微信、电子邮件等即时电子联系手段已经取代了传统的面对面交往和交易方式,这种趋势不可避免地向司法领域渗透。以我国为例,与电子商务同步,2000 年以来智慧法院和在线诉讼的构建工作开始发力,以 2013 年实施的民事诉讼法及 2015 年《人民法院信息化建设五年发展规划(2016—2020)》为标志,信息通信技术在诉讼中有了广泛运用。2021 年最高人民法院制定了《人民法院在线诉讼规则》《人民法院在线调解规则》,2022 年又制定了《人民法院在线运行规则》;2022 年 1 月 1 日实施的《民事诉讼法》第十六条将"在线诉讼"提升为诉讼原则,确立了在线诉讼制度;现行《民事诉讼法》第九十条及《民诉法司法解释》第一百三十五条、一百三十六条规定了电子送达制度;《民诉法司法解释》第二百五十九条规定了视频庭审制度,我国智慧法院及在线诉讼制度的构架已具雏形。

信息通信技术之所以能够嵌入民事司法,在很大程度上要归功于其自身的功利价值能够满足司法实用主义的需要,亦即,它的有用性与效率性可以更好地服务于诉讼原则和程序制度。以送达为例,在线诉讼的出现就是缘于传统送达方式缺乏效能,缺乏可靠、可信的信息通信技术,而向技术寻

---

① [德]Peter Gilles:《德国民事诉讼程序电子化及其合法化与"E—民事诉讼法"之特殊规则》,张陈果译,载《民事程序法研究》(第三辑),厦门大学出版社 2007 年版,第 308 页。

求帮助的结果。更确切地说,是信息通信技术的"工具理性"或"效率理性"的胜利。毋庸置疑,在线诉讼典型地契合了民事司法对诉讼效率的诉求。以电子形式制作、转换、发送或接受的诉讼资料在诉讼中广泛应用,涵盖当事人电子提交诉状、证据(e-filing)以及法院电子立案(e-registration)、电子送达等环节。技术应用使诉讼活动超越时间、空间和法院部门分隔的限制,既提升了诉讼行为的正确率,也提升了法院处理当事人诉讼请求的效率。①在线诉讼为当事人诉讼行为的实施提供了便利途径,即便是夜间他们也可以通过互联网提交诉讼资料,摆脱时间与空间约束——随时随地连接法院,即时接受诉讼服务;"电子存档系统"则更进一步,得到智慧法院授权的当事人或律师可以上传电子版诉讼文件,并得到唯一电子编号,以便不受时间、地点的限制查阅诉讼资料和诉讼进展,接受送达;通过视频会议(例如证据调查或庭审等)参加庭审。②

同时,在线诉讼还在一定程度上缓解了传统司法职业化带来的形式化和非大众化的弊端,能够改变传统司法中的非均衡性。在线诉讼能够让司法资源无时不在,只要需要,当事人就可以找到法官,当事人等提交的申请和材料经数据交换到达法官个人的办案终端,按照最高人民法院的要求,承办法官应当在规定时间内及时办理回复,③当事人甚至轻敲键盘就能与院长"聊天"。④尤其是智慧法院通过给当事人发送个性化信息,增强了当事人的亲近感和被尊重感,适应当事人权利保护需要。法院方面,则能够有效识别出当事人的利益需求,并让当事人分享和使用诉讼信息,他们能够精确记录并可随时阅览各个诉讼主体的沟通情况,分析胜诉与败诉的可能,使双方交涉的各种条件和筹码可以被精确计量。加之信息技术本身固有的较好的交互性,可在当事人与法院之间、法院与当事人之间创造"合作且永久的对话"机会,改变过于对抗的诉讼文化。总之,在线诉讼中当事人程序参与的机会和程度实际上大大提高了,在大型诉讼或者多数人诉讼中,在线诉讼的沟通优势尤为明显。

但是,信息通信技术在诉讼中的运用存在限度,适用范围受制于诉讼权利的重要程度及案件的性质。例如,诉讼证据和其他诉讼文书的电子提交,只有在其便利证据有效收集以及电子文书能便利各方当事人接近时才会具

---

① Susan Bennett, Paperless Litigation, *Australian Law Librarian*, Vol. 16, 2008, p. 28.
② 周翠:《电子督促程序:价值取向与制度设计》,载《华东政法大学学报》2011 年第 2 期。
③ 最高人民法院《关于全面推进人民法院诉讼服务中心建设的指导意见》(法发〔2014〕23 号)。
④ 敖颖婕:《轻敲键盘 当事人能找院长"聊天"》,载《人民法院报》2010 年 10 月 1 日,第 1 版。

有诉讼意义。同理,视频技术只能在当事人无法汇合在一起庭审时作为例外的程序保障手段使用。按照有效性原则,尽管在线诉讼与传统诉讼在功能上等值,但对法庭辩论、缺席判决等重大诉讼活动及涉及公共利益、人身权利的案件,在线诉讼显然无法胜任。进一步而言,信息通信技术的工具理性应当与案件的重要性成比例,功能不能被不当夸大,更不能被夸张到"电子工具崇拜"或"技术蒙昧主义"的程度,否则只能给人们带来幻觉,认为只要把信息技术应用于司法,诸多司法症结就会迎刃而解,而且技术越先进,越有利于问题的解决。因此,在线诉讼中技术应用的对象、程度,立法与司法上应采纳适当与公平的评价基准。

此外,技术工具的有用性并不等同于其正当性。很大程度上,恰恰是高科技给传统司法价值造成威胁。在在线诉讼的虚拟环境下司法仪式全部或部分丧失了,伯尔曼所言象征"法律客观性的形式程序"的仪式性要素大为弱化。这种情境之下,审判者的审判责任也变得模糊,他们能否像在传统诉讼中那样摒弃个人癖好、个人偏见和先入为主的判断,实在令人怀疑。同时,在线诉讼的工具性优势也未必真实。如果在线诉讼的错误成本过高,超过其能节约的直接成本,那么在线诉讼的效率优势就毫无意义。迈克尔·D. 贝勒斯的诉讼成本理论给出了解释——倘若有人只想使直接成本最小化,则错误成本可能升得很高。[①]实践也证明,在线诉讼发展初期,电子文书和纸质文书的并用使法院产生双重负担,线上与线下诉讼方式的频繁转换,也造成了当事人与法院的重复劳动,使在线诉讼成为一种高成本的正义。而且,电子信息系统(电子受理系统、电子送达系统及案件进度管理系统)可能出现差错——尽管这是小概率事件,但也在各国在线诉讼发展初期制造了混乱,使在线诉讼的成本高过传统诉讼。只是在长远角度,在线诉讼才会将民事司法从积案、低效和高成本中拯救出来。在避免错误成本方面,在线诉讼的理性规划显得格外重要。

二、价值合理性的优先地位

与传统诉讼相比,在线诉讼中贯彻法官中立原则既有其共性,也具有特殊性。不使诉讼中包含法官个人的价值偏向,是任何诉讼形式的底线要求,这与线上或线下的程序操作无关。但在线诉讼在特定时空内切断了当事人

---

① [美]迈克尔·D. 贝勒斯:《法律的原则》,张文显等译,中国大百科全书出版社 1996 年版,第 23 页。

与法官的物理上的直接联系,如果这使当事人的程序利益损失,那么就应以必要的赋权来置换。通常是让当事人通过在线方式更便利地提出程序异议(例如回避和管辖权异议),以此作为对价。尽管当事人可能滥用异议权,但赋权可以在虚拟司法环境下增强当事人的程序信赖,让在线诉讼获得社会认同。在诉前阶段,在线诉讼要通过电子协议管辖、在线起诉及申请司法救助等诉讼行为,使当事人平等、便利地使用诉讼程序。在诉讼开始后阶段,则应保证当事人能够以电子方式提出管辖权异议或请求法官回避,以在线方式提出书证。在审判者方面,法官也要避免沦为"审判机器",应以在线方式行使释明权,以平衡当事人的在线攻击与防御能力,促进他们之间的实质平等。

在线诉讼的运用还必须解决实质公平问题。与所有电子化的公共服务一样(例如,网上医疗挂号或网购春运期间火车票),在线诉讼能否实现程序上的平等,在很大程度上取决于其能否克服"数字鸿沟"(digital divide)这一障碍。因为,受技术条件和知识技能制约,并非每个人都有电脑等终端设备且能连接互联网,并非每个人都会操作,在线诉讼的设备和技能要求对那些没有能力利用电子技术的当事人是不公平的。为此,在线诉讼权利保护须从技术和法律两个方面着手。从法律角度,要充分尊重当事人的自主性和程序选择权,使在线诉讼能够平等惠及每个当事人。面向社会弱势群体增加有关在线诉讼的法律援助也是一个有效途径。至少从技术角度,在线诉讼软件的设计对社会弱势群体应当是友好的、简便易行的,针对不同类型的案件和不同当事人的需求提供不同的服务,提供更多的机会让当事人选择不同方式的司法服务,而非变相强迫当事人接受制式化的司法服务。

三、工具合理性与价值合理性的融合

技术和法律是两个截然不同但又相互纠缠的制度,各有自身逻辑。两者真正的融合,少不了在信息通信技术应用中给予人文主义关怀,更不能漠视人的情感和精神。两者的关系定位应是清晰的——技术只是工具,正义才是根本。

(一)保障程序选择权

在线诉讼的运用以当事人选择为前提。让纠纷主体根据法律的规定和自身利益的需求,选择相应的纠纷解决机制,这是现代司法的规律,也是增进在线诉讼合法性,提高公众对在线诉讼的信服度、接纳度及其社会适应性的要求。这意味着,在线诉讼案件必须是当事人各方均同意使用在线诉讼

的案件,①操作中应充分尊重当事人的程序选择权,以诉讼行为的有效性为标准,适时将诉讼行为和审理行为由传统的线下现实渠道更改到线上虚拟的渠道,或者由传统诉讼转换到在线诉讼。采用混合模式(hybrid)也是一种选择——同意电子提交的当事人通过在线诉讼方式实施诉讼行为,不同意的则依旧按照传统诉讼方式进行诉讼活动。当然,这里的同意应当是双方当事人都同意,②否则一方适用传统诉讼方式,另一方适用在线诉讼方式,只会造成诉讼混乱,延宕诉讼进程。在主体范围方面,除了法定的对在线诉讼的运用负有责任的主体(例如《德国民事诉讼法》第一百七十四条允许向律师、公证员、法院指定的执行员、税务顾问,及其他因职业享有更高信赖的公共机构、法人或公法法人)外,当事人有权在线上与线下之间做出选择。

程序选择与在线诉讼的推广适用实际上构成了矛盾关系,在在线诉讼发展初期尤其如此。如果任由当事人选择程序,那么国家发展在线诉讼的目标也许会落空,因此需要合理确定适用在线诉讼的主体范围。立法机关与法院作为公法上的主体负有推动在线诉讼发展的责任,有义务引导当事人利用简便易行的在线诉讼形式,这毋庸置疑。除此之外,特定人员或机构也有义务利用在线诉讼进行法律交往,域外立法例通常将这样的责任加诸律师及法人身上,他们在实施起诉等诉讼行为时应优先考虑使用在线诉讼方式。例如,按照加拿大多伦多、安大略省的诉讼规则,在线诉讼文书都是在律师事务和法院之间通过专门开发的软件进行提交的。③奥地利则先将电子提交和电子送达适用于律师、公证员、银行及保险公司,2000年之后开始向所有当事人开放。

在线诉讼的责任主体通常包括:(1)国家机关。在线诉讼与电子政务都属于公共组织管理事务电子化的范畴,因此国家机关应率先成为推广者与利用者。以韩国为例,依照其在线诉讼法及大法院的相关规定,国家、地方自治团体、公共机关是在线诉讼的义务方,以这些主体为当事人的案件应当送至在线诉讼负责部。④ (2)法律职业人员。对律师而言,一旦开通在线诉讼账户,他们就可以在任何案件中使用智慧法院,不必再进行身份识别。在

---

① 杨建文:《韩国民事电子诉讼制度的发展》,载《人民法院报》2013年5月3日,第8版。
② Miklós Kengyel & Zoltán Nemessányi(ed),*Electronic Technology and Civil Procedure*,Springer,2012,p. 128.
③ Peter Barton,*The Civil Procedure in Canada*,Wolters Kluwer,2006,Section 86.
④ 杨建文:《韩国民事电子诉讼制度的发展》,载《人民法院报》2013年5月3日,第8版。

法国,只要律师加入律师协会就有责任使用在线诉讼,加入协会的行为就意味着同意利用在线诉讼。德国自 2008 年 12 月起要求律师使用电子设备申请支付令。德国和奥地利还允许律师之间通过智慧法院系统互相传送诉讼文书;澳大利亚联邦法院也要求律师考虑运用适当的电子技术,允许列入法院名册的律师事务所通过电子法院(justice link)提交电子书证。① (3)商事主体。商事主体在商业活动中已经具备电子化、网络化、信息化交易的基础条件,交易凭证往往以电子文书形式呈现,诉讼活动通常又有律师代理,这类主体适宜以在线诉讼方式实施诉讼行为。美国纽约州最高法院民事庭甚至于 2010 年 5 月制定了商事案件强制性在线起诉办法,强制这类主体通过电子方式起诉。

(二)对诉权的保障

在线诉讼虽并非对诉讼权利的规定,表面上仅涉及诉讼行为的行使方式,但实际上其关系到诉讼权利的行使方式,在很多方面限制了当事人的诉讼权利。例如,电子文书传输会限制当事人程序选择的空间,用原来为书面诉讼资料量身打造的诉讼程序处理电子文书,不可避免地会导致法律和技术之间的矛盾,因为技术的发展通常先于立法。但技术应用一旦出现,便会导致诉讼权利保护的问题,需要以立法方式赋予技术以法律上的正当性。例如,2013 年 11 月 1 日生效的《德国民事诉讼法典》中第一百二十八 a 条被重新修订,该条文规定:法院可以依职权命令使用视频会议技术。依照新的第一百二十八 a 条第一款,"法院可以依申请或依职权许可当事人、诉讼代理人和辩护人在言词辩论期间停留在其他地点,并在那里实施程序行为。审理以图像和声音的形式同步向该地点和庭审房间转播"② 。通过修改民事诉讼法,德国赋予了视频会议以正当性。

在线诉讼以保护当事人诉权为目的,通过电子途径帮助人们接近正义。但在线诉讼的诉讼促进功能与诉权保障之间并不总是正相关,例如,如果将使用在线诉讼规定为当事人的诉讼义务,则可能与诉权保障原则相抵牾,无异于剥夺了没有条件使用网络的当事人的诉权。也正是基于这样的考虑,德国 2002 年制定的《送达改革法》并不当然地允许运用传真和电子邮件方式送达,而是对适用主体加以限制,将其限定于法院对律师、律师对律师等因职业原因更具公信力的专业人士之间的送达,其他诉讼参与人明确表示

---

① Susan Bennett, Paperless Litigation, *Australian Law Librarian*,Vol.16,2008,p.28.
② 周翠:《德国司法的电子应用方式改革》,载《环球法律评论》2016 年第 1 期。

愿意接受电子送达的,才可以适用电子送达。①基于送达文书的重要性,他们还建立了分级的安全标准。在送达传票时,普通的电子签名即可,在送达文件时应当要求加重的电子签名;②采用电子送达之外,文书以特定文档格式加载附件并以电子签名加密的,可以直接用电子邮件送达。美国《联邦民事诉讼规则》第4(e)(2)款的规定也确定了这样的思路,向被告送达诉讼开始的通知以直接送达为原则,至于其他诉讼文书则可通过电子方式送达。

我国《民事诉讼法》第九十条规定"通过电子方式送达的判决书、裁定书、调解书,受送达人提出需要纸质文书的,人民法院应当提供",这也是分级送达的体现。同时,2021年8月1日开始实施的《人民法院在线诉讼规则》第三十一条规定:人民法院向受送达人主动提供或者确认的电子地址送达的,送达信息到达电子地址所在系统时,即为送达。这些规定都体现了诉权保护的理念。与此同时,为保护当事人的诉权,对在线诉讼的适用予以限制是必要的,限制内容如下。

(1)特定主体对发展在线诉讼负有责任。在线诉讼方式是一种补充性的诉讼方式,并不适用于一般当事人,主要适用于律师、公证人、机关法人和商事法人,这一点在我国在线诉讼发展中已经有所体现。以律师为例,律师可以通过电子方式提出诉讼程序请求,同意接受智慧法院使用条款并通过验证,获得智慧法院账号并设置密码后,他们便可登录智慧法院网站上传诉讼文书。在线诉讼发展初期,鼓励当事人及律师将诉讼文书扫描后提交,不鼓励书面提交诉讼文书。欧盟国家的律师事务所也采取了支持举措,例如,通过电子银行系统交纳数字证书使用费用,律师不必付费而由律师事务所支付。每个代理律师都有权通过电脑查阅诉讼材料。案卷包括证据包、当事人陈述以及书证。

(2)在自然人明确同意的情况下,在线诉讼才可以适用于他们。对此,我国《人民法院在线诉讼规则》规定了合法自愿原则,以尊重和保障当事人及其他诉讼参与人对诉讼方式的选择权。这意味着,未经当事人及其他诉讼参与人同意,人民法院不得强制或者变相强制适用在线诉讼。这还意味

---

① 对于"明确表示",他们在学理上也做了限缩解释,仅仅留下自己的电子邮件地址并不能认为是"明确表示"。参见张陈果:《德国民事送达改革研究》,载《民事程序法研究》(中国民事诉讼法学研究会会刊),第12辑,厦门大学出版社2014年版,第154—155页。

② [德]罗森贝克等:《德国民事诉讼法》(上),李大雪译,中国法制出版社2007年版,第74页。

着,即便实行在线诉讼,传统送交诉讼资料的方式也应当保留,①以便让当事人做出最有利于自己的选择。为保障这一规定落到实处,《人民法院在线诉讼规则》第四条做了保障性规定,即"人民法院开展在线诉讼,应当征得当事人同意,并告知适用在线诉讼的具体环节、主要形式、权利义务、法律后果和操作方法等"。

(3)当事人处分权应得到尊重,并应在在线诉讼中被赋予新内涵。如果在线诉讼在提升诉讼效率方面的单一目的或意图违反了人们对在线诉讼的理性期望,那么应当允许当事人请求程序转换,将在线诉讼程序转换为线下的传统诉讼程序。转换的理由应当是多样的,例如《澳门民事诉讼法》第一百八十条规定,如果电子送达的要求对存在读写困难的当事人构成障碍,那么线上的行为应当改到线下实施,由他们向法院提交纸质文书。线上转为线下是一种普遍的程序规则。再如爱尔兰的小额案件在线诉讼赋予了原告和被告同样的选择权,原告可以以在线方式向法院提出诉讼请求,并通过使用识别码进入网络平台,来追踪自己的案件。但是,如果被诉方不想承担赔偿责任而决定争讼,那么就要以线下方式解决,当事人就必须参加由地区法院主持的审理。②我国《人民法院在线诉讼规则》第五条的规定体现了权利保护精神,即"在诉讼过程中,如存在当事人欠缺在线诉讼能力、不具备在线诉讼条件或者相应诉讼环节不宜在线办理等情形之一的,人民法院应当将相应诉讼环节转为线下进行。当事人已同意对相应诉讼环节适用在线诉讼,但诉讼过程中又反悔的,应当在开展相应诉讼活动前的合理期限内提出。经审查,人民法院认为不存在故意拖延诉讼等不当情形的,相应诉讼环节可以转为线下进行"。

(三)作为实体权利救济手段的在线诉讼

从纠纷案件的适宜性角度,专利诉讼案件中以专利代理人和律师作诉讼代理的案件,因其专业性而具有适用在线诉讼解决纠纷的优势。但对于其他多数类型的民事案件而言,由于司法效率并非在线诉讼适用的唯一目的,其应用必须考虑因程序瑕疵导致的成本增加,以及保证不因电子方式的适用而导致诸多诉讼行为和审理行为的错误。为体现实体权利的重要性与

---

① 一些国家在试行电子诉讼取得相关经验后,已转向强制适用的阶段。例如,法国自2011年1月1日起开始在上诉代理案件中强制适用电子诉讼。Miklós Kengyel & Zoltán Nemessányi(ed), *Electronic Technology and Civil Procedure, New Paths to Justice from Around the World*, Springer, 2012, Introduction, x.

② Pablo Cortés, *Online Dispute Resolution for Consumers in the European Union*, Routledge, 2010, p. 95 – 96.

在线诉讼方式之间的比例关系,各立法例通常将在线诉讼应用于财产案件的审理,如物权争议、房屋租赁、抵押权纠纷案件。韩国的电子司法有所扩充,将其扩展到普通民事案件、专利案件、行政案件、家事诉讼、破产案件和保全案件,英国将在线诉讼作为海事法院、商业法院、科技和建筑法院的审理程序。哪些财产案件适用在线诉讼程序,各国立法列举各不相同。在排除适用的角度,各立法例通常明确规定将人身权争议排除出在线诉讼适用范围,因为这类案件关系到当事人的重大权益,在线诉讼的程序保障能力对于解决这类案件而言显然是不足的。

总之,只要在线诉讼的司法属性不发生改变,那么在线诉讼具备的轻松访问、安全身份识别、电子传输数据和文件、在线送达和在线浏览诉讼文书等便利与效率优势,必然要服从且服务于程序公正价值。换言之,对科技手段的追求不能忽视程序正义的初衷,当事人的诉讼权利与实体权利的保护,比单纯的技术应用更重要。另一方面,在线诉讼并未也不可能在根本上改变传统诉讼的性质,诉讼公开原则、辩论原则、处分原则和直接言词原则,以及法官对证据进行自由评价的原则都要以特殊方式得到遵循。在这个意义上,民事诉讼的价值和基本原则也应当表现出制度张力,去容纳现代科技,而不是在恪守"价值理性"的口号下抗拒信息通信技术的运用。

第三节 在线诉讼的程序展开

在线诉讼的应用取决于诉讼原则与诉讼结构。一般而言,程序保障要求高、纠错程序启动难的诉讼事项难以适用电子程序,反之,则存有适用空间,例如督促程序。我国在线诉讼机制采纳了全程化在线诉讼机制,即人民法院、当事人及其他诉讼参与人等可以依托电子诉讼平台,通过互联网或者专用网络在线完成立案、调解、证据交换、询问、庭审、送达等全部或者部分诉讼环节。[①] 但从程序保障及民事诉讼程序的复杂性角度,我们建议在线诉讼的构建宜分别从阶段型和全程型两个路径入手,进行价值考量和判断。

一、阶段化在线诉讼

阶段化在线诉讼,指诉讼过程中的某个或某些阶段引入信息通信技术的模式,作用于若干细分的诉讼环节。这一模式关注的是单一阶段或者是

---

① 《人民法院在线诉讼规则》第一条。

众多单一阶段的集合,具有板块式特征。至于哪些诉讼环节适用在线诉讼,由诉讼内容而非单纯的程序因素决定。

(一)在线起诉

目前,我国法院已经开始建设在线服务统一入口,在线起诉是一个主要服务事项。在线诉讼的首个步骤应当是用户在智慧法院系统中注册,智慧法院使用人(律师或当事人)须按照 web 应用程序和提供的说明,输入与个人身份识别相关的数据,同一用户注册智慧服务系统应当以个人身份认证和实名注册为主,智慧服务系统应当对接公安机关户籍管理系统,支持核对用户身份认证信息,并支持用户信息的统一管理和共享应用。一旦注册得到法院批准,诉讼主体的数字身份便与物理身份相关联,诉讼文书就可以以数字方式提交了。与传统诉讼方式类似,立案登记部门将审查当事人的诉讼请求。立案注册的用户将通过电子邮件收到 ID 和临时密码,密码可在首次登录时修改。登录后用户配置文件便可以进行诉讼文书的提交了,当事人及其代理人通过人民法院在线服务、电子诉讼、人民法院调解平台、诉讼服务网等平台在线填写或提交各类案件相关电子材料。当事人也可以在线接收及查看诉讼文书,通过智慧服务系统提交在线阅卷、在线查档申请,获得准许后进行查阅。

起诉和受理环节是原告与法院的首次接触。不同的起诉规则对在线起诉有不同限制,采纳电子化起诉的条件也就不同。例如,法国和加拿大安大略省的民事诉讼立法规定,普遍接受的起诉方式是原告必须从法院那里获得传统上以国王名义发布的令状,[①]诉权保护的严格性造成了适用电子化起诉的困难。

在允许在线方式起诉的立法中,在线起诉包括了以下内容:(1)在线起诉或申请(e-filing),在线起诉或申请需要起诉格式的标准化,并发展在线提交诉状或申请书的机制,鼓励优先使用在线起诉或申请方式。(2)自动立案,传统立案机制为人工立案后再录入计算机,工作量是双倍的,推广使用计算机使法院成为全天候的法院,在线审查起诉,决定是否受理。(3)电子缴费系统。立案后,诉讼费用的电子缴付也可以通过可靠和准确的缴费系统完成。与上述功能项对应,在线起诉的规则包括:(1)在线起诉与书面起诉具有同等法律效力,即在线诉讼系统使用人依照本规定实施的在线诉讼行为与法律规定的相应诉讼行为,具有同等法律效力。(2)当事人应当向有

---

① 　Peter Barton，*The Civil Procedure in Canada*，Wolters Kluwer，2006，Section 85.

资格受理在线起诉的法院提出。例如,杭州市确定不同的基层法院受理不同的电子商务在线诉讼案件,当事人应向集中管辖的法院提起诉讼。(3)电子签名制度。在在线诉讼发展的初级阶段,限于在线诉讼平台的安全性不足,当事人通过电子系统起诉或提出申请的,应进行电子签名,明确当事人的姓名或名称,以确保在线起诉状的真实性、安全性。

(二)电子提交书证

交换、整理文书构成了在线诉讼的主要内容,在那些复杂和文书浩繁的案件中尤其如此。在这方面,欧盟及其成员国的电子法院的经验值得我们借鉴。电子提交的程序可设计为:首先要求当事人的律师按照智慧法院要求准备诉讼文书,而不必像传统诉讼那样打印签名并亲自送交法院,电子传送 PDF 文件即可。这里,我们需要对《民事诉讼法》第七十三条中规定的"提交书证原件"作扩大解释,电子版的原件也属于书证原件。由于当事人已经事先在智慧法院系统签名而认证身份,因此身份识别和文书的不可否认性已经得到解决。之后,用户通过"提交文件"功能菜单,选择提交诉讼文书的类型及页数、代理当事人的姓名、案件编号等信息,确认之后发送。系统自动生成唯一的文件代码,以防原始文件被篡改(如果被改动则编码也发生变化),提交的文书的真实性因此得以保证并存储于法院的数字档案之中。①

电子提交在技术上必须满足两方面要求:一是电子签名;二是文书到达证明。对于前者,我国《电子签名法》第七条规定:数据电文不得仅因为其是以电子、光学、磁或者类似手段生成、发送、接收或者储存的而被拒绝作为证据使用。该规定确认了电子签名成为亲笔签名的替代物,数据电文具有证据资格。对于后者,当事人电子提交文书应当实行文书到达主义,亦即通过电子方式向法院提交的书证在到达法院时生效,其效力与当事人及其诉讼代理人亲自提交的效力相同。在采用电子通信手段时记载于法院的接收设施即可,而无需打印或由法院工作人员亲自接收。这也要求法院的服务器、传真机都要处于可工作状态,因设备原因导致当事人电子提交上的障碍,应当视为诉讼障碍,不发生失权的后果。障碍的具体情形应包括:在线诉讼系统发生障碍却无法知晓解除障碍的时间,以及在线诉讼系统或登录使用人的信息通信网发生障碍,等等。

---

① Miklós Kengyel & Zoltán Nemessányi(ed), *Electronic Technology and Civil Procedure*, *New Paths to Justice from Around the World*, Springer, 2012, p.235.

(三)审前程序电子化

可以期待,审前阶段运用在线诉讼使纠纷通过辅助人员的工作得以解决。在线诉讼在审前领域的作用就在于能够自动生成条理分明的证据列表,有助于法官帮助当事人进行争点整理,从而有益于日后法庭审理的法庭调查与法庭辩论。首先,以诉讼数据库作为证据交换的基础。为文书制作条形码或编号,扫描文书电子条码、有关文书的信息,例如发送者和收信者信息、文书标题、文书类型(电子邮件、信函、备忘录,是否受证据特权保护等),这样,证据就可以被便利快速地检索。通过检索,相关文件会被找到并按照使用过的清单进行整理存储,制作成一个"证据包"(tender bundle),并按照一定标准(例如时间、证人姓名和其他关键词)制作交换证据的清单。这样的证据管理非常便于日后的法庭审理,多数当事人及证据数量众多案件在书证管理上更加具有效率,多数当事人可同时使用,信息利用上也无排他性。①正是基于这样的优点,澳大利亚联邦法院司法指南规定,对于发现程序超过 500 份书证以及当事人达成证据交换协议的情形必须适用电子技术手段。②

电子审前程序适用的重点当属视频审前会议,审前程序的视频化方式更能够鼓励当事人的合作,降低诉讼成本,降低当事人的诉讼作业负担,尤其是当事人进行诉讼的交通及社会成本的降低。

(四)电子化庭审

庭审阶段的电子化主要以视频庭审方式表现出来,除了民事案件的视频庭审之外,我国在刑事速裁程序中已开始使用远程数字法庭技术,应用较多的案件是危险驾驶案。应用结果表明,视频技术可以弥补当事人无法出庭的不足,可以作为直接言词审理的替代方式。但应当注意的是,视频庭审对当事人和证人的适用条件并不相同,经当事人同意法院可以决定以视频方式庭审,但对证人作证而言视频方式仅应成为一种例外,原则上仍要证人亲自出庭,以接受双方当事人的质证,强化庭审对证人的心理约束作用。我国《民事诉讼法》第七十六条的规定体现了这样的思路,即"经人民法院通知,证人应当出庭作证。有下列情形之一的,经人民法院许可,可以通过书面证言、视听传输技术或者视听资料等方式作证:(1)因健康原因不能出庭的;(2)因路途遥远,交通不便不能出庭的;(3)因自然灾害等不可抗力不能

---

① 杨建文:《韩国民事电子诉讼制度的发展》,载《人民法院报》2013 年 5 月 3 日,第 8 版。

② Susan Bennett, Paperless Litigation, *Australian Law Librarian*. Vol. 16,2008,p. 28.

出庭的;(4)其他有正当理由不能出庭的"。

(五)电子送达

现代民事诉讼送达的发展历史,可谓一部不断吸收现代科技手段的历史,先后经历了直接送达—邮政系统—报纸投送系统—电报系统—电子通信技术等阶段。即便在当代,广义的电子送达也是方式多样的,包括电话、短信和电子邮件送达。

电子邮件的送达通常是法院将待送达"书状"存储于电子数据存储器上,然后通过电子邮件向受送达人或其他明确同意这种传输方式的参与人进行送达。以欧盟电子法院为例,在接收诉讼文书的情况下,电子法院会显示送达文书的列表(例如,已发送到用户及其等待接收的状态,受送达人姓名、接收日期等)以及接收文书的推定(已收到但未下载)。基于使用状况,诉讼文书在送达七天后被推定为接收送达。这里需要对这种"技术—法律"制度安排进行必要的讨论。其中一个关键性问题,就是电子司法文书交换的"不可否认性"问题。实际上,任何类型的诉讼实践中都会出现当事人以自己没有接收正确的送达或尚未接受送达为理由提出异议,从而故意阻碍诉讼程序的推进。这里,适用事实推定是必要的,以解决电子送达中的"不可否认性"难题。当事人接受了在线送达条件、确认并"接受送达"诉讼文书就视为接受了送达。这种方案可以降低技术系统的复杂性,便于利用。

此外,执行程序也可利用在线诉讼,如果生效判决是适用在线诉讼程序的简易案件,那么出于对在线诉讼方式的鼓励,无需等待债权人提出执行申请,法院就可开始执行。[1]

我国现行《民事诉讼法》第九十条将电子送达适用于判决、裁定和调解书的送达,但在实践中存在标准模糊、送达效果难以判定等诸多问题。拓展其适用尚需引入一系列辅助措施,包括:(1)当事人的接收责任,当事人负有接收电子送达的法律责任是电子送达的前提条件。德国民事诉讼法要求接收方须出具接收确认信(empfangsbek-ennmis),作为电子送达生效的条件。接收确认信的出具,可以传真或者邮寄。[2]瑞典通过 2011 年修改民事诉讼法也强化了当事人责任,以保障电子送达的可操作性及安全性。(2)电子送达推定制度。这是防止当事人滥用异议权否定电子送达的必要方法,否则

---

① Walter H. Rechberger, *The Civil Procedure in Austria*, Wolters Kluwer,2011, p.94.

② 张陈果:《德国民事送达改革研究》,载《民事程序法研究》(中国民事诉讼法学研究会会刊),第 12 辑,厦门大学出版社 2014 年版,第 154 页。

电子送达很容易因受送达人的否认而宣告失败。推定有两种形式:一是当事人使用智慧法院的事实推定,每个当事人都要在智慧法院注册,而注册本身就构成了使用在线诉讼的推定;二是,电子送达的事实推定,通过邮件系统生成记录和保留记录,形成约束受送达人的"不可否认"机制。上海市第一中级人民法院《民商事案件电子送达工作实施细则(试行)》(2015 年 2 月)采纳了类似的推定制度,即"电子邮件到达受送达人特定系统的日期为送达日期,或者是当事人登录我院网上诉讼服务平台,查看相关诉讼电子文件,查看日期视为送达日期"。(3)电子送达应在法院的电子平台上进行。由于电子邮件送达存在安全性隐患,因此当事人及其律师在法院电子系统中注册邮件账号并设置密码,在这样一个可信任的系统内产生、收发或保存邮件可以保证电子文书的真实性与完整性。

二、全程化在线诉讼

受制于程序保障的要求,在普通程序或简易程序中全程实现电子化是不现实的,至少它要辅以一定程度的口头听证作为基本的程序保障。但小额诉讼程序和督促程序等特殊的诉讼程序,由于程序构造简单、救济途径特殊,或者是单纯的金钱请求,却存在着全程电子化的可能性。[1]

全程化在线诉讼,主要是指将电子科技全面引入诉讼过程中,由智慧法院平台对所有程序问题和案件的实体判定做出自动化处理。全程化在线诉讼的代表,在国外当属欧盟国家电子督促程序,对此,最高人民法院《人民法院在线诉讼规则》已明确全程化在线诉讼的适用。

(一)电子化小额程序

放眼世界,小额诉讼程序是电子法院(智慧法院)的主要服务项目(small claims online),欧盟国家大多选择小额诉讼程序作为发展在线诉讼的切入点。纠纷当事人可以在线创建小额索赔申请、缴纳相应的诉讼(申请)费用并可以监督在线程序的进度。[2]仅以英国为例,每年以在线诉讼方式处理的小额金融欠款案件超过 20 万件。[3]在线申请的使用,为那些冗长

---

[1]　奥地利民事诉讼法规定,使用电子督促程序是当事人的诉讼义务。只有在特定情形下才可提交纸质的文书。See Walter H. Rechberger, *The Civil Procedure in Austria*, Wolters Kluwer, 2011, p. 56.

[2]　Http://www. courts. ie/Courts. ie/Library3. nsf/0/50A0FEDF190792018025740050061745F? OpenDocument,最后访问日期:2016 年 1 月 21 日。

[3]　Bank claims deluge legal service, http://news. bbc. co. uk/2/hi/business/6733361. stm,最后访问日期:2016 年 2 月 20 日。

的申请程序打开了泄洪闸门。《欧盟小额诉讼程序法》引入在线诉讼的初衷是这样的：如果小额诉讼程序能够为信息通信技术工具所协助，那么就会发挥出其在跨欧盟的消费者权益保护中的潜在效能，给法院和诉讼当事人带来重大利益。同时，也使得小额纠纷解决中能够避免法律职业主义带来的弊端，保持法律既通人情，又不过分人情化、个人化、主观化和反复无常。①

我国小额纠纷的在线诉讼可实行异步审理方式，即"按照庭审程序环节分别录制参与庭审视频并上传至诉讼平台，非同步完成庭审活动"②。在这方面，我们可以借鉴欧盟小额诉讼电子法院的成功经验，规则包括：（1）电子立案。小额纠纷当事人如想通过在线提出索赔，小额诉讼原告须在小额诉讼网站上点击小额诉讼程序按钮，阅读小额赔偿程序的适用条件。根据在线申请标准的选择性分类，原告可在线填写申请书。（2）电子立案。小额诉讼法院在收到索赔请求书后会考虑案件是否适合通过小额诉讼程序解决。如果适合，申请将被受理和处理，告知当事人案件编号、识别码，允许索赔人在线上跟踪案件的审理情况。立案部门将全部文书副本和书面证据以挂号信方式寄送给被告，如果法院拒绝受理则会发送电子邮件通知原告并告知其拒绝理由。（3）在线审前程序。电子小额程序的审前阶段不需要法官参加，由法官助理与当事人进行在线交流，通过在线审阅诉讼文书和证据，听取当事人陈述，促进当事人调解。（4）在线审理。法官可以根据当事人通过在线系统提交的文件，对纠纷的全部或部分进行裁决。必要时，庭审也可以通过视频庭审或电话会议方式进行，当事人直接与法官于在线环境汇合在一起进行庭审。

（二）电子督促程序

督促程序是一种自动判断的诉讼机制，因此各国广泛采用电子督促程序平台或自动化手段进行处理，法官的作用则微不足道。在德国"从钢笔到电子化"的民事诉讼机制改造过程中，目前为止只有督促程序广泛应用了电子申请系统，而且几乎都实现了电子化，由读卡器或者电脑数据交换系统（EDV）处理，因此极大提高了效率。据统计，整个督促程序（含送达时间）耗时约 22 天，③ 2008 年 12 月起要求律师使用电子设备申请支付令。按照德

---

① ［美］波斯纳：《法理学问题》，苏力译，中国政法大学出版社 2002 年版，第 7 页。

② 我国小额在线诉讼的异步审理可适用于：（1）各方当事人同时在线参与庭审确有困难；（2）一方当事人提出书面申请，各方当事人均表示同意；（3）案件经过在线证据交换或者调查询问，各方当事人对案件主要事实和证据不存在争议。参见《人民法院在线诉讼规则》第二十条。

③ 周翠：《电子督促程序：功能承担与程序设计》，载《互联网金融法律评论》2015 年第 3 期。

国经验,若法院采用自动化手段处理督促申请,就必须至迟在申请到达的第2天完成处理。这意味着,债权人从提起申请到拿到执行名义仅需23天的时间,其中还包含了为期两周的异议期和送达(督促决定和执行决定)花费的1～2天的时间。[①]

在线督促程序的可行性,首先在于债务人能够方便地提出支付令异议,而且督促程序中认定支付命令的执行力,并不涉及既判力问题,且该程序与普通的民事诉讼程序相比已定型,实行在线审理最为适宜。程序过程可覆盖支付令的网上申请、网上审查、网上提交证据材料、网上送达(电子邮件或短信)、网上询问、网上自动生成支付令等环节。其次,电子督促程序对于向其他程序发展在线诉讼方式具有示范意义,其在电子申请提交、电子发送、电子提出异议方面的经验,完全可为其他诉讼程序借鉴或复制。再次,电子督促程序宜实行集中管辖。日本在构建电子督促程序的过程中,选择了东京简易裁判所与大阪简易裁判所展开试点,分别涵盖东京地方裁判所与大阪地方裁判所管辖区域内的所有简易裁判所的案件。我国基层法院数量众多,硬件设备的配置水平不尽一致,实行集中管辖或设立专门机构负责处理电子督促程序较为适宜。

---

① 周翠:《电子督促程序:价值取向与制度设计》,载《华东政法大学学报》2011年第2期。

参考文献

著 作

陈振明等:《公共服务导论》,北京大学出版社 2011 年版。

〔美〕戴维·L. 韦默(David L. Wcimer)、〔加〕艾丹·R. 瓦伊宁(Aidan R. Vining):《公共政策分析:理论与实践》(第 4 版),刘伟译,中国人民大学出版社 2012 年版。

董必武:《董必武法学文集》,法律出版社 2001 年版。

范愉:《纠纷解决的理论与实践》,清华大学出版社 2007 年版。

傅郁林主编:《农村基层法律服务研究》,中国政法大学出版社 2006 年版。

〔日〕高见泽磨:《现代中国的纠纷与法》,何勤华等译,法律出版社 2003 年版。

韩延龙、张希坡主编:《中国革命法制史》,中国社会科学出版社 1987 年版。

何勤华主编:《德国法律发达史》,法律出版社 2000 年版。

侯欣一:《从司法为民到人民司法》,中国政法大学出版社 2007 年版。

瞿同祖:《中国法律与中国社会》,中华书局 1981 年版。

梁治平:《清代习惯法:社会与国家》,中国政法大学出版社 1996 年版。

〔法〕洛伊克·卡迪耶:《法国民事司法法》,杨译宁译,中国政法大学出版社 2010 年版。

〔美〕米尔伊安·R. 达玛什卡:《司法和国家权力的多种面孔——比较视野中的法律程序》,郑戈译,中国政法大学出版社 2004 年版。

〔意〕莫诺·卡佩莱蒂:《比较法视野中的司法程序》,徐昕、王奕译,清华大学出版社 2005 年版。

〔意〕莫诺·卡佩莱蒂:《当事人基本程序保障权与未来的民事诉讼》,徐昕译,法律出版社 2005 年版。

〔意〕莫诺·卡佩莱蒂:《福利国家与接近正义》,刘俊洋等译,法律出版社 2000 年版。

强世功编:《调解、法制与现代性:中国调解制度研究》,中国法制出版社 2001 年版。

冉井富:《当代中国民事诉讼率变迁研究:一个比较法社会学的视角》,中国人民大学出版社 2005 年版。

沈宜生:《法律扶助制度之研究》,元照出版公司 2007 年版。

苏力:《送法下乡:中国基层司法制度研究》,中国政法大学出版社 2000 年版。

汪世荣等:《新中国司法制度的基石:陕甘宁地区高等法院 1937—1949》,商务印书馆 2011 年版。

王铭铭、王斯福:《乡土社会的秩序、公正与权威》,中国政法大学出版社 1997 年版。

王亚新:《社会变革中的民事诉讼》,中国法制出版社 2001 年版。

[日]武川正吾:《福利国家的社会学》,李莲花等译,商务印书馆 2011 年版。

谢觉哉:《谢觉哉论民主与法制》,法律出版社 1996 年版。

杨临萍主编:《司法体制改革与智慧法院的实践与探索》,法律出版社 2019 年版。

喻中:《乡土中国的司法图景》,中国法制出版社 2007 年版。

[美]詹姆斯·M.布坎南:《公共物品的需求与供给》,马珺译,上海人民出版社 2017 年版。

张卫平:《民事诉讼:回归原点的思考》,北京大学出版社 2011 年版。

张卫平:《推开程序理性之门》,法律出版社 2008 年版。

张希坡:《马锡五审判方式》,法律出版社 1983 年版。

最高人民法院司法改革小组编:《美英德法四国司法制度概况》,人民法院出版社 2002 年版。

左卫民等:《中国基层纠纷解决研究:以 S 县为个案》,人民出版社 2010 年版。

A. Zuckerman and R. Cranston, Reform of Civil Procedure, Essays on Access to Justice, 1995.

C. H. van Rhee, A. Uzelac, Civil Justice between Efficiency and Quality, Intersentia, 2008.

Déirdre Dwyer, The Civil Procedure Rules Ten Years On, Oxford Scholarship Online, 2012.

H. Genn, Judging Civil Justice, Cambridge University Press, 2009.

Kramer XE, van Rhee CH, Civil Litigation in a Globalising World, Springer, 2012.

Mark Mildred, The Reform of Class and Representative Actions in European Legal Systems: A New Framework for Collective Redress in Europe, Hart Publishing, 2008.

Uzelac & C. H. van Rhee, Access to Justice and the Judiciary: Towards New European Standards of Affordability, Quality and Efficiency of Civil Adjudication, Intersentia, 2009.

论　文

陈鹏:《自由主义与转型社会之规划公正》,《城市规划》2005 年第 8 期。

范愉:《简论马锡五审判方式——一种民事诉讼模式的形成及其历史命运》,《清华法律评论》1999 年第 1 期。

方流芳:《民事诉讼收费考》,《中国社会科学》1999 年第 3 期。

高志刚:《民事诉讼模式正当性反思——一个实践哲学的视角》,《法学论坛》2011 年第 1 期。

黄宣:《德国民事诉讼费用制度述评》,陈刚主编:《比较民事诉讼法》第 8 卷,中国法制出版社 2012 年版。

季卫东:《论法律意识形态》,《中国社会科学》2015 年第 11 期。

李蕊:《公共服务供给权责配置研究》,《中国法学》2019 年第 4 期。

刘冬京:《我国小额诉讼程序适用的案件类型之规范化探究》,《法学论坛》2014 年第 3 期。

刘哲玮:《"减半交纳案件受理费"的诉讼法考察》,《法律适用》2008 年第 6 期。

上海市高级人民法院课题组:《上海法院实施〈诉讼费用交纳办法〉的实证分析》,《人民司法》2008 年第 13 期。

唐力:《辩论主义的嬗变与协同主义的兴起》,《现代法学》2005 年第 6 期。

唐力:《论民事诉讼失权制度的正当性:兼评〈民事诉讼法〉修正案第十条》,《中国海洋大学学报(社会科学版)》2012 年第 4 期。

王韶华:《试析民事诉讼中超职权主义现象》,《中外法学》1991 年第 2 期。

王亚新:《论民事、经济审判方式的改革》,《中国社会科学》1994 年第 1 期。

奚玮:《协同主义民事诉讼模式的建立与和谐司法的实现——以证据收集为中心》,《河北法学》2008 年第 3 期。

项继权:《基本公共服务均等化:政策目标与制度保障》,《华中师范大学学报(人文社会科学版)》2008 年第 1 期。

[日]小岛武司、韩宁:《让法律的阳光洒向中产阶层:日本权利保护保险制度的成立及发展》,陈刚主编:《比较民事诉讼法》(第 8 卷),中国法制出版社 2012 年版。

徐晨平:《虚假诉讼的理论分析与实践防治》,《上海法学研究》2013 年第 3 期。

徐国栋:《我国司法适用诚信原则情况考察》,《法学》2012 年第 4 期。

徐卫:《论诉讼信托》,《河北法学》2006 年第 9 期。

杨严炎:《论民事诉讼中的协同主义》,《中国法学》2020 年第 5 期。

[英]伊曼纽尔·朱兰:《迈向新的法院管理?》,《2017 年世界诉讼法学大会论文集》。

张恒山:《义务、法律义务内涵再辨析》,《环球法律评论》2002 年冬季卷。

张军:《关于检察工作的若干问题》,《国家检察官学院学报》2019 年第 5 期。

张卫平:《民事诉讼"释明"概念的展开》,《中外法学》2006 年第 2 期。

张卫平:《民事诉讼中的诚实信用原则》,《法律科学》2012 年第 6 期。

张志铭:《审判方式改革再思考》,《法学研究》1995 年第 4 期。

赵秀举:《德国民事诉讼中的诚实信用原则》,《华东政法大学学报》2013 年第 2 期。

朱晓喆:《耶林的思想转型与现代民法社会化思潮的兴起》,《浙江学刊》2008 年第 5 期。